배우의 연기수업

배우의 연기수업

초판 1쇄 인쇄 2023년 9월 1일
초판 1쇄 발행 2023년 9월 11일

지은이   전영우
펴낸이   이대현
편 집   이태곤 권분옥 임애정 강윤경
디자인   안혜진 최선주 이경진
마케팅   박태훈

펴낸곳   도서출판 역락
출판등록   1999년 4월 19일 제303-2002-000014호
주소   서울시 서초구 동광로 46길 6-6 문창빌딩 2층 (우-06589)
전화   02-3409-2060
팩스   02-3409-2059
홈페이지   www.youkrackbooks.com
이메일   youkrack@hanmail.net

ISBN 979-11-6742-588-1 03680

배우의 연기수업

전영우 지음

역락

'배우 수업'은 배우 지망생이 온몸으로 학습하는 과목이다. 그가 매일처럼 연습을 거듭하고, 또 실제 연극 경험을 몇 년씩 쌓아 올려야 비로소 연기가 그에게 숙달되는 특징을 가지기 때문이다.

산처럼 쌓인 심리학, 사회학, 미학적인 새 사조(思潮)의 주장 속에 자기 자신을 파묻고, 소극적으로 우왕좌왕하면 대담하고 신선한 개성적인 감수성을 살릴 수 없고, 한편, 고된 배우의 일상 훈련을 저버려도 연기의 폭을 넓힐 수 없다.

물론, 배우가 자기 예술적 국면을 분명히 자각한 토대 위에 지식 세계로 들어간다면 그것은 또 다른 문제이다.

이런 관점에서 목표를 설정하고, 배우 술 강의 및 실습용 교재를 꾸몄다.

먼저 시급한 것은 배우는 누구나 자기 자신의 마음과 몸을 잘 이해, 파악하는 일이다.

그러나 저자는 신인 배우에게 연극론 등을 많이 읽지 말라고 종용한다.

열정이 식어버린 지적인 교양보다 열정이 살아있는 신인 배우가 더 큰 경쟁력을 가질 수 있기 때문이다.

연극을 분명히 체험한 토대 위에 지식 세계로 들어간다면, 아무 우려가 없을 뿐 아니라, 이는 크게 필요한 일이기도 하다.

이 때문에 배우 술 강의 및 실습용 교재로 이 책 목차를 확정했다. 그리고 저자 수업 진행 방식에 따라, 다만 적절하게 그 내용을 정리 배열해 보았다.

이 책을 쓰며 동시에 머리에 떠올린 것은 저자가 직접 수업을 담당했던 1960년대 초기, 남산에 위치한 드라마 센터 아카데미와 서울연극학교 재학생들이다.

당시 아카데미를 기획 창립한 우리나라 현대 연극의 선각 동랑(東郞) 유치진(柳致眞) 님의 부름을 받고, 저자는 그곳에 출강, 비록 7년밖에 안 되는 짧은 기간이지만 정성을 다해 '화법(話法)'을 담당했다.

현재, 우리나라 연극계에서 중진으로 활약하는 기라성 같은 연극 지도자들에게 한때나마 일부 수업을 맡았던 일을 저자는 생애의 기쁨이요, 큰 보람으로 기억한다.

그 무렵 저자는 연극 학생 대상의 연극 입문서를 따로 준비하기도 했지만, 결실을 보지 못하다가 이번에 작지만 연극 입문서를 새로 상재(上梓)하니 그 감회가 새롭다.

그 후, KBS-TV, MBC-TV, 동국대, 중앙대, 국립 극단, 실험 극장 등에서 반짝이던 눈망울의 배우 지망생을 가르치던 일이 주마등처럼 스쳐 지나간다.

영광스러운 기억은 본인의 1968년, 동랑(東郎) 연극상(演劇賞) 수상이다. 당시 저자로서 분에 넘치는 일이다.

늦은 감은 있지만, 오늘(2023)에 와서 그때 작업하던 내용을 새 책으로 마무리하게 되니 꿈만 같다.

우리나라 연극계 교재로 러시아의 스타니슬라프스키 '배우 술'이 오사량(吳史良) 님 번역으로 선보인 일이 기억나지만, 당시 저자는 일본 배우요, 연출가인 센다 고레야(千田是也), '근대 배우 술'에 관심을 가지고 틈틈이 번역, 이를 근간으로 삼고, 이에 저자 의 화법(話法)을 접목한 '배우의 연기수업'을, 오늘, 신간(新刊)으로 내게 되니, 매우 기쁘다.

이 책이 아무쪼록 우리 연극 학도와 연출가들에게 좋은 길잡 이가 될 수 있다면 저자에게 더 없는 영광이 되겠다.

구순을 맞으며(2023년), 저자 전영우(全英雨) 기록함.

4장 심리적 기술의 습득

5장 살아있는 동작의 기초 지식

6장 인생의 연구, 관찰과 모방

7장 음성 표현의 연기

8장 한국어 발음

1장

배우의
표현에 대하여

1. 배우의 연기는 어떤 것인가

역시 먼저 이야기 순서로, 지금부터, 이 책에서 배우 연기를 공부하게 되는 여러분을 대체 어디로 데려가고자 하는가, 배우 연기수업의 마무리 과정을 저자는 어떻게 생각하고 있는가, 결국 저자가 말하고자 하는 배우 연기는 어떤 것이라고 말하려는가를 정의(定義) 형식으로 설명해 놓는 일이 편리할 것이다.

정의식이라 해도 배우 연기의 보편타당하고 동서고금을 통해 착오 없는 정의를 뽑아내는 일이 어떻든 저자 격에 맞지 않는 일 이다. 뿐만 아니라 그런 흥미도 저자에게 없다. 여기서 저자가 여러분에게 말할 수 있는 것은 무대 생활의 좁은 궤도 위에서 저자 가 스스로 체득한 사항 또는 이때 경험으로 획득한 저자 자신의 주관적인 연기론에 지나지 않는다.

저자가 이래야 할 것이라 생각하는 배우 연기를 일의 실마리 로, 어떻든 한마디로, 간략하게 나타내 보고자 생각하고 있을 뿐 이다.

먼저 이런 방식으로 말하는 설명이 저자에게 가장 납득이 간다.

"배우 연기는 희곡을 만드는 일, 그리고 무대극을 보는 일과 함께 이것이 모두 연극의 기본적 요소이므로 배우로 불리는 살아 있는 인간이 그 내적 충동에 기초를 두고 극본 속 한 인물을 자기 자신을 표출 수단으로 무대에서 완전히 살려내 보이고, 이렇게 함으로써, 작가가 의도한 희곡적인 흐름을 다른 무대 예술가와 함께 만들어 내어 관중(觀衆)에게 예술적인 감동을 자아내 주는 일, 나아가 이에 이르는 준비적 활동의 전체 과정이라 할 것이다."

① 배우의 예술적인 각각의 발단이 먼저 나라면 나 너라면 너라는, 이 세상에 살고 있는 한 사람 인간이 어느 희곡 또는 극본을 읽고 감동, 그 가운데 한 인물의 역할을 연기해 보이고자 하는, 결국, 자기 자신의 내적인 충동에 기초를 두고, 그 역할을 연기해 보이지 않으면 견딜 수 없는 일인 것이다

그리고 이 희곡의 대사이든가 이런 저런 동작 지시이든가 하는 것 등을 토대로 그 뒤에 숨겨진 사상을 이해 수용하고, 자기가 연기할 인물의 성격의 밑바탕을 찾아내고, 그 감정의 떨림 등을 이해하고, 여러 가지 감춰진 동기를 캐내어, 이 희곡의 전체의 흐름 구성 가운데, 자기 역할의 의미를 파악하고, 작가가 만들어 낸, 자기와는 별도의 새 인물 속으로 들어가, 이것을 완전히 내 것으로 만든다.

② 이어서 이렇게 나의 소유가 된 배역을 자기 자신의 표출 수단으로 하여 결국 나라면 나, 너라면 너 하는 살아있는

인간의 전체를 그 자료로 도구로 자기 음성과 자기 신체 동작을 매개로 하여 완전하고 구체적으로, 요컨대, 그 작중 인물이 목전에 볼만하게 나타난 것처럼, 살아있는 것처럼, 말하고 움직이듯이 연기해 보이는 것이다. 말을 바꾸어 말하면, 자기 밖에서 움직이는 인물을 자기의 말이나 동작으로 서술하든가 묘사해 보이는 것이 아니고, 자기가 그 인물이 되어 들어가고 변하고 그 인물로서 동작해 보인다. 즉 그 역을 살려주게 되는 것이다.

하지만 이처럼 살아있는 동작이란 결코 단독으로 만들어지는 것은 아니다. 일정한 역사적 사회적 환경 가운데 일정 국면 속에서 다른 인간과의 여러 가지 관계, 갈등을 통해 비로소 일어날 수 있다.

따라서 배우 연기라고 하는 것은 화가, 조각가, 소설가의 예술처럼 단독으로는 존재하지 않는다. 자기 외의 다른 배우, 그밖에 다른 예술가와의 협력으로 비로소 그 본령을 다하는 것이다.

이 협력에 따라 비로소 작자가 의도한 희곡적인 흐름, 그 주제의 희곡적 전개, 줄기의 진행을 이루어낼 수 있는 것이다.

③ 다음 중요한 것은 이 살아있는 동작, 물론 언어 동작을 포함해 가건물 전체의 볼만한 것에 그 작중 인물의 마음가짐의 움직임을 하나씩 섬세하게 느끼게 해 주고, 작자가 의도한 감동의 희곡적 흐름 속으로 볼만한 것을 끌어넣고, 이

물결 그대로 관객의 마음을 흔들어 예술적인 감명을 준다고 말하게 되는 것이다.

④ 그리고 마지막으로 이와 같은 작업이 일상의 무대에서 관객을 앞에 두고, 조금의 기다림도 없이 해치우는 것처럼, 일상 훈련을 통해 지난 일을 상고하며 자기 자신의 마음과 몸을 끊임없이 준비해 가는 노력의 전체 과정, 대체로 이런 방식의 작업을 나는 배우 연기라고 생각하는 것이다.

①은 역의 내부 상황의 실상, ②는 그 감각적 표현, ③은 이 작업의 최종 마무리로서의 상연, 관객과의 교류, ④는 일상 훈련의 문제인 것이다.

이 같은 창조의 과정을 하나씩 더듬어 가며 배우 연기의 기본적인 문제를 설명해 나갈 여유가 지금은 없다. 그것은 역의 창조에서 다시 다루기로 하고, 여기서는 다만 배우 연기의 한 요소로 동작과 표정을 설명하는 데 필요한 문제만을 추려 보기로 한다.

2. 배우의 표출 수단

모든 예술의 구별, 그 형식상의 특질은 오로지 그것이 사용하는 표현수단에서 나타난다. 배우적 표현의 특색을 알려면 배우가 그 작품을 만드는 재료이고 도구가 되는 배우 자신의 마음과 몸의 특질을 확인하지 않으면 안 된다.

배우의 표출 수단은 자기 자신이다. 배우 자신의 살아있는 모든 마음과 몸이다. 그밖에 무대 화장, 머리, 의상, 머리에 쓰는 것, 발에 신는 것, 손 도구 등의 재료이든가, 도구라 할 수 있는 자기 이외의 것도, 배우의 표출 수단 속에 포함하지 않으면 안 되지만, 그것은 모두 부차적인 수식적인 역할밖에 하지 못하므로 배우 연기 술 특유의 기본적인 표출 수단으로는 그 살아있는 마음과 몸을 들면 족하다.

아무튼 자기 자신, 살아있는 모든 것, 마음과 몸 등, 매우 산뜻하지 않은 표현으로, 도리가 없지만 달리 적당한 표현이 떠오르지 않는다.

신체

달리 간단히 배우 자신의 신체라 말하면 좋다고 생각하는 사람도 있을 것이다.

확실히 배우에게는 자기의 신체라 하는 것이 매우 중요한 것이다. '살아있는'이든가 '마음에 품다'이든가, 그런 복잡한 것은 빼 버리더라도 이 신체의 외양만이 배우의 운명을 결정하는 대단한 의미를 갖는다.

어떻든 가지고 태어난 살아있는 신체만으로 아무리 그 모양이나 크기를 바꾸려 해도 일정한 한계가 있다. 그런 까닭에 자기 몸의 겉모양이나 목소리의 질이나 폭 같은 것이 배우 일생의 역의 범위를 거의 결정하고 마는 것이다

덧붙여 말하면 어떤 보조 수단이나 훈련에 의해서도 크게 바

뀔 리는 없을 것이다. 따라서 배우는 단지 그것을 자기 숙명으로 알고 자기 특징을 최대한으로 살려 나가는 방법밖에 다른 도리가 없는 것이다.

사람은 흔히 배우 연기라 하는 것을 변장술로 잘못 알고 있다. 70세 노배우가 16세 소년을 연기하든가, 힘이 센 남자가 가련한 소녀를 연기하는 것에 크게 갈채를 보내고 이를 두고 배우 연기의 극치같이 생각한다.

또 배우 가운데도 이런 변장술의 숙달을 가장 큰 자랑으로 여기는 사람들이 적지 않다. 막이 내릴 때까지 어떤 배우가 출연했는지 전혀 알지 못했다고 칭찬하는 것이 이런 배우의 자랑 따위이다.

확실히 변장술 또는 모방 기술은 배우 연기에서 빼놓을 수 없는 요소임에 틀림없다. 그러나 그것이 전부는 아니다. 중요한 부분도 아니다. 중요한 것은 주어진 성격의 또는 역의 세심한 움직임을 자기 몸을 통해 표현하는 일이다.

변장이나 사실 모방의 흥미나 야심에 쫓기어 이 살아있는 몸의 유기적인 표출 기능을 살리지 못하는 일, 무리하게 꾸민 목소리로 말의 미묘한 뉘앙스를 살리지 못하는 일이든가, 몸을 멋대로 뒤로 젖뜨리든가(으스대는 모양) 굽히든가 해서 근육의 자연스러운 떨림을 억제하든가, 지나친 분장으로 얼굴 표정을 감춰버리든가 하는 것은 배우 연기로 허락되지 않는 부정(不正)이라 할 수밖에 없다.

이처럼 배우에게 필요한 것은 그 표출 수단인 자기 몸에 대한

배우의 연기수업

절대적인 지식 그것이다. 그것이 어떤 모양, 어떤 소리를 갖는가를 냉정하게 판단하는 일이다. 배우는 자기 자신을 남처럼 객관적으로 보고 들을 수 있지 않으면 안 된다.

자기 자신의 몸을 하나의 악기로 간주하고, 그것이 어떤 곡목에 적합한지 바르게 평가하지 않으면 안 된다. 자기 몸이, 역이 요구하는 외모에, 아무래도 어울리지 않을 경우에는 오히려 그것을 체념할 일이다.

극장은 미남 미녀가 그 아름다움을 보여주는 장소는 물론 아니지만 추남 추녀가 미남 미녀가 되는 장소도 아니다. 노인이 젊음을 뽐내는 장소도 아니다. 희곡 작가가 주는 역에 가장 가까운 외모와 동작과 음성을 주는 장소인 것이다.

살아있는 신체

이쯤에서 나는 또 배우의 신체가 '살아있다'는 사실을 떠올려 보고 싶은 것이다.

물론 겉으로 움직일 수 있는 숨진 신체를 써서라도 연극을 할 수 있다. 그것은 인형극이다. 그리고 확실히 그것은 그것으로 재미가 있어 지금도 온 세계에 존속하고 일부 사람들은 그것을 크게 떠들어 대는 것이다.

그러나 그 참 재미는 죽은 인형이 산 사람의 움직임을 얼마나 교묘하게 모방할 수 있는가 하는 데 있지 않고, 오히려 그 신체의 균형이 크게 다르다든가, 손발의 움직임이 교묘히 사방으로 뻗쳐 있든가, 흔들흔들 흔들거리든가, 되돌아온다.

인형 특유의 모양이나 움직임에 있는 것이다. 다만 무심하게 중력의 법칙에 따르려는 인형이 실에 이끌리어 손가락으로 가로막힌 어댑터 부분이 우스꽝스러운 것이다. 그것은 어디까지나 밖에서 조종되는 죽은 신체의 매력인 것이다.

이와 반대로 배우의 살아있는 신체는 속에서 조종된다. 그것을 움직이는 중심은 속에 있다. 그것은 외부의 충격을 받지 않고 자기 자신의 충동에 의해 혼자서 움직인다. 자기 마음의 움직임에 따라 신체 전체가 자연스럽게 움직인다. 그 각 부분이 항상 유기적인 관계를 유지하며 움직이는 것이다.

이처럼 혼이 담긴 자기가 움직이고, 유기적인 전체의 신체, 과학자의 표현을 빌리면 '심리적 물리적 통일체'로서의 인간, 이것이야말로 배우의 독특한 표출 수단인 것이다.

물론 다른 예술가의 경우에도 그 살아있는 신체가 창조에 참가한다. 쓰고 그리고 튕기고 두드리는 손, 말하고 이야기하고 노래하고 불어대는 입, 수용하고 측정하는 눈이나 귀, 그것뿐만 아니라, 예술 창조에 필요 불가결한 사고의 기능도 결국은 육체에서 뗄 수 없는 것이고, 감정의 흥분은 혈액과 호흡의 영향을 빼놓고 생각할 수 없는 것이다.

그러나 무대에서 그 역을 연기하는 배우라면, 이미 그 같은 분리를 알지 못한다. 배우적 표현이라 하는 것은 항상 전신적인 것이다. 머리 끝에서 발끝까지, 말하자면, 혼연일체격인 미적 통일체가 아니면 안 된다.

배우의 연기수업

하지만 배우라 불리는 인간 가운데도, 한쪽은 흥분하여 허풍의 몸짓을 하는 터에, 다른 쪽은 축 늘어지든가, 상반신은 약동하나 다리가 잘 움직이지 않든가, 역이 자유 호흡을 요구하는 터에 목 부위만이 몹시 굳어 경련을 일으킨다든가 하는 식으로, 신체 전반의 동작이 매우 부조화한 사람들이 많다.

또, 이른바 이야기 능수의 배우 중에는 뼈가 굳은 사람이 많아, 대개의 경우, 발음기관만 작동하기 때문이다. 이 같은 부조화는 배우의 연기를 잘못 왜곡해 부조화의 악기가 섞인 오케스트라를 듣는 것처럼 지리멸렬의 양상을 띤다. 이렇다면 무엇을 표현해도 효과가 없다.

마음과 신체

그러므로 이런 전신적인 표현, 서로 유기적으로 연결되며 인간 마음의 미묘한 움직임에 어쩔 수 없는 순서로 조금도 쉼 없이 흘러가는 언어 상태와 표정과 동작 등이 그때마다 의식적으로 조정될 수 있는 것이 아니다.

배우의 작업은 조각가가 의식적으로 조각상을 조각해 나가는 것과 매우 다른 것이다. 여기 아무래도 배우 신체의 각 부위를 한데 묶어 내부로부터 움직여 나가는 어떤 힘이 필요한 것이다.

그것을 의지의 힘이라 생각하는 사람도 있다. 그러나 배우의 과업은 창조주인 배우 의지가 잘 훈련된 신체를 노복처럼 부린다고 하면, 그것으로 끝날 일이 아닌 것이다.

확실히 세간에 이 자기 신체의 순종함 근면함 민첩함 또 이에 군림하는 자기 의지의 절대 권력 그 냉엄함과 주도함을 함부로 내세우는 배우도 있다.

또 그들은 그 놀라운 숙달에 의해 이따금 우리를 놀라게 해 주기도 한다. 하지만 이 종류의 연기는 결코 우리 마음을 움직이지 못한다. 여기에는 아무래도 피가 통하지 않는다. 정신의 유동이 없다. 아무리 세밀하다 해도 그것은 결국 기이한 해후에 지나지 않는다.

여기서 우리는 예술보다 곡예를 느낀다. 살아있는 연기보다 정교하게 조종되는 연극을 느낀다.

확실히 모든 예술적 창조와 똑같이 배우의 예술도 역시 하나의 의식적이고 의지적인 활동임이 틀림없다. 그것은 능력의 숙달을, 그 재료와 도구를 뜻한대로 모두 사용하는 것을 전제로 한다. 때문에 배우가 자기 창조적 의지의 강고함, 자기 육체의 숙련함을 뽐내는 것이 잘못이라고 나는 결코 생각지 않는다.

다만 이 배우는 중요한 한 가지 사실을 잊고 있는 것이다. 그것은 배우의 마음과 몸의 관계는 명령하는 주인과 지시에 따라 움직이는 종의 그것과 다르다고 말하는 것이다. 그것을 무리하게 그런 고용 관계로 몰아서 마음과 몸의 유기적인 관계를 단절시키면 안 된다고 말하는 것이다.

인간의 마음과 신체와의 관계는 결코 그런 서먹서먹한 것은 아니다. 올바른 자연의 상태에 있다면 마음속에 일어난 사실은 자연스럽게 스스로 몸에 나타나고 몸에 일어난 일은 반드시 마음으로 울린다는 것은 우리가 일상생활에서 너무나 잘 알고 있는 사실이다.

이렇게 말하면, 그것은 누구도 무대에 나가기까지 일일이 움직임에 의지력을 작용하지 않아도 좋다. 분명하게 충분한 연습만 해 두면, 익혀진 대로 만사가 거침없이 진행되어 나간다. 그러나 여기까지 가져가는 것은 역시 의지에 달려있다고 말하는 사람도 나올 것이다. 확실히 그것은 그렇다. 거듭되는 연습은 익숙함을 키운다.

처음엔 일일이 주의하지 않으면 안 되었던 의식적 동작을 매끈하게 자동적인 동작으로 만든다. 자기와 전혀 다른 사람의 생리적 조건이나 방언이나 일상 습관이나 직업상 동작 등을 분명하게 몸에 붙여야 하는 배우에게, 지난 적을 통한 습관을 도입한다는 일이 매우 중요하다는 사실은 말할 것도 없다.

그러나 동시에, 무엇이든 습관만으로 자동적으로 술술 진행해 나가는 연극만큼 재미없는 일도 없다. 그것만이면 입과 손발이 헛도는 것만으로 조금도 마음은 감정이 깃들지 않는다. 피가 통하지 않는다. 연극이라는 것은 자주 잘 연습한 익숙한 신체 동작을 다만 기계적으로 조금도 어긋남 없이 반복해 보여주는 곡예가 아닌 것이다.

물론 연습이 불필요하다는 말은 아니다. "지나치게 잘 외우고 나면 감정이 들어갈 수 없으므로 대사는 어슴푸레하게 기억하는 것이 좋다." 등으로 말하는 것은 게으른 사람의 궤변에 지나지 않는다. 대사나 동작도 거의 자동적으로 나올 수 있게 분명하게 경험을 쌓아 놓지 않으면 안 된다. 그래야 좋은 연극이 나올 수 있다.

그러나 그것이 자동적으로 술술 나오는 것이 아니므로 그 하나하나의 감정이 담기게 하지 않으면 아무것도 되지 않는다.

그러면 이 자동적인 움직임에 감정을 넣는 것은 무엇일까 그것을 미리 집에서 암기하든가, 먼지투성이의 연습장에서 몇십 차례 반복한 일 등은 모두 잊어버리고, 그 장면에서 순간 생각난 것처럼 이야기하든가, 진정으로 웃든가 놀라게 해주는 저 힘은 무엇일까?

마음의 작용

그런 힘을 예술의 이야기라고 할 때, 사람이 곧 들고 나오는 '영감'이라 하는 미의 여신의 특별 은총이란 말인가?

아마추어는 그렇게 말하는 이상한 힘을 떠 맡아 귀엽게 역성 들어주는 배우의 예술을 신비화하는 것을 기뻐하고, 분위기 맞추는 사람의 연극 저널리즘이라는 자가 크게 그 등불을 담당한다. 그러나 배우라고 하면, 변덕스러운 영감 등을 기대한다고 할 때, 좀처럼 흥행이 되지 않으면 숨길 수 있을 것이다.

어떻든 배우 연기는 돈 받고 구경꾼을 모아 그 앞에서 최후의 과업을 하지 않으면 안 된다고 하는 매우 성가신 일일뿐 아니라, 무엇인가 좀더 도움이 되게 자기가 자유로 찾아내고 의식적으로 쓸 수 있는 힘이 아니면 이야기가 되지 않는다.

그래서 우리가 가장 의식적으로 쓰기 쉬운 것은 지성의 작용이다. 하지만 이 안다고 하는 것, 무엇인가 표상한다고 하는 것은 아무래도 이 경우, 그렇게 도움이 되지 않는다.

이 표상의 작용에 따라 우리 밖에 있는 장미, 바다, 책상, 또는 어떤 역 등이 우리 의식 가운데 들어와 우리의 지식 경험의 다소에 따라, 혹은 상세히 선명하게 혹은 간단하게 막연히 여기에 써 둔다.

그러나 이 경우, 우리는 자기가 표상하는 대상을 따로 긍정도 하지 않고 부정도 하지 않는다. 다만 이것을 냉정하게 마음에 받아들일 뿐이다. 따라서 여기에 어떤 감정도 어떤 행동도 일어나지 않는다. 그것은 다만 부수적으로 우리 지식욕을 만족시킬 뿐이다.

세간에는 자기가 연기하는 배역이든가 배우 연기를 단지 지식으로 파악하는 일에 정신을 쏟고, 이로써 내가 특히 다를 것이라고 생각하는 배우가 있고, 신극의 세계는 특히 그런 말을 하는 동아리가 있다.

하지만, 배역을 아무리 지식으로 해석한 나머지, 또 그 연기법을 제아무리 머리로 파악한 후에 배우가 그 역의 입장에서 감정을 가지고 행동하는 이상, 아무 도움도 되지 않는다. 단지 역을 알고 표상한다고 하는 것은, 우리 감정이나 의지를 분기(奮起)하고, 행동을 찾아내는 가치 판단이, 수반되지 않기 때문이다.

그렇다면 이 판단이 수반된다고 하면, 그것이 우리 연기의 솜씨가 뛰어나다 하겠는가, 그러므로 이 판단이라는 것은 표상의 대상에 대한 우리 긍정과 부정의 태도가 덧붙여진 때, 비로소 생겨난다. 판단은 어떤 확신의 표현이다.

그러나 우리가 어느 배역을 판단한다면, 이것을 자기 저쪽에 놓고 우리가 인간으로서 또는 배우의 입장에서 이에 대한 긍정 부정의 태도를 결정한다는 것만으로 배역은 결코 우리의 것이 되지 못한다.

우리 입이나 손발을 속에서 움직이는 그 힘이 되지 못한다. 우리는 다만 그 역에 대해 좋고 싫음, 혹은 피차의 감정을 일으키는가, 또는 그 역이 플러스이냐 마이너스이냐 하는, 배우의 타산을 갖는 데 불과하다

그리고 싫어서 허둥대고, 적이라고 허둥대고, 마이너스라 허둥대면, 배역과 우리의 관계는 그것으로 끝이다.

그런데 배우가 '배역은 자기'라고 판단하는 경우는 어떤가. '나는 오셀로다'고 확신하는 경우는 어떤가.

이 경우는 무섭게 놀라운 연기가, 연기 이상의 연기가 태어날 것이다. 그러나 동시에 그 배우는 정신 병원이나 묘지로 보내지지 않으면 안 된다. 왜냐하면, 판단은 확신의 표현이고, 자기를 자기 이외의 것으로 확신하는 것은 광인밖에 없다. 곧, 정신이 들어 정신 병원으로 가지 않는 한, 이 배우는 오셀로로 참된 자기 가슴이나 배에 칼로 찔리기 마련인 것이다.

이처럼 의지 습관 표상도 판단도 우리 배역에 맞지 않는다면, 대체 우리는 무엇을 수단으로 삼으면 좋을 것인가. 연기의 자동 키라고 할 저 힘은 대체 무엇이란 말인가.

이 힘의 정체를 찾아 이 세상 배우, 연극인, 심리학자 등이 18

세기 중엽부터 논쟁을 거듭해 오고 있지만, 지금 여기서 그 뒤를 계승할 여유는 없다. 여기서는 단지 나에게 가장 납득이 가고, 그리고 이 책의 논의를 뒷받침하는 주장을 두 개만 소개하기로 한다.

하나는, 독일 미학자 에드와르도 폰 하르트만의 주장이다. 하르트만(1842~1906)은 그 유명한 '미학'(1886) 가운데서 이 힘을 자기 암시에 의한 자아의 면모, 개성의 교체라고 하여, 그리고 이 가상 감정, 배역 감정으로의 배우의 감정 동화에의 자기 암시는, 일부는 상상의 힘으로 국면에 몰입함으로써, 일부는 신진 암시의 작용, 적당한 신진, 표정이 마음으로 반작용하고, 이에 상응하는 감정과 정서를 살려내는 작용에 의해 지탱된다고 말한다.

이 신진 암시 작용에 대해서는 이미 18세기 중엽 레씽(1729~81, 독일, 극 작가, 평론가)이 유명한 '함부르크 극론(劇論)' 가운데서 이 점에 대해, "만약 배우가 가령, 노여움의 극단적인 표출, 성급한 걸음, 기운찬 발걸음, 매우 난폭한, 이따금 부르짖음이 되고, 때로 덤벼드는 목소리, 눈썹의 작용, 떨리는 입술, 이 가는 소리 등을 단지 모방하는 것을 알기만 해도, 그의 정신은 반드시 노여움의 어두운 감정으로 기울 것이다. 이것은 어느 신체적 변화를 일으키는 정신적 변화가, 이 신체적 변화에 의해 다시 작용을 받는다고 하는 법칙의 결과인 것이다."고 말하고 있다.

이 같은 신진(身振) 암시의 작용은, 그 후, 분트, 비데리트, 리프스 등의 근대 심리학자 등에 의해서도 확인되었고, 이 작용이 배우 배역의 감정 동화를 지지하는 힘이라는 사실을 부정할 수 없다고 생각한다. 그리고 이 신진 암시의 기능에 대한 하르트만의 생각은 모방이라고 하는, 배우 술의 뜻을 확인할 때, 크게 도움이 될 것이라 생각한다.

'가정'(만약의 기능)

우리가 탐구해 온 '연기의 자동 키'를 설명할 때, 가장 타당하다고 생각하는 것은 알프래드 메츠레르가 A 마이농의 심리학설('심리학의 기초' 1908. '가정에 대하여' 1910)에서 출발, 이것을 배우의 창작심리에 적용한 '가정'이라고 하는 심리 상태일 것이다.

가정이라 하는 것은 다른 연극학자나 미학자가 '배우의 자동 키'를 설명할 때 흔히 들고나오는 멋대로 꾸며낸 개념도 아니지만 정신 병리학 범위에 속하는 특수한 정신 상태도 아니다.

이것은 표상, 의지, 판단이라 할 일상 심리 현상과 같은 실생활에 부딪치는 인간 본능의 심리 작용이다.

이 가정의 기능은 마치 어린이 유희나 군대 연습이나 과학상 가설 설정의 경우와 같이 어느 특정의 가정된 전제 하에서 어느 가공의 상태 중에서 의식적으로 들어온 것이다.

"만약 내가 오셀로였다면" 하는 전제 아래서 오셀로의 내적 및 외적 행동 중에 의식적으로 잠겨 버리는 것이다. 더구나 그 가운데서 행동하는 경우, 하나하나 흠칫 흠칫 가정된 전제를 머리에 떠올릴 필요는 없다.

그렇게 하지 않더라도 그 가정에 상응하는 행동이 무의식 중

배우의 연기수업

에 막힘없이 진행해 가는 것이다.

표상(表象)과 달리 가정은 판단과 같은 긍정 및 부정을 가지고 이에 따른 감정을 일으키고 의욕을 갖기도 한다. 하지만 신념이나 확증을 갖지 못한다는 점으로 보면, 판단과도 다르다.

그것은 또 꿈이나 최면 상태와 달라 다른 힘에 쉽게 흔들리지도 않고 평생의 자기와 다른 상태로 쉽게 들어간다. 또 이 경우, 그것이 실재하지 않음을 충분히 알고 있음을 가정하기 때문에 착각도 생기지 않고 남을 속이는 일도 없다.

그것이 가공적인 것임을 확신하면서 게다가 가정에 수반하는 상상력의 활발한 작용에 적극적으로 몸을 맡기고 이에 의지하고 만다. 이 가공의 상태에 딱 맞으면 그 후는 그 전제인 가정을 일일이 신경질로 여기면 도리어 장애가 된다.

의식적으로 들어간 그 가공의 상태 속에서 실생활과 같이 자유로 본능적으로 행동하는 일은 지장을 준다.

이 같이 해서 배우는 이 가정의 기능에 따라 배역이라고 하는 가공의 상태 속에 잠겨 들어 현실생활보다 한층 더 자유롭게 한층 더 활발하게 더 거칠게 행동할 수 있게 되는 것이다.

그러나 그럼에도 불구하고 어떤 현실과 또 다른 도식적인 것의 배려가 여기 감돌게 된다. 가정 상태에서의 흥분은 우리 마음속에 그만큼 깊이 먹혀들지 않고, 수면의 물살처럼 매끈하게 미끄러진다. 모든 소용돌이가 꿈과 같이 희미한 빛 속으로 사라져 버린다. 그렇지 않으면 그것은 빙의(憑依) 현상이지 연기가 아닌 것이다.

따라서 연기 중의 배우가 배역의 감정을 똑같이 느끼느냐 여부의 질문은 질문 자체가 조금 이상하다.

배우는 물론 그 배역의 감정 내용을 느끼고 있다. 그러나 현실 생활의 경우와 똑같은 정도로 느끼지 못한다. 이 경우 배우가 느끼는 것은 판단 감정이 아니다. 어느 확신과 관련해서 생기는 감정을 연기하는 동안 체험한다는 의미는 아니다.

배우는 다만 작중 인물의 성격이나 환경을 일시적으로 가정하고, 만약 자기가 그 사람이라면, 그렇게 말하는 경우에 놓인다고 하는 가정 아래 그 경우의 감정을 체험할 뿐이다.

이 감정(가정 감정)은 판단 감정처럼 강하지는 않다. 연기자가 그 때문에 자제력을 잃고 오셀로의 질투나 노함에 쫓기어 상대 배우를 정말로 숨지게 하든가, 광란 끝에 관람석으로 뛰어들든가, 수치를 느끼는 나머지 무대 뒤에 숨어 두 번 다시 무대에 나오지 않을 정도로 강하지는 않다.

그러나 가설극장을 꽉 매운 관객, 인텔리도 있고, 노동자도 있고, 노인도 있고, 젊은이도 있고, 일희 일우형도 불끈하는 사람도, 굼뜬 사람도 있는 저 잡다한 관객을 공통 가정 하에 쥐어짜고 작중 인물의 마음의 움직임을 공감케 해 그 마음을 흔들어 놓는 정도의 힘은 충분히 가지고 있는 것이다.

이 가정의 작용이 없다고 하면, 배우 배역의 침잠(沈潛), 배역을 맡아 들어가는 일은 결코 일어날 수 없다. 그것은 어떤 학식보다도 배우에게 매우 중요한 것이다. 모든 일에 이론만 대고 해석을 반복함으로써 더 나아가 얼마간의 입이나 손발의 숙련을 덤으

배우의 연기수업

로 하여 배역을 어설프게 만들어내는 시도는 다만 기생(寄生)나무 세공품의 동강 난 방식의 인간을 낳는 일에 지나지 않는다

그런 연극은 대사나 동작을 구획 지어 괄호로 묶은 기교나 불통일이 우리 마음을 다만 줍게만 할 뿐이다.

이와 반대로 가정을 토대로 한 연기의 경우는 배우의 몸은 배역이 요구하는 대로 아무 괴로움 없이 자동적으로 움직이고, 폭넓게 배역의 감동을 나타내고, 이성에 의해 감시받아도 이로 인해 지장을 받든가 위축되는 일은 없을 것이다. 가정에 의해 비로소 배우는 작자가 창조한 인물 가운데로 자기의 모든 존재를 본능적으로 종속시키는 일이 가능하다.

우리나라에서도 유명한 스타니슬라프스키의 연기 체계도 분명히 이 가정, 만약의 기능을 그 기초로 하는 것 같다.

스타니슬라프스키(1863~1938, 러시아의 배우 및 연출가)는 그의 저서 '배우 수업' 가운데서 반복해 이 가정이라는 심리 상태를 언급하고, '만약'의 특질을 그것이 배우 중에 "어느 내적인 참된 활동을 불러일으키다" "어느 순간 내적 자극을 일으키고" 그 위에, "편안히 아무렇지 않게 강해지든가 달래는 일 없이 가정을 참이라고 받아들이지 않고, 가정을 가정으로 받아들이게 하고" "이 정직함에 따라 예술가를 안심시키고 가정한 발판을 믿는 용기를 주고" "그 결과 자극이 자연적으로 생긴다"는 데 있다고 말한다.

이것은 앞에 말한 메츠레르의 생각과 거의 완전하게 일치한다.

또 스타니슬라프스키는 "만약은 우리가 하는 일의 실마리, 우리를 일상의 생활에서 상상의 높이로 끌어 올리는 지레" "만약은

창조적 잠재의식에 있어서도 한 개 자극" "우리 예술의 또 하나의 원칙 '의식적 기술에 의한 무의식적 창조'를 수행하는 도움이 되기도 한다."고 말하고 있다.

그런데, 배우의 일에 있어 결정적 의미를 갖는 이 "가정"이라는 정신 작용은 앞에서도 잠깐 말했지만 배우만으로 국한되지 않고 대부분의 사람이 태어나며 가지고 있는 기능인 것이다.

그리고 사람에 따라 대번에 이 상태로 들어가는 사람도 있지만, 여러 가지 다른 절차에 도움을 청하지 않으면 거기에 들어갈 수 없는 사람도 있다. 그러나 이것은 그렇게 중요한 문제는 아니다.

배우에게 결정적인 것은 무대에 나가는 순간 그것이 훌륭하게 준비되어 있다는 것, 연기 전 기간을 통해 그것이 확보되는 일, 여러 가지 장애에 부딪혀도 곧바로 다시 그곳으로 돌아갈 수 있다는 것이다.

그러면 이 가정의 기능에 몸을 맡기어 그 상태를 유지 발전시키려면 어떻게 하는 것이 좋을까?

그 첫째 비결은 잘 연기한다든가 관객에게 잘 보인다든가 관객에게 설교하겠다든가 그런 기분을 깨끗이 씻어버리고, 다만 오로지 이 가정된 전제 아래 몸을 맡기는 악의 없음이고, 둘째는 창을 맞든 돌을 맞든 관객이 울든 웃든 박수 치든 여기에 조금도 주의하지 않고 이 가정 가운데서 태연히 앉아 움직이지 않는 집중력인 것이다.

가정이라는 정신 상태가 눈 뜨기 바로 전의 수 초간처럼, 매우 깨지기 쉬운 불안정한 상태일 뿐으로 이 주의 집중이라는 것이

배우의 연기수업

매우 중요한 뜻을 가지게 되는 것이다.

다음 확실히 해 둘 것은 이 만약의 기능의 효험이라는 것은 결코 그 자체의 힘에서 나오는 것이 아니라, 그 기초에 놓인 가정된 전제, 스타니슬라프스키의 이른바 '주어진 경우'의 선명성에 있다고 하는 것이다.

배우의 경우, 주어진 배역의 성격과 여기 놓여있는 국면을 희곡의 문자를 통해 진정 바르게 느끼고 그것을 자기 체험이나 지식이나 상상력에 의해 확충하고, 면밀한 연기 플랜을 만들어내지 못했다고 하면, 만약의 어떤 기능도 결코 배역의 바르고 풍부한 표현을 살릴 수 없을 것이다.

만약은 배우 창조의 출발점이고, 그 상상력이나 이해에 힘 있는 박차를 가해 주는 것이고, 스타니슬라프스키도 "의혹에 당면할 때, 사상 감정 상상력이 말을 잇지 못하면 만약을 생각하라!"고 가르치고 있지만, 그러나 만약의 효험은 마침내 그 배우 자신의 체험 지식 감정 상상력 생리적 조건의 밖으로는 결코 나갈 수 없다.

어린이도 역시, 이 만약의 기능에 따라 부모를 연기하고 탐정을 연기하고 도둑을 연기하고 의사 선생을 연기하는 것이지만, 다만 어린이 마음이나 몸으로 그 배역을 연기하는 일에 지나지 않는다.

만약 배우가 매일의 그 생활 체험, 그 지식이나 감정을 풍부히 하고 그 상상력 신장을 태만히 한다고 하면 가령, 아무리 잘 가정 속으로 잠기고 여기 머물 수 있다 해도 그 연기는 어린이 놀이와 큰 차이가 없게 될 것이다.

배우 연기의 폭과 깊이를 결정하는 것은 결국 그 배우의 인간적 폭과 깊이인 것이다.

또 가정의 기능, 만약의 기능이라면, 어느 배우가 가지고 태어난 표출 수단, 자기의 태어난 몸을 바꿀 수는 없다. 그 변화 능력은 자기 육체적 조건 밖에서 나올 수 없다. 자기 육체적 조건 밖에서 내려고 할 경우, 변장술 내지 모방술의 도움을 빌릴 수밖에 없는 것이다.

여기에 내가 앞서 '배우의 빼놓을 수 없는 요소'라 부르고, 그러나 '그 중요한 부분도 아닌' 하고 말한 변장술, 모방술, 자기 몸의 외형을 바꾸는 기술의 기능 장소가 있는 것이다. 그리고 동시에 앞에서 말한 오랜 연습에 의한 습관의 유치 필요도 주로 여기서부터 생기는 것이다.

다시 또, 배우가 불굴의 일상 훈련에 의해 자기 몸의 표출 능력을 끊임없이 확대 강화하며 정치(精緻)할 필요성도 여기서 생기는 것이다. 그리고 배우가 이렇게 해서 변장술과 모방술과 일상 훈련과 연습에 의해 몸에 익힌 가면(외형 및 외적 동작)은 하르트만의 이른바 몸짓 암시에 의해 배우 마음으로 역 작용하고, 드디어 깊게 '가정'의 심리 상태로 들어가는 것을 가능하게 하는 것이다.

지금까지 말한 것처럼 배우는 다만 만약의 기능만 가지고 결코 훌륭한 연기를 다할 수 없다는 이유이다. 그러나 이 만약이라는 힘에 의해 비로소 모든 정신적 육체적 표출 수단을 목적으로 묶어 이것을 자유로 구사하고 그것을 하나의 상념으로 종속시켜

작자가 의도하는 인간을 하나의 혼연(渾然)된 전체로서 만들어 낼
수 있는 것이다.

3. 배우적 표현의 특색

배우적 표현의 특색은 앞에서 말한 것처럼 배우 독특의 표출
수단, 혼이 담긴 스스로 움직이고 유기적 전체로서 인간의 신체,
특질에 의해 근본적으로 규정된다.

그러나 이와 동시에 배우가 여기서부터 감동을 받고 이에 따
라 자기 작품을 만들어내는 희곡이라는 형식의 원리도 배우의 표
현에 크게 영향을 미친다. 먼저 이점을 생각해 보기로 한다.

희곡이라는 것은 작자가 자기 감동 자기 내적 체험을 언어로
표현한다는 사실은 다른 문학과 공통하지만, 그것이 시나 소설과
구별되는 특질은 희곡의 경우는 작자 자신의 개인적인 말참견이
극단적으로 생략되는 것, 작자가 자기가 표현하고자 하는 인물
및 사건 등을 서술 묘사 설명하려 하지 않고, 살아있는 인간, 객관
적으로 존재하고 자기로 행동하는 인간을, 직접 독자 앞에 놓고
보인다고 할 수 있다.

때문에 희곡적 표현에 있어서 사실은 모두 관객 앞에서 일어
나게 하고 진행시키지 않으면 안 된다. 벌써 일어난 일이 언어 또
는 동작으로 반복되는 것이 아니고, 일이 여기서 지금 일어나지
않으면 안 된다. 과거에 일어난 일이든 어떻든 마음에 정리된 사
상 및 감정 등이 문제되는 경우라도 그것이 현재 여기 가져올 수

있는 형식, 이야기할 수 있는 형식이 여기서 중요한 것이다.

또 희곡적 표현에서 사정은 모두 필연적으로 그 자체의 인과 법칙에 따라 관객의 눈앞에서 진행되지 않으면 안 된다.

작자의 묘사 서술 설명에, 형편 좋은 순서로, 사건 전개가 멋대로 진전되거나 단절되거나 삽입되거나 배치되거나 하는 일은 그렇게 간단히 할 수 없는 일이다. 사건 자체가 그 마땅한 장소에 놓이고 그 부득이한 힘으로 움직여 나가지 않으면 안 된다.

또 중요한 것은 그 같은 인간의 여러 가지 외면적 행동이 외면적 사건이 관객 앞에서 지금 일어나고 있다고 말할 뿐만 아니라, 그것을 통해 이 인물의 내적 움직임을 인간의 사상이나 그 의식 속에서 잠자는 여러 충동을, 또 여기 일어나는 외부적 사건의 숨겨진 사건이나 숨겨진 동기나 법칙성을, 또 이런 사항에 대한 작자의 견해 또는 감정을 독자와 관객 마음에 절박하게 느끼게 하도록 하는 것이다.

따라서 희곡적 표현의 안목은 단지 거기에 무엇인가가 일어날 것이라 하는 것이 아니고, 그것이 왜 어떻게 일어났는가 하는 사실을 알 수 있게, 그 외부적 사태의 내부 맥락이 작가가 전혀 말하지 않더라도, 분명하게 알 수 있도록 더구나 3~4시간 연극 속에서 모두 그것을 파악할 수 있도록 그 어떤 일을 일으키는 것이다.

그러나 이처럼 사람으로 하여금 생각지 않게 그 본심을 털어놓을 수 있게 하려면 인간의 마음속에 자기 자신도 모르는 사이, 감춰진 여러 가지 충동이나 실력을 그 사람 행동의 겉으로 끌어

배우의 연기수업

내려면 그 인간을 그 사람 나름의 '인생의 큰일'에 직면하게 하지 않으면 안 된다.

자연을 상대의, 남을 상대의, 자기를 상대의, 승부의 격투에 내던지지 않으면 안 된다. 따라서 희곡적 표현이라는 것은 항상 대화의 형식을 기초로 진행한다

서로 다투는 2개 극단(極端) 사이를 움직이며 전진하는 선으로 나타난다. 작중 인물의 성격이라는 것도 단지 기성의 사실로 여기 주어져 있는 것이 아니고, 상대 배역(또는 자기 자신)과의 격투 중에서 자기 자신의 형태를 만들고 자기의 본질을 폭로한다.

희곡적 표현이라 하는 것은 대체 이렇게 하는 것이지만 그것은 또 배우적 표현의 근본 원칙이기도 하다.

전에 나는 배우 술이란 것은 작중 인물을, 그것이 지금 관객 앞에 나타난 것처럼 살아서 말하고 움직이는 것처럼 연기해 보이는 것, 배우가 그 인물이 되어 들어가고, 대신해서 그 인물로서 관객 앞에서 동작해 보이는 것, 그 인물을 살려 보이는 일이라고 말했다.

이것은 자세히 지금 설명한 희곡적 표현이라는 원칙에서 오는 것이다.

하지만 이와 동시에 배우 술이라 한다면, 혼이 깃들고 자기가 움직이고 유기적인 전체의 인간을 표출 수단으로 하는 배우 술이라고 하면, 이 원칙을 진정으로 살릴 수 있다고 말하게 된다.

희곡 작가는 이 원칙에 기초를 두고 인간을 표현하는 데 대사(臺詞)라고 하는 인간의 대화를 기록하는 문자 외에는 어떤 표출

수단도 갖지 않는다고 말하는 것은, 희곡 작가가 할 수 없이 배우 도움을 받고 오히려 희곡적 표현의 근본 원칙에서 불거진 비상 수단에 불과하다는 뜻이다.

때문에 이 차가운 문자 저쪽에 희곡 작가가 창출한 산 인간을 밝게 보고 들을 수 있는 것은 문학적 감수성에 힘입은 상상력 풍부한 소수 인간일 뿐이다.

배우의 살아있는 몸을 통해 비로소 작중 인물은 눈에 보이고 귀에 들리는 완전하게 구체적인 존재로 무대에 살아나고 만인의 것이 된다. 그리고 이 완전한 구체성이라 하는 것은 산 인간이 유사한 산 인간을 표출 수단으로 표현되므로 하여 비로소 가능한 것이다.

그러므로 배우가 희곡적 표현의 근본 원칙에 기초를 두고 표현할 수 있는 것은 인간뿐이다. 다른 것은 단지 신도 악마도 빛도 그늘도 개도 고양이도 닭도 사탕도 그것이 인간화된 경우에만 배우의 표현 대상이 될 수 있는 것이다. 희곡 작가 역시 희곡적 표현의 원칙에 기초를 두고 표현할 수 있는 것은 말할 수 있는 동물, 즉 인간뿐인 것이다.

이와 동시에 인간을 희곡적으로 표현한다는 것은 앞에서 밝힌 것처럼 결코 한 사람 배우만으로 할 수 없다. 배우적 표현이라는 것은 결코 배우의 표현이 아니라 항상 배우들의 표현인 것이다.

앙상블이라 일컬어지는 한 자리 진지를 떠나면 배우의 예술은 존재할 수 없다. 배우에게 앙상블은 그 압력에 의해 우리에게 형식을 제공하고 우리를 살려주는 공기와 같은 것이다.

　　　　　　　　　　　　　　배우의 연기수업

여기서 벗어난 배우는 이미 엄밀한 의미에서 배우가 아니다. 그것은 한 사람 흉내쟁이에 지나지 않는다. 기껏해야 일개 서정적 음송 시인에 머무를 것이다.

배우의 주요 표현 요소는 즉 배우가 그것으로 관객의 지각에 작용할 수 있는 수단, 사람은 흔히 이것을 표출 수단으로 혼동하지만, 그것은 잘못이라고 생각한다. 대사와 동작이라고 생각한다.

엄밀하게 말하면, 이밖에 청각에 호소하는 요소로서의 노래이든가, 외치는 소리이든가, 그밖에 인간이 발하는 모든 악음(樂音)이든가 소음이 덧붙여지고, 시각에 호소하는 요소로서의 동작은 얼굴 표정, 동작, 몸짓, 자태 등으로 나누어지고, 또 연기의 보조적 수식적 요소로서의 무대 화장, 의상, 머리에 쓰는 것, 신발, 도구 등이 여기 따른다.

직접 배우 몸에 붙이는 것은 아니지만 무대 장치, 조명, 소도구, 가구, 효과, 음악 등도 연기에 발판이나 배경을 주고 동기 의미 목적을 주고 연기를 강조하든가 반주하는 것으로 배우의 표현 요소에 포함되는 것이다

이렇게 따지면 알 수 있듯이 배우 표현이라는 것은 눈에 보이는 동시에 귀로 들리기도 하는 것이다. 곧 공간을 채우고 동시에 시간적 흐름을 만드는 것이다

이렇게 시각적 청각적 공간적 시간적 표현 요소의 종합에 의해 복잡한 예술적 효과를 이루어 내는 것이다.

그러나 배우적 표현의 특색이라 말하면, 이런 여러 가지 표현 요소가 모여서만 이루어지는 것은 아니다. 또 이와 같은 감각을

토대로 하여 각종 예술 회화 조각 건축 무용 음악 낭송 문학 등등 의 단순한 덧셈만으로 이루어지는 것도 아니다.

배우적 표현의 특색은 그것이 여러 가지 감각적 요소로 생기 는 종합 요소로 이루는 종합 예술이라 하는 점에 있는 것이 아니 고, 그 모두가 살아있는 인간의 유기적인 부분으로서 살아있는 인간 속에 통일되어 있다고 하는 점에 있다.

대사와 동작에 있어서도 그것을 말할 수 있다. 사람들은 흔히 이 둘을 굳이 대립적인 것으로 생각하고, 그 어떤 것이 주도적이 냐 등등으로 논쟁하는 사람도 없지 않다. 그러나 그것은 어리석 은 일이다.

대사와 동작, 언어와 동작이라 하는 것은 과연 한쪽은 청각, 한쪽은 시각에 호소하는 것이 틀림없지만 그것은 결코 따로따로 살아있는 것이 아니라 살아있는 인간 속에서 하나로 연결되고 있 는 것이고 또 눈과 동시에 귀를 가진 사람의 마음에 하나로 연결 되어 있는 것이고, 또 눈과 동시에 귀를 가진 인간의 마음에 한 덩어리로 울려 퍼지는 것이다.

참 희곡 작가라면, 자기가 써낸 한마디 한마디 대사가 작중 인 물의 살아있는 몸에서 태어난 것이고 그 인간의 몸짓과 불가분리 의 연결 고리로 이어진 것을 누구도 알고 있을 것이다.

또 화법을 조금이나마 배운 배우라면 말하기는 결국 인간의 육체 운동이라는 사실, 또 그것이 인간의 여러 가지 생리 및 심리 작용에 영향을 미치는 일이 많다고 하는 점, 살아있는 말, 참된 희 곡적인 말이라는 것은 단지 입만 아니라 온몸으로 말하지 않으면

배우의 연기수업

안 된다고 하는 사실을 지나치다고 할 정도로 알고 있어야 한다.

같은 사실을 동작에 대해서도 말할 수 있다. 오늘의 문명 사회에 살고 있는 현실의 인간은 결코 말하지 못하는 물고기가 아니다. 우리는 사물을 말하는 동물인 것이다. 우리 표정이나 표정 동작이나 자태의 표출성이라 하는 것은 우리 최대 발명인 말한다는 화법(話法)과 연결됨으로써 비로소 정확하게 되고 정치되고 복잡하게 되어 깊이 있게 발전해 온 것이다

물론 무언의 동작이나 자태가 어떤 말보다 한층 더 웅변일 경우가 있지만, 이것은 오케스트라 전체 악기가 갑자기 정지한 후에 둔탁하게 울려오는 드럼처럼 특수 효과를 겨냥한 한 가지 수단에 지나지 않는다.

이처럼 대사와 동작은 살아있는 인간의 전체 가운데 그 내부 상태의 표출로서 항상 한 가지 유기적이고 다이내믹한 체제를 만들고 있는 것이다. 이것은 동작 및 표정술 그리고 화법의 연구에 해당하니 항상 마음에 새겨 놓을 필요가 있다고 생각한다.

앞에서 말한 배우의 신체 외형이 그 배역의 범위를 한정한다는 불편함만 아니라, 배우가 자기 자신을 표출 수단으로 한다는 것은 배우의 작업, 배우의 표현상 여러 가지 불편을 주기도 한다.

자기가 재료요, 도구라 하는 것은 필연적으로 자기가 예술 작품으로서 관객 앞에 서서 또 거기서 자기가 제작자로서 작품의 최종 마무리를 특히 관객이 눈치채지 않도록 해치우지 않으면 안 된다는 귀찮은 사태를 야기한다.

지금 이런 문제를 여기서 상세히 다룰 여유는 없지만, 이 불편

함에서 배우적 표현의 그 직접성, 완전한 구체성이 나타나는 것이다. 한 개 공간을 향한 창조자와 감상자 즉, 배우와 관객 사이의 생기 도는 교류도 역시 여기서 발생하는 것이다.

일반적으로 배우적 표현이라 하는 것은 작자의 사상이나 감동, 작중 인물의 마음의 움직임을 상대에게 전달한다는 점에서 보통으로 생각하는 편리한 것은 아니다.

다만 외형을 보인다고 말하는 것뿐이라면 어떻든 산 인간이 산 인간을 모방하는 것이고 이런 편리한 이야기는 없기 때문에 내면적인 움직임을 관객에게 느끼도록 한다면, 그렇게 간단히는 되지 않을 것이다.

첫째, 영화 및 소설의 경우는 작자가 특히 보이고 싶다고 생각하는 것만을 관객에게 주고, 다음은 관객의 눈과 귀가 차단할 수 있지만, 연극의 경우 그것이 좀처럼 쉽지 않은 것이다.

일단 막이 올라가면 끝이고, 넓은 무대의 공간은 전부 항상 관객 눈앞에 개방되고 배우는 등장에서 퇴장까지 용무가 있든 없든 여기에 온몸을 여러 사람 눈에 띄게 하지 않으면 안 된다. 객석에 묶인 관객은 무대 인물에 접근 그 표정을 자세히 관찰하는 사정은 못 된다.

멀리서 전경(全景)을 볼 수도, 위에서 굽어볼 수도, 인물에 대해 어떻든 움직여 갈 수도 자유로 할 수 없다.

배우 역시 한 사람 한 사람 관객에 접근, 영화의 클로즈업 된 것처럼 한숨을 들려주든가 뺨에 흐르는 눈물 방울을 보여주지 못한다. 작동하는 카메라의 렌즈, 마이크, 작자의 눈이나 귀를 대신

배우의 연기수업

하는 영화 및 소설의 경우라면 그런 일은 누워 떡 먹기이다.

연극을 영화화하고 소설화함으로써, 이 같은 부자유에서 개방하고자 하는 시도 역시 세상은 줄곧 행하고 있고, 나 역시 충분히 이 일을 착실히 보아 왔지만, 아무튼 지금 나의 결론은 연극의 재미는 오히려 이 부자유 속에 있는 것으로 생각하는 것이다.

연극, 따라서 배우의 예술이라 하는 것은 관객에게 무엇인가를 보여주는 예술이라 하기보다 이 부자유를 뛰어넘어 무턱대고 무엇인가 보여주는 예술인 것 같다. 무엇인가를 관객에게 골라주는 예술보다 스스로 뽑도록 하는 예술인 것 같다

작자는, 연출가는, 배우는 관객 자신의 이 선택을 살며시 리드해 나갈 뿐이다. 관객이 스스로 보는 즐거움, 스스로 택한 즐거움을, 결코 빼앗으면 안 되는 것이다.

그리고 이 사실은 역시 아무래도 희곡이라는 본래의 성질에서 오는 것이라 할 수 있다. 희곡을 무대에 올려놓고 관객을 희곡적으로 감동시키려면 작자의 개인적 말참견과 같이 연출자, 배우, 무대장치가의 관객을 향한 개인적 말참견은 가능한 대로 차단되고, 생략되지 않으면 안 된다.

하지만 이것은 작자가 극장 예술가가 자기의 감동, 자기의 세계상을 관객에게 공감을 주고 싶다는 열정, 모든 예술의 출발점인 이 열정을 놓아 버렸고 사양했기 때문은 아니다.

이 과정이 희곡의 경우, 연극의 경우, 차단된 것으로 보이는 것은 이 열정을 다시 또 철저히 만족시키는 방편에 지나지 않는 것이다.

자기 감동, 자기 세계상을 또다시 직접적으로 독자에게 느끼게 하기 위한, 독자에게 그것을 자기 체험인 것처럼 느끼게 하기 위한 수단인 것이다.

희곡을 무대에 올린다고 하는 것은 대사의 소리와 상태 또는 몸짓, 표정, 동작에 의해 장치이든 조명이든 효과이든, 그밖에 여러 가지 보충적 수식적 표현 요소에 의해 희곡을 그림으로 풀고, 설명하고 주석(註釋)하는 것은 아니다.

그것을 살려 보이는 일이다. 관객에게 무엇인가를 선택해 주는 것이 아니고 관객에게 스스로 선택해 갖게 하는 것이다. 이야기해 주는 것이 아니고 귀를 맑게 해 주는 것이다. 보이는 것이 아니고 보게 하는 것이다. 무대 상에서만 연극을 하는 것이 아니고 관객 자신에게도 연극을 시키는 것이다.

배우가 관객에게 주지 않으면 안 되는 것, 들려주지 않으면 안 되는 것은 등장인물 내지는 자기의 아름다운 얼굴 눈부신 동작 아름다운 의상 좋은 목소리 재미있는 말주변이 아니라, 등장인물의 마음속 움직임이다.

중요한 것은 연설 모방, 싸움 흉내, 술 주정꾼 흉내, 밥 먹는 흉내 등등의 외부 동작을 단지 그와 같이 연기해 보이는 것이 아니다. 그것을 통해 그 인간의 마음이 관객 마음에 남김없이 전해지고 그것을 흔들어 놓는 일이다.

다만 보여주려 하고 들려주고자 하는 노력은 이렇듯이 내면의 것에 대한 관객마음의 눈이나 귀를 채우고, 상대 역에 잘 맞추어 나간다.

물론, 대사는 한 마디 남김없이 관객에게 들리지 않으면 안 된다. 동작은 빠짐없이 관객에게 보이지 않으면 안 된다.

관객이 등장인물의 마음을 포착하는 유일한 수단은 대사와 동작이고, 그것을 포착하는데 일일이 정력을 들여야 한다고 하면, 관객이 등장인물의 마음에 자기 마음을 딱 붙여 나가는 일은 불가능하다.

때문에 배우에게 중요한 일은 그 대사와 동작을 어느 정도나 투명하게 하느냐, 모든 비뚤어짐이나 어두움을 깨끗이 씻어내고, 배역의 마음, 작가의 마음을 얼마나 순수하고 투철하게 보이느냐고 하는 것이다.

연기라고 하는 것의 부담을 가능한 대로 관객에게 의식하지 않도록 무리 없고 꾸밈없는 연극을 의미하는 것이다.

그러나 내가 '투명한 연기'로 부르는 것은 일시 유행했던 배우가 대사 및 동작 없이 무언으로 심중을 나타내어 배역의 기분을 살리는 "복(腹) 예술'이나 최근 유행하는 이 보란 듯이 하는 억지 쓰기도 아니다. 또 아마추어 극단에서 흔히 보는 아마추어 예술의 재미도 아니다.

소위 말하는 앞지르기 예술의 '뒤집기'나 심술 궂은 악한 역수 (逆手)나 아마추어의 우연한 공적은 아니다.

투명한 연기가 요구하는 것은 배역의 예술 등에 관심 갖지 않고 마는 정도로 관객의 마음과 작가의 마음을 차이 나게 서로 스치지 않는 일이다. 그렇다고 예술이 필요치 않다고 하는 것은 아니다.

그렇기는커녕, 오히려 여기에는 대단히 복잡한 의식적 기술이 필요한 것이다. 흔히 예술이라 생각되는 언어 및 동작의 외면적 기교와 숙련보다 흔들림 없는 노력, 흔들림 없는 복잡한 기교 및 훈련이 필요한 것이다.

희곡의 문자 속에 배역의 살아있는 육체, 그 마음의 전동(顫動)을 감지할 것.

자기 전 존재를 여기 적응시키고, 여기 쏟아붓고 배역의 내적 생명을 존재하게 하는 것.

그 내적 생명을 자기 신체 운동을 통해 무대의 가공 공간에서 살려 보이는 것.

관객의 가슴 속으로 울려 퍼지게 하는 것.

이 때문에 우리 마음과 몸을 이어주는 유기적인 실타래를 손으로 켜내어 우리 잠재의식 기능을 연기 상으로 살려 나가는 심리적 기술을 확보할 것.

음성 기관이나 근육의 유연성 강인성 균형을 획득하기 위한 부단의 훈련.

내가 '투명한 연기'라 부르는 것은 이 같은 의식적인 노력의 결과 비로소 태어나는 것이다.

2장

동작과
표정에 대하여

1. 동작과 표정술은 무엇인가

내가 여기서 동작과 표정술로 부른 것은 신체 운동 곧 안면 표정, 몸동작, 자태 등에 의해 인간의 사상 감정을 직관적으로 표현하는 기술이므로 배우 연기로 귀에 호소하는 부분을 담당하는 화법과 나란히 주로 눈에 호소하는 방면을 담당하는 것이다.

한마디로 신체 운동이라 해도 눈살을 찌푸리든가 몸을 떠는 등 매우 미세한 움직임의 경우도 있고, 얼굴이나 몸통이나 손발을 움직이는 경우도 있고, 무대 복판을 뛰어다니는 큰 동작의 경우도 있다.

의지적인 동작의 경우도 있고, 무의지적 충동적 동작의 경우도 있다. 이른바, 표출 운동 부류에 속하는 것도 있지만 그것과는 직접 관계없는 것도 있다. 그러나 어떤 경우라 해도 그 원인으로 되어 있는 것은 반드시 사상 및 감정이 아니면 안 된다.

동작 및 표정술은 이와 같은 정신적 동작을 의식적으로 창작 또는 재현하는 기술인 것이다.

따라서 여기에는 분명 모방적 내지는 재생산적인 작용이 포함되고 있다. 그러나 현대 배우 술의 주요한 요소로서 동작 및 표정술은 세간에서 모의 동작 내지 신체 언어로 알려진 것보다 훨씬 범위가 넓고, 훨씬 의미가 깊은 것이 아니면 안 된다.

그것들은 어떤 외적인 동작, 싸우든가 밭을 갈든가 대패를 밀든가 음식을 먹든가 술주정을 한다든가 담배를 태우든가 하는 일을 단지 그럴싸하게 흉내 내는 것이 아니다.

또 그것들을 무사처럼 백성처럼 직업인처럼 접대부처럼 서울사람처럼 시골 사람처럼 고풍으로 현대풍으로 분별해 모방한다는 것도 아니다. 이 같은 외적 동작을 통해 그 인간의 개성적인 마음의 움직임 사상 및 감정의 움직임을 표현할 수 없다고 하면 그것은 결코 현대 배우 술이 요구하는 일은 불가능한 것이다.

동시에 그것은 사상 및 감정을 전달하기 위해 동작, 언어를 자유로 조종하는 기술도 아니다.

원래 동작 언어라 하는 것은 성이 날 때에 주먹을 단단히 쥐고 적에게 따끔한 맛을 보이든가 무엇인가 열심히 말할 때 생각지도 않게 그것을 손으로 그려 보이든가 지시하든가 한다.

이른바 동작 운동에서 발달한 것으로 그 같은 운동이 점차 순화되어 음성언어의 경우와 같이 일정한 의미를 보이고, 일정한 신체 모양이나 움직임이 사회적으로 약속되고 습득되어 사상 및 감정의 전달 수단으로 의미 있게 이용할 수 있게 된 것이다.

이 종류의 신체 언어가 가장 순수한 형식으로 실시되는 것은 농아자 사이이고 미개인도 많이 이것을 사용하고 있다.

그러나 문명인 사이에서도 음성언어 외에 그 보조 수단으로

배우의 연기수업

여러 가지 모양의 신체 언어가 오히려 현재 일반적으로 사용되고 있는 것이다.

이와 같이 신체 언어라는 것이 음성을 수단으로 하는 보통의 일반 언어와 똑같이 그것을 사용하는 인간의 개성이든가 그 사용 장면의 구체적 성질과는 관계없이 사회적인 약속으로 이루어진 중립적 신체 동작에 의해 어떤 의미를 상징하는 것이기 때문에 이것을 사용하는 개인의 감수성 여하에 따라 인간의 내면 생활을 생생하게 나타내는 경우도 있지만 생기 없이 적나라한 의미 전달로 그치는 경우도 없지 않다.

따라서 신체 언어는 신체 표정술의 한 요소에 다름 아니지만 일부 사람들이 생각하는 것처럼 그 전부도 중요 부분도 아닌 것이다.

이야기 실마리로 극장에서의 신체 언어에 대해 조금 말해 보기로 한다. 신체 언어는 일상생활만이 아니라 극장에서도 많이 사용된다. 단지 일상생활에서 사용되는 신체 언어의 모방이 거기서 사용된다는 것만이 아니라, 무대 특유의 신체 언어를 만들어 발달시키고 있는 것이다.

팬터마임의 신체 언어, 팬터마임 무언극(無言劇)은 음성언어를 전연 사용하지 않고 일련의 자태 동작 몸동작과 표정에 의해 인간 마음의 움직임이나 줄기의 전개를 흉내 방식으로 표현하고 어느 극적 효과를 만들어 내고자 하는 것이지만 여기서는 음성언어 대용의 신체 언어 사용은 거의 불가결의 조건이다.

이처럼 팬터마임의 신체 언어는 이 특수한 연극 형식이 매우 많이 실행된 고대 그리스와 로마에서 특이한 발전을 이루었다. 현재도 프랑스와 러시아의 무용극 발레나 프랑스 무언극에 이 무대적인 신체 언어의 전통이 유지되고 있다.

팬터마임의 경우만 아니라 언어를 동반하는 연극의 경우에도 인간의 정념이든가, 사회 계급적 및 직업적 형태, 시대를 나타내는 신체 언어적인 틀에 박힌 표현이 만들어져 답습되는 경우가 많다.

유럽의 가극이나 고전주의적 극장의 전통적 제스처 등이 바로 그것이고, 이 같은 경우, 신체 표정적 표현은 어느 특정 개성이나 어느 특정 국면에서 새롭게 발생하는 것이 아니고, 전통에서 끌어낸 이미 있어 온 기계적인 틀, 오랜 습관의 덕분에 관객도 의심을 갖지 않게 되었다.

이 같은 틀에 박힌 형에 의해 이어져 온 것이다. 질투할 때는 이를 갈고 눈망울을 크게 굴리든가 우는 대신에 눈이나 얼굴을 가리든가 주먹을 아래서 콧구멍에 가져다 대든가 절망할 때는 머리털을 쥐어짜든가 백성은 잠자리에 침을 뱉든가 저고리 소매로 코를 닦든가 군인은 높은 카라에 손가락으로 찌르든가 박차를 울리든가 귀족은 고급 안경을 끼든가 대체로 항상 정해져 있는 것이다.

이 종류의 틀에 박힌 형식은 전통이 되어 연년세세 전승되어 가는 것도 있고 당대 명 배우의 틀을 그대로 받아 이어가는 경우도 있다.

자기가 어떤 기회에 발명해 그 후 항상 반복하는 경우도 있다.

연출가가 가르쳐 준 것도 있다. 어떻든 간에 어떤 상상 감정도 덧붙임 없는 이런 틀에 박힌 모방이나 답습은 배우의 창의를 무시하는 셈이다.

현대 배우 술이 표정과 동작에 요구하는 것은 인간의 외면적 동작의 모방이라 해도 인간의 사상 감정의 신체 언어 내지 모방적 동작의 유의적(有意的) 전달도 아니다. 그것은 또 좁은 뜻의 표정 운동 신체 운동을 통해 한 감정 및 정서의 의미 없는 표출을 의식적으로 재현하는 것도 아니다.

여기서 동작 표정술에 요구되고 있는 것은 어느 특정 개인의 모든 신체 운동을 통해 그 마음의 작용을 그 사상이나 정서의 상태를 남김없이 더구나 어떤 설명이나 묘사도 가하지 않고 표출하는 것이다.

그 인간의 감정, 정서, 의지, 사고의 작용, 그 인간의 잠재적 자아의 속에 잠자고 있는 사상 감정 등의 신체 운동의 반영을 민감하게 포착해, 이것을 자기의 살아있는 육체를 통해 표현하는 것이다.

희곡적 표현의 원칙에 기초를 두면서 이를 완전히 구체적으로 표현하는 것이다.

2. 동작 표정술의 토대

그런데 인간의 신체 운동이라는 것은 그 마음에 일어나는 바를 바르게 알기 위해 도움되는 발판을 과연 제공할 수 있는가 여부를 먼저 확실히 언급해 둘 필요가 있다. 이것이 명료해지지 않는 한, 배우 술이든 동작 표정 등은 매우 모호하게 되고 만다.

그리고 이처럼 자신 없음을 틈타서 여러 가지 모방술이나 설명적 연기가 의기양양한 얼굴로 우리 연극을 지배하기 시작하는 것이다.

대체 사람의 마음이란 자기 마음 밖의 것은 모두 직접 알 수가 없다. 자기 마음은 자기가 의식하는 것이지만 남의 마음을 그대로 자기가 느낀다고 할 수 없는 것이다. 마음의 기능은 절대로 개인적인 것이다.

따라서 남의 마음 움직임을 아는 것은 모두 간접의 실마리에 따를 수밖에 없다.

집에 돌아와 보니 방안이 어지럽혀져 있다. 중요 물품이 없어졌다. 툇마루에는 흙 묻은 신발 자국이 남아 있고 유리 문 잠금 장치가 망가져 있다. 이 광경을 보고 우리는 도둑이 들어왔다는 사실, 여기에 도둑이라는 한 인간의 마음 작용이 남의 것을 훔치려는 의도나 그 방법에 대한 숙고와 그것을 실현할 의지 행위 및 그에 따른 흥분이나, 낭패나, 기 죽음이 실제 있었다고 결론 짓는다.

어느 인간의 마음 작용의 결과로서 그 인간 밖에서 발생한 눈에 보이고 귀에 들리는 어떤 종류 변화에 의해 그것을 발생시킨 마음의 움직임을 결론 짓는다.

지금 말한 경우는 자기 범행이나 그때 마음의 움직임을 표출한다. 남에게 전하고자 말하는 의도는 도둑에게는 조금도 없었지만 그러나 뽐내고자 혹은 판사의 심증을 가능한 대로 좋게 하기 위해 자기 범행이나 그때 심정을 어느 정도 정직히 말해 들려줄 경우도 있다.

이 경우는 자기 마음을 남에게 보이겠다는 의도가 먼저 존재하고, 그것을 실행하기 위해 인간 동지 사이에 의사 전달의 수단으로 미리 약속되어 있는 표현을 사용, 상대에게 의식적으로 작용하는 것이다

이렇게 듣고 보고 할 수 있는 언어, 문자, 동작 등이 인간 마음에 일어난 일의 대리자가 되는 것이다. 그래서 이때 잊어서 안 될 것은 이 대리자, 감각적인 표현과 그것이 의미하는 마음의 작용 사이에 어떤 내적 필연적 관계없이 단지 오랫동안 습관의 결과 일종의 대화에 의해 어떤 관계가 이루어졌음에 지나지 않는다.

이것은 나라는 의미를 표현할 때 나라고 하든 저라고 하든 상관없다고 하는 사실에서도 곧 납득되리라고 생각한다.

그러나 이런 효과적인 표현이나 의미적인 표현 외에 그것과 분명히 구별되는 제3의 정신 및 감각적 표현, 마음의 움직임을 귀나 눈으로 포착할 수 있게 하는 징표가 있다.

그리고 이 경우에는 표현과 이것이 대표하는 내용과의 관계가 양극적 또는 상호 의존적 관계로 말해야 할 독특한 성질의 것으로 되어 있다. 달리 적당한 말이 생각나지 않아 어떤 굉장히 까다로운 말을 내놓았지만 이 말의 의미를 설명하기 위해 자석을 보기로 드는 것이 가장 좋다고 생각한다.

자석은 하나의 전체를 나타내는 것이지만 그것은 2개의 다른 부분 즉, 플러스 극과 마이너스 극으로 구별되고 그 사이 자장(磁

場)이 있다.

그런데 이 두 극의 상호 관계의 특색은 그 하나의 극이 또 하나의 극과 서로 이웃 관계에 있다는 사실에 의해 비로소 그 독자의 성질을 갖는다는 점, 결국 플러스 극은 마이너스 극의 이웃에 있음으로써 플러스 극이고, 마이너스 극은 플러스의 극과 이웃함으로써 비로소 마이너스 극으로 존재한다고 하는 점에 있다.

우리가 제3의 정신, 감각적 표현이라 하는 것은 정신의 작용과 그것을 감각적으로 표현하는 징표이든가 꼭 이와 같은 독특한 상호 의존 관계에 놓인 경우를 가리킨다.

어떤 마음의 작용에 따라 생긴 결과가 그 조짐이 된다든가 사회적으로 약속된 임의의 소리나 모양이 어느 마음의 작용을 남에게 전달하기 위한 조짐으로 이용된다든가 하는 것이 아니라, 그 조짐이 없다면 그 마음의 작용도 없고 그 마음의 작용이 없다면 그 조짐도 없다고 하는 불가분리의 관계가 처음부터 자연 발생적으로 존재하는 경우인 것이다.

살아있는 인간의 몸과 마음은 마치 그런 양극적 상호 의존적 관계로 태어나면서부터 놓여 있는 것이다. 몸이 없다면 마음이 없고, 마음 없이 몸은 없다. 몸은 마음의 표현이요, 마음은 몸의 표현인 것이다

마음의 기능과 몸의 움직임이라는 것은, 놀라기 때문에 부르짖든가, 슬프기 때문에 울고, 의기소침하기 때문에 신체의 긴장을 잃고, 발을 끌 듯이 걷는다는 식으로, 결국 몸의 움직임이 마음 속 상태의 결과인 것은 아니다.

또 세간에서 일반적으로 행해지는 이런 오류를 정정하기 위해 W 제임스가 수립한 과장된 가설처럼 "울기 때문에 슬프다"이든지 "웃기 때문에 기쁘다"라는 것도 아니다.

사람 마음의 작용과 몸의 움직임과의 사이, 인간의 정서와 표정 운동, 인간의 의지와 행동과의 사이에는 이른바, 원인 결과의 관계는 존재하지 않고, 그런 사고방식이 우리 마음속에 강하게 뿌리 내리고 있는 것은 '정신과 육체'라는 예부터 형이상학적인 이원론에 잘못이 있음이다.

이 때문에 산 정신을 갖는 육체라는 것이, 한 개 심리적 물리적 통일체로서 인간이 고의로 갈라놓고 만 것이다.

그러나 본래 마음과 몸은 한 구조물의 내용이고 표현인 것이고 의미인 것이며 표지인 것이며 양쪽을 일괄해서 비로소 생명이라는 한 개 전체 모양을 만드는 것이다.

내용과 표현이라 하고, 의미와 표지라 하는 것을 마음속에서 보면 마음에서 일어나는 여러 움직임이 몸의 여러 변화의 표현이요, 표지라 할 수 있고, 겉에서 보면 몸의 여러 가지 운동이 마음의 여러 가지 움직임의 표현이요, 표지라고 본다.

그렇게 말하는 하나의 양극적 상호 의존적 관계가 성립되고 있는 것이다.

인간이 의식적으로 자기 심중을 남에게 전하고자 하는, 이야기하든가, 쓰든가, 그리든가 하는 행위와 그 결과(그 작품) 혹은 인간의 정서적 움직임이 충동적으로 신체 표면으로 나타나 그것을 지배하는 이른바 표출 운동만 아니라, 인간의 실천적 행동, 표출을 목적으로 하지 않고, 그와는 별도의 목표를 추구해, 생각하고 만들고 모으고 다루고 걷고 먹고 마시고 싸우고 막는 등의 행동을 겉에서 관찰해 보아도 그 같은 움직임을 본 그대로 흐름, 긴장도(緊張度), 방향 등이 그 인간의 내면적 생활을 잘 그려내고 있다.

가령, 한 가지 결의를 근거로 흘러나오는 동작은 대개의 경우, 눈에 보이는 사건으로 또 하나의 흐름으로 나타난다.

마음속에 새로운 상념이 나타나, 그것이 새 동작을 도출하는 경우, 눈에 비치는 신체 운동의 흐름 속에서도 한 물결이 멈추고, 또 하나 다른 물결이 새롭게 일어난다.

마음의 움직임이 몇 가지 다른 부분에서 성립되는 경우에 보이는, 끝나는 행동도 똑같이 몇 개 부분으로 나누어진다.

대체적인 인간의 마음의 움직임, 정서적 내지 지적인 내면적 과정은 음악과 같이 어느 종류 시간적 발전의 틀을 가지고 있는 것이지만, 그 내적인 속도 및 강도라 하는 것이 신체 눈으로 보이는 운동에도 거기서 나오는 음성에도 같은 음악적인 형태로 나타난다.

기분이 성급할 경우, 그럴 필요가 없음에도 걸음걸이가 빨라진다. 기분이 차분할 경우는 신체 운동도 부드러워지고 조용해진다.

주저할 때나 내적 결의의 결핍은 눈에 보이고 귀에 들리는 행동이라도 점차 느려지고, 또는 한 개 전체 모양을 만들지 못하고 각각 다른 방향으로 무질서하게 강동거리며 움직이는 운동으로 나타나게 된다.

마음속에 일어난 돌연한 변화는 신체 표면의 운동이나 목소리 억양의 돌연한 변화로 나타난다.

배우의 연기수업

또 신체의 눈에 보이는 자태 역시 그 사람의 내면적 상태와 같다. 기분이 침착할 때는 신체도 낮게 숙이고 있듯이 보이고, 기분이 고양된 때는 곧 기분이 들뜰 때는 신체가 뒤로 젖혀지고, 뿐만 아니라 발끝으로 서든가 뛰어오르기조차 한다.

마음이 최후 결정을 두려워하고 그것을 피하고자 할 경우, 그 사람 눈에 보이는 외면적 행동도 그 상대와 자기를 똑바로 연결하는 선상에서 벗어나려는 듯한 모양을 보인다. 특히 상대 눈에서 벗어나고자 한다.

더욱 상대에게 끌어당겨질 경우, 그 중심에서 일정 거리를 유지하며 그 주위를 겁 많은 개처럼 빙글빙글 돌기도 한다.

이와 같이 인간의 마음의 움직임과 눈에 보이고 귀에 들리는 신체 움직임과의 사이에 일정한 대조적인 유사 관계가 있다. 그리고 이 사실이 상대의 언어 의미나 동작 표정의 의미를 지식이나 경험에 의해 판독하기보다 더 직접적으로 남의 마음에 가 닿고 공명을 가능하게 한다.

이 가능성이 있기 때문에 비로소 내가 앞에서 말한 배우 술, 모든 설명이나 서술이나 묘사를 빼놓고, 더구나 인간의 외적이고 개성적인 신체 운동을 통해, 그 인간의 마음에 직접 다가가기를 염원하는 배우 술의 성립이 가능할 수 있는 것이다.

그 한 요소로 우리가 여기서 연구하고자 하는 동작 표정술 역시, 이 가능성에의 신뢰, 마음과 대사의, 생명의 장에서, 양극적 상호 의존성에의 신뢰, 그 눈앞의 파악이라는 사실에서 출발하는 것이다.

3. 동작과 표정술의 역할

그렇다 하여 우리는 이 가능성에 의지해서 안심해도 좋다는 의미는 아니다.

첫째, 사람 마음속에 진행하고 있는 것이 남이 그것을 겉으로 보고 파악할 수 있는 형식으로 항상 신체 표면에 나타난다고 할 수 없다.

인간의 정신 작용은 반드시 어떤 신체적 변화, 생리 및 물리 작용을 수반하는 것이지만 그 가운데는 남이 겉으로 보고 인정받는 것과 인정받지 못하는 것이 있다.

얼굴이 빨개지든가, 눈을 크게 뜨든가, 손발을 움직이든가 하는 것은 누구나 볼 수 있고, 큰소리로 외치는 것은 누구나 들을 수 있지만, 뇌수 가운데 신경의 변화, 위장 속의 기능, 신체 분비 기관의 작용은 겉에서 볼 수 없다.

신체 표면에 나타나도 그것을 보든가 듣든가 하는 사람의 감각 기관에 전달되는 도중에 꺼지든가 왜곡되는 경우도 없지 않다.

특히 극장이라는 조건 아래서 관객과 배우가 어느 정도 거리가 있고, 나아가 메이크업이나 의상이라는 거추장스러운 것들이 덧붙여 오므로 관객이 볼 수 있고 들을 수 있는 신체 운동의 범위는 또다시 뚜렷하게 제한된다.

호흡과 맥박의 변화도 이미 직접 지각되지 않고, 얼굴을 창백하게 하고 붉혀주는 혈관의 팽창 및 수축도 짙은 무대 화장 밑에서는 아무 효과도 나타나지 않는다.

또 마음의 움직임에 따르는 신체적 변화를 의식적으로 재현

배우의 연기수업

한다는 점으로 보면, 이와 같은 신체적 변화 가운데 의지력만 가지고 어쩔 수 없는 부분이 많이 있다.

웃음소리 울음소리 기쁨 및 슬픔이나 노하는 얼굴 표정, 경악의 거동, 공포의 전율 등은 모두 이른바 수의(隨意) 근육의 작용에 의하는 것이므로 의식적으로 이것을 모방하든가 재현할 수가 있지만, 노해서 얼굴이 빨개지든가 두려워서 얼굴이 창백해지든가 슬퍼서 눈물을 흘리는 일은 흉내 내려도 흉내 낼 수 없는 것이다.

안색의 홍조야 창백은 말초 혈관의 수축 및 확장으로 생기는 피부 면의 혈량(血量) 증감에 원인이 있지만 눈물이 흐르는 것은 누선(淚腺)의 분비 항진에 따라 일어나지만 혈관의 수축과 팽창은 수의근이 아니고 분비 역시 의지력으로 좌우되는 것은 아니다. 거짓 눈물을 흘리는 일도 어떤 슬픈 일을 떠올리고 그 감정에 따라 자연스럽게 눈물을 자아내는 것이므로 직접 눈물을 생각하고 흘리는 것은 아니다.

이처럼 수의근은 의지에 따라 감정에 따라 움직이지만 비수의근이나 분비선은 감정에 의해서만 움직이게 되는 것이다.

그러나 동시에 표정에 관한 근육 가운데는 의지에 따라 자유로 움직일 수 있는 것이 많이 있다는 사실이 마음의 움직임과 그 신체적 표현의 관계를 매우 복잡하게 만들고 만다.

배우에 국한되지 않고 대부분의 사람이 충분히 젊은 시절부터 자기 마음을 감싸 숨기고 거짓을 말하기 시작한다.

사회에서 활동하는 성인 사이에서는 그 본심이 겉으로 나타나는 것을 억압하는 일이 거의 자동적으로 행하게 되어 있다.

또 직업상 필요에서 본심을 완전히 감싸 숨기고 위장하는 일에 특별히 숙달되어 있는 인간도 나올 수 있는 것이다.

표정이라는 것은 본래 무의식적 충동적으로 일어나는 것, 따라서 인간의 본심을 가장 정직하게 나타내는 것으로 되어 있지만 그러나 세상에는 거짓 웃음, 거짓 울음 등등 수의근과 관계가 있는 한, 모든 표정 운동이 의식적으로 모방되고 재현되어 자기 본심을 감싸고 숨기는 수단으로 이용되고 있는 것이다.

인간의 기본적인 감정에 항상 같은 방식으로 대응하는 표정 운동의 기본적 특징이라는 것을 과학적으로 입증하는 일이 분명 불가능하지는 않다.

또, 그것은 지구상 모든 인간에게 공통적인 것, 그것만 동물의 동작과 표정으로 공통적인 것이라 할지 모른다. 그러나 그 구체적인 표현, 어느 시대 어느 개인이 어느 특정 국면 속에서 보이는 표정 운동은 실로 천차만별의 것이고, 어떤 경우에도 적합한 공통의 원리라 하는 것은 도저히 있을 수 없는 것이다.

더욱 우리가 여기서 공부하고자 하는 동작 표정술에 있어 필요한 것은 그 같은 구체적인 표현인 것이다. 어느 시대 어느 개인에게 특유한 표현이다. 우리가 인간의 동작 표정의 여러 가지 원리적인 문제에 대해 과학자의 조언을 얻는 것은 매우 좋은 일이지만, 그것을 그 모두 구체적인 경우로 적합하다고 할 수 없다.

동작 표정적 표현은 시대 추이와 함께 변해 가는 것이다. 그것은 각각의 시대에 고유한 예절을 가지고 양식을 가지고 유행까지도 갖고 있는 것이다. 그 위에 인간의 진보와 함께 드디어 의식화

하고 그 결과 일층 복잡화되고, 마침내 다의적으로, 마침내 위장적으로, 마침내 애매해지는 경향을 보인다. 동작 표정 학자가 항상 연구 대상으로 하는 기본적 전형적 자극적인 형식은 점점 반대 방향으로 나아가고 있는 것이다.

따라서 이런 학자들의 설명 도해 분류에 따라, 그 지시대로 몇천년 전의 동작 표정의 모방을 무리로 고심 끝에 해 보여도 현대 특정의 개인 마음을 표현하는 데 전혀 아무 도움이 되지 않는다.

뿐만 아니라, 그런 일을 반복해 나가는 중에 동작 표정에 대한 시대적 감각을 상실하고 만다.

현대의 동작 표정이 어떤 의미로 또다시 자유를, 솔직함을, 간결성을, 바라는 현상은 확실하지만, 그렇다고 해서 동물이나 미개인의 동작 표정에서 그 모범을 찾아서는 안 된다. 우리 긴 역사 속에서 형성되고 축적되어 온 것을 깨끗이 포기하고 마는 일은 안 되는 것이다.

그것으로 아무래도 오늘의 개성적 인간을 표현할 수 없기 때문이다. 각 시대가 동작 표정의 각각 다른 모범을 가지고 있어 그 겹쳐 쌓인 토대 위에 우리 역시 우리의 지적 감정적 신체적 체험에 의해 만들어진 우리 시대 특유의 동작 표정술을 가지고 있는 것이다.

이처럼 오늘은 눈에 보이고 귀에 들리는 신체의 움직임과 마음 움직임과의 관계는 매우 복잡하고 자의적이고 다의적이며 위장적인 것으로 되어 있다.

그러나 그렇다고 하여 우리 마음과 몸의 양극적 상호 의존적 관계라고 하는 것은 우리가 살아있는 한, 조금도 변할 리가 없는 것이다.

어느 개인의 눈에 보이고 귀에 들리는 신체라고 하는 것이 그 사람 마음의 움직임을 느끼고 이해하는 데 필요한 일체의 재료를 그 가운데 포함하고 있다고 하는 점에서 우리는 안심해도 좋을 것이다.

표면으로 교묘하게 냉담을 보여도 열성을 보여도 헛웃음을 쳐도 일부러 우는 척을 해도 화를 내 보여도 놀래 보여도 그 내면을 속속들이 보이는 작은 징표가 어떤 순간 반드시 신체 표면에 나타난다.

이런 순간을 재주 있게 포착하는 것이 참된 희곡 작가의 기량이요, 이것을 무대에서 표현하는 것이 배우의 작업이다.

이처럼 근대 생활에 의해 무리하게 싸서 감추고 억압받아, 때로 소멸해 버린 충동이나 감정의 조짐을 포착해, 인간에게 본심을 토해 내는 것, 이것만이 동작 표정술의 참된 역할인 것이다.

"배우 술이란 위장 술이다"라고 사람은 흔히 말하지만, 이 말이 적중할 때는 실생활에서 처세술로서, "동작 표정술"의 경우만이다

근대 배우 술이 요구하는 동작 표정술은 면사를 끌어내리는 기술이다. 가면을 벗기는 기술이다. 마음속 진실을 공공연하게 얼굴로 손발로 몸통으로 적어 내는 기술이다.

4. 동작과 표정술에 필요한 것

이 같은 동작 표정술을 연구함에 첫째로 주의할 일은 어떤 신체적 동작을 하더라도 먼저 마음가짐부터 출발하지 않으면 안 된다. 그 신체적 동작을 하는 인간의 개성, 그 기질 성별 연령 생계 교양 직업 지위 사회 계급 국적 등이나, 현재 놓여 있는 국면을 분명히 찾아보고, 이 동작의 속에 있는 마음가짐의 움직임, 의지 사고 정서 정취 등을 확실하게 자기 마음에 파악하고, 일을 시작하지 않으면 안 된다는 것이다.

자기 마음에 느끼지도 않은 사실을 표현하려 해도 안 된다.

먼저, 외형을 연구하고 어느 인물의 외면적 동작의 이미지를 자기 밖으로 만들어 내고, 그것을 외투처럼 몸에 걸치는 것이 아니다. 이런 방식이면 배우를 쓸데없이 신경질로 만들고 그 연기를 과장하게 할 뿐이다. 관객의 마음을 배역의 마음에 접근하게 할 수도 없다.

항상 먼저 마음이, 주체적인 정신이, 선도하지 않으면 안 된다. 먼저 연기해야 할 배역의 성격이나 주어진 정황이 정밀하게 계산되고, 이때 발생하는 여러 가지 심리의 물결에, 만약, 가정(假定)의 작용에 따라 자연스럽게 올라타게 되는 것이, 먼저, 그 인물로 되어 가는 일이 필요한 것이다

물론 이에 앞서 배우의 육체, 그 신경이나 근육이 항상 행동으로 옮겨 갈 수 있게 엄격히 훈련되고 조절되지 않으면 안 된다.

또, 모든 얼굴 생김 거동 작업 보행 예절 습관 등이 충분히 연구되고 연습되지 않으면 안 된다.

그러나 그것을 하나로 묶고 통솔 지도하고 하나의 살아있는 동작으로, 구체적이고 개성적인 동작으로 녹여가는 일은 마음의 주체적 정신의 작용인 것이다.

다음 중요한 것은 우리의 동작 표정술에 있어 신체의 각 부분 각 기능이 얼굴 몸통 손발의 기능이 하나의 유기적인 전체 모양을 만들지 않으면 안 된다. 동작 표정에 대한 지식이나 표정이 부족한 결과, 신체 자세가 보이는 마음가짐과, 동작이 보이는 마음가짐이, 어긋나고, 또 머리로 생각하는 마음가짐이 그것과 또 전혀 다른 것이라고 하는 경우가 생기기 쉽다.

이렇다면, 관객은 무엇을 단서로 하여 그 인물의 마음가짐을 파악하면 좋을 것인가, 어찌할 바를 모를 것이다.

그러나 이 일에 대해서는 전 장에서 여러모로 설명했기에 여기서는 이것으로 줄이려 한다.

같은 사실도 언어와 동작의 관계에 있어서 강조되지 않으면 안 된다. 그러나 대사와 동작과의 유기적인 관계에 대해서 원칙적인 문제는 앞장에서 일단 언급한 바 있으므로 그것을 다시 한 번 생각해 보면 좋을 것이다.

다만 여기서 한마디해 두고 싶은 것은 언어와 동작이라는 밀접하고 유기적인 관계에 있으므로, 내가 이 책에서 '동작 표정술'과 '화법'과를 둘로 나누어 문제로 삼는 것은 온전히 설명상 및 연습상 편의적인 처리에 불과하다고 말하는 것이다.

우리의 연기 체계의 특징은 어디까지나 이 2가지 사실, 말과 움직임이 살아있는 인간에게 떼기 어렵게 연결되어 있다는 것,

하나의 유기적이고 역동적(力動的)인 체계를 이루고 있음을 강조하는 데 있다.

이 점에 대해서는 실제의 연습 진행에 따라 한층 더 구체적으로 문제 삼는 기회가 있다고 생각하지만, 독자 역시 동작 표정술을 연습할 경우에도, 화법을 연습하는 경우에도, 항상 이 원칙을 가슴에 새겨 놓기를 바란다고 생각한다.

우리가 동작 표정술이라 부르는 것은 결코 팬터마임(무언극)이 아니다. 인류의 지적 발전을 조소(嘲笑)하고, 그 훌륭한 무기인 언어를 무시하고, 그 대신 크게 과장되고 뒤틀린 얼굴이나 손짓 및 발짓을 놓고, 미개인의 동작 및 표정으로 되돌아가라는 말은 아니다.

다만 내가 여기서 '동작 및 표정술'을 특별히 내세워 '화법' 연구에 들어가기 전에 그것을 몸에 붙일 필요가 있다고 생각하는 것은, 우리 문명의 지적(知的)으로 잘난 체하거나, 처신의 형편상 기회주의 때문에 위축되고, 마르고 시든, 핏기없는 동작 및 표정에, 다시 한번 생명을 불어넣기 위함이다

인간을 인간에서 민족을 민족에서 지성을 살아있는 혼에서 떼어놓는 언어의 절대 지배권을 타파하고, 마음의 언어로서 살아 있는 육체라는 것을 그 있어야 할 공간에 힘써 있게 하기 위함이다. 길에서 헤매는 지성을 다시 혼으로 연결, 언어에 다시 육체를 주기 위함이다. 참으로 희곡적인 언어를 재생하기 위함이다.

다음으로, 동작 표정술에 의해 인간 마음의 미묘한 움직임을 표현하기 위해, 먼저 인간 마음의 작용을 구체적으로 알고, 그것

을 자기 마음으로 명료하게 이해할 수 있지 않으면 안 된다.

인간의 충동이든가 지각이든가 기억이든가 감정 및 정서이든가 의지이든가 사고이든가 학습이든가 또 기질이든가 인격이든가 하는 것의 작용, 그들 상호 관계 또 개체와 사회적 환경과의 관계를 잘 이해하고 있지 않으면 안 된다.

물론, 우리는 심리학자 및 생리학자가 하는 분석적 및 귀납적 방법으로 그것을 파악할 필요는 없고, 그런 데서 우리 작업에 직접 도움은 되지 않는다. 우리가 연기하지 않으면 안 되는 것은 살아있는 인간이다.

어느 구체적인 국면 가운데 놓인 한 사람 구체적인 인간인 것이다.

나면 나 당신이면 당신이라는 개성적인 인간의 만 부득이한 생명의 흐름, 물결치고 잔잔하고 물결치며 역류하며 주어진 강바닥을 양쪽 강가의 풍경을 여러모로 비추면서 이따금 강가 기슭을 깎아내고 강바닥을 깎아내며 오로지 흘러만 가는 이 전체 흐름의 눈에 비친 그대로의 소박한 광경을 나타내는 일이 우리 예술의 작업인 것이다.

이 흐름 가운데서 지각이든 정서이든 사고이든 의지이든 하는 것은 심리학자가 원칙적으로 규정한 이렇게 순수한 형태로 작용하는 것도 아니고 의식되고 있는 것도 아니다. 여기에 여울이 있고 물결이 있고 깊은 못이 있고 큰 물결이 있고 작은 물결이 있음은 확실하지만, 그 수량이나 빠름이나 물결 모양이나 물빛이라는 것은 실로 천변만화(千變萬化)이다.

이 천변만화의 모양과 움직임을 다하고 재촉하는 것이 우리 과업인 것이다. 심리학자 및 생리학자도 그렇게 말하는 천변만화의 있는 그대로의 현상을 가능한 대로 많이 모아 와서 그것을 분류하고 비교하고 분석해서 여기서 공통의 법칙을 만들어 내주는 것이지만, 우리로서 그 법칙에 안심하고 의지하기만 한다면, 결코 살아있는 인간의 마음을 만들어 낼 수 없다.

우리 자신이 인간 마음의 천변만화의 현상에 직접 접촉할 수 없음은 딴 도리가 없다.

그러므로 인간 마음의 작용을 구체적으로 알고자 해도 우리가 직접 알 수 있는 것은 자기 마음뿐이다. 남의 마음은 단지 자기 마음에 비추어 보아 억측하는 일이 가능할 뿐이다.

따라서 우리 연구는 이따금 접촉하는 일에 접촉해서 자기 마음의 미묘한 움직임을 있는 그대로 확실히 파악하는 일부터 시작하지 않으면 안 된다.

자기 마음을 모든 경우에 놓고 모든 사건에 열심히 부딪쳐 보고 이에 대한 자기 마음의 반응을 있는 그대로 반성해 보는 일부터 시작하지 않으면 안 된다.

이 같은 반성을 쌓아 나가는 가운데 우리는 자기 마음의 작용을 상세하게 파악해 볼 수 있을 것이다.

예를 들면, '동정'과 '연민', '질투'와 '선망' '분노'와 '간질(癎疾)' 등등, 매우 유사한 감정도 명료하게 구별할 수 있을 것이다. 명칭은 어떻든 간에 이 같은 차이가 있음을 명료하게 안 쪽에서 이해할 수 있게 될 것이다.

그리고 이 안쪽에서 이해할 수 있다고 하는 것이 동작 표정술에서 무엇보다 중요한 것이다.

이 자기라는 것을 안 쪽에서 이해하는 것을 잊어버리고, 야! "휴머니즘은…" 야! "인생은…" 야! "시대는 …" 야! "객관적 상태는…" 하고, 떠들썩하게 둘러보고, 배우 술의 작업은, 총체적으로 예술이라는 작업은, 전혀 어떻게도 할 수 없는 것이다.

그러나 내부 사정이라 해도 전혀 어두운 방에 파묻혀 혼자서 심사숙고하는 일에 국한하는 사정은 아니다. 이런 방식으로 자기 혼자 찾아본다고 하는 것도 확실히 중요하지 않은 것은 아니지만, 특히 지금부터 독자가 들어가고자 하는 연극인의 생활은 사실 어수선하고 잡다하고 통일성이 없는 것으로, 그런 혼자 있는 순간을 특히 중요시 하지 않으면 안 된다.

그러나 결국 이 내부적 반성의 넓이와 깊이를 결정하는 것은 우리들 체험의 넓이와 깊이인 것이다. 그것을 하나로 삶는 불의 힘도 필요하지만, 그 가마솥에 던져 넣는 체험이 많고, 또 순수가 아니면 안 된다.

체험을 통해서 자기 인격을 풍요롭게 하는 것이 중요한 것이다. 조금 도덕 생활 이야기 같지만 이것은 아무래도 그렇게 말할 성질의 것이다.

다음에, 동작 표정술을 연구하는 데는 일상생활의 모든 표현 동작을 잘 연구할 필요가 있다. 남의 일상생활을 끊임없이 관찰하고 어떤 경우 어떤 걸음걸이를 하는가, 어떤 손놀림을 하는가, 얼굴은 어떤 표정을 지을 것인가, 모든 풍토, 모든 계급, 모든 직

배우의 연기수업

업, 모든 나이에 대해서 상세하게 연구해 놓을 필요가 있다.

그것을 모방하고 연습해서 자기 신체에 기록해 놓을 일이다.

그것들을 상세히 관찰하고 자기 신체로 모방해 봄으로써 우리는 또 다른 사람의 마음의 움직임을 처음으로 참되게 이해할 수 있게 되는 것이다.

초심자는 흔히 "기분은 잘 알겠는데 어떻게 움직여야 할지, 어떤 표정을 지어야 좋을지 모르겠어" 하고 말하지만, 그것은 불필요한 변명이다.

그 표현 동작을 완전히 모방할 수 있게 됨으로써 비로소 그 내용인 마음가짐을 진정으로 공감할 수 있게 된다. 따라서 일상 생활에서 표현 동작의 관찰이 단순히 그 외형 스케치를 모아 나갈 뿐만 아니라, 그것을 통해 자기 이외 다수 인간의 마음을 느낄 수 있다는 점에서 큰 역할을 다하는 것이다.

앞에서도 말한 것처럼 자기 마음을 자기 안쪽에서 보는 것은 자기 자신밖에 할 수 없지만, 그것을 밖에서 보는 일, 자기 표현 동작을 밖에서 본다고 하는 일은, 이것은 또 아무래도 남밖에 할 수 없다.

자기가 지껄이는 일은 자기에게도 들리지만, 움직이는 자기를 보는 일이 자기는 불가능하다. 거울에 비치는 경우도 있지만, 여기 주의하는 순간 중요한 마음의 작용은 얼어버리고 만다.

무의식 중에 영화에 찍힌 자기 모습이나 동작을 보고, 우리는 몹시 놀라는 일이 있지만, 그만큼 이것은 우연의 예외인 것이다

따라서 남의 표현 동작을 끊임없이 조용히 관찰하고 모방하

는 일은 단순히 자기 외의 자기와 먼 인물을 어느 날인가 연기하기 위해 필요할 뿐만 아니라, 이를 거울삼아 자기표현 동작을 알고, 그것과 자기 마음과의 연결 고리를 이해할 때에도, 매우 중요하게 된다.

이 같은 반성과 관찰을 토대로 해서 나아가 심리학자 및 생리학자에 의해 연결되고 정리된 신체 표출에 관한 이론이나 소설 회화 조각 그밖에 모든 종류 예술의 연구 도움을 빌려 여러 가지 외적 및 내적 자극에 대해 인간이 어떤 반응을 일으키는가의 지식과 동감을 얻지 않으면 안 된다.

결국, 기본적인 감정하에서 모든 인간이 어떻게 같은 원시적 방법으로 반응하는가에 대한 지식이나 성격 및 교양이나 주위 사정이 2차적 반응에 있어 어떻게 영향 하는가의 지식, 또 어떤 마음가짐을 나타내는 데 곡선의 방식이 적합한 경우에 직선적 움직임을 억제하든가, 또 어떤 경우는 곡선적 움직임이 감정을 약화시킬 염려가 있어 그것을 피하고 직선을 사용한다는 신체 동작의 선이나 형태, 강도, 및 속도에 관한 지식을 몸에 붙이지 않으면 안 된다.

예를 들면, 주위 사정과 성격이 은근하고 정중한 곡선적 동작을 요구할 때는 거만한 직선적인 동작을 피한다든가, 평정을 필요로 하는 경우는 거칠고 강한 동작을 보이지 않도록 하는 것이 가능한 민감성을 길러 놓는 일이 필요한 것이다.

다음으로 동작 표정술에서 중요한 것은 상상력의 기능이다.

상상력이라는 것은 우리가 체험, 반성, 관찰에 의해 획득하고,

마음과 몸에 기억해 놓은 것을 자유로 꺼내서 주어진 과제에 어울리게 전혀 새롭게 구성하는 능력이다.

무대에는 사실이라는 것은 없다. 그 본보기를 전부 그 참현실에서 빌려와 모방하면 된다는 일은 없다. 모든 예술과 마찬가지로 희곡 역시도 상상력의 소산인 것이다.

이 희곡에 주어진 것을 느끼고 이해하고 여러 의미를 부여하고 동기를 부여해 하나의 정리된 인간상을 마음속으로 그려내고 그 속에 들어가기 위해서도 더 나아가 여기에 구체적인 형태를 주기 위해서도 또 작가의 역부족한 부분을 보충하고 잘못을 발견해 수정하기 위해서도 상상력은 절대 필요한 것이다.

그런데 이 상상력이라는 것은 어떤 살짝 스친 무늬도 없고, 자기 경험에 잊어버린 사실을 떠올리는 능력도 아니다. 결국, 그 자료는 우리가 자기 몸과 마음에 기록하고 있는 여러 가지 심상밖에 나올 것이 없다. 그것을 끌어내 여러모로 새롭게 조립하는 능력에 불과한 것이다.

따라서 상상력을 풍부하게 하려면 먼저 우리의 안팎의 체험을 풍부히 하는 것이 첫째 조건이고, 둘째는 그것을 크게 작동시키는 일이고 셋째 그것을 확실한 순서를 정하고 사용하는 것이며, 넷째는 이 같은 마음과 몸의 기억이 차례로 형편 좋게 생생하게 살아나는 것을 방해하는 힘을 주의 깊이 제거하고 우리 상상력이 좋은 상태로 힘 있게 작동하게 하는 것이 중요한 것이다.

다음에 동작 표정술에 있어 중요한 것은 집중력인 것이다. 어떤 경우에도 수고하는 일을 자기 의지로 수행하려면 이 집중력이라는 것이 대단히 필요하고 배우 술이든가 동작 표정술 역시 그 같이 힘이 드는 일도 매우 드문, 인간밖에 만족하게 이룰 수 없는 과업인 것이다.

그러나 특히 이 경우는 그 같은 집중력 외에 좀더 다른 집중력이 필요하다.

훌륭한 연기자가 된다든가 연기를 잘 한다든가 관객에게 무엇인가를 보여주어 마음에 들게 하리라는 점에 주의를 빼앗기지 말고, 중인 환시리에 단지 자기 배역 속에서 주어진 경우 속에서 가정의 정신 상태 속에 몰입하고 배역이 요구하는 그때그때의 주의 권 밖으로 나가지 않도록 한다는 그 같은 집중력이 필요한 것이다.

스타니슬라프스키의 이른바 '공개의 독거(獨居)'를 가능하게 하는 집중력의 키움이 중요한 것이다.

이 특수한 심리적 기술 때문만이 아니라, 배우는 실제 생활에 있어서도 항상 깊은 주의가 있지 않으면 안 된다. 무엇이든 자기 주의를 끄는 것이면 전신을 기울여 주의를 집중한다. 그대로 흘려 버리지 않고 항상 눈을 크게 뜨고 자기 주위의 대상을 관찰하지 않으면 안 된다.

다음은 동작 표정술이 배우 술의 한 요소로서 무대에서 효과를 발휘하기 위해 필요한 여러 가지 조건을 연구하고 이것을 극복하는 것이다.

상상력을 빌려 자연스럽게 삭제하고 보충하고 재구성하면서 자연적인 동작을 다시 표현적인 아름다운 무리 없는 '무대 동작'

으로 변화하는 것이다. 연기가 임시적인 것을 절대적으로 피하면서 '제4의 벽'을 떼어버린 무대의 특수한 원근법 속에서 특수한 음향학적 조건 속에서 무대 장치의 자연 및 인공 광선 속에서 턱수염이나 무대화장이나 의상이나 소도구 등에 의한 여러 제약 속에서 또 효과적인 '예술적으로 진실'인 행동 표정 동작 자태 등을 창출하는 것이다. 그것을 위한 지식 및 숙련을 획득하는 것이다.

끝으로, 우리 동작 표정술의 토대가 되는 것은 무엇이라 해도 우리 자신의 신체인 것이다. 우리 작업은 첫 번부터 끝까지 이 신체와 연결되어 있다. 더욱이 우리 신체가 배역의 내적 생활을 모두 반영할 수 있게 되기 위해 모든 동작은 악기의 음처럼 맑아야 한다.

감정이 미묘하면 할수록 그 신체적 표현은 마침내 명료하고 조각적인 성질을 갖추고 있지 않으면 안 된다. 그 동작에 필요한 근육만을 유효하게 사용하고 그 밖의 근육의 쓸데없는 긴장에 의해 생기는 잡음이 동작을 탁하게 하는 일이 없도록 하지 않으면 안 된다.

일상생활이라면 흔히 작은 결함도 무대에서는 결코 허용되지 않는다. 여기서 배우는 반짝반짝 빛나는 조명 속에 서 있게 되는 것이고, 관객은 아주 작은 움직임조차도 놓치지 않을세라, 도수경을 쥐고 있는 것이다. 약간의 거짓, 약간의 헛됨도, 여기서는 모두 눈감아주지 않는다.

이처럼 명확하고 무리 없는 거짓 없는 연기를 창출하기 위해 정신과 긴밀한 협동작업을 할 수 있게 엄격히 훈련된 잘 균형 잡힌 잘 조절되는 육체, 미묘하고 복잡한 감정이나 사고의 움직임에 즉시 반응하고, 여러 가지 무대의 악조건을 극복하고, 적절한 표현을 할 수 있는 민감하고 강인한 음성 기관이나 신체 기관, 이러한 건강하고 자유자재한 육체를 바탕으로 해야만 동작 표정술은 적절히 그 효과를 발휘할 수 있다.

물론 이 같은 능력은 어떤 사람이라도 본능적으로 가지고 태어났다고 할 수 없다. 부단한 연구와 훈련을 통해서만 비로소 여기에 도달할 수 있는 것이다.

대체로 장황한 이야기가 되고 말았지만, 실제 훈련에 들어가기 앞서 일단 목표로서 독자에게 알려주고 싶은 것은 우선 이런 것이라고 생각한다.

일단 이것을 요약하면,

① 동작 표정술은 인간의 외적 동작, 행동 표정을 모방 재생하는 기술이 아니고, 동작에 의한 사상 감정의 표현인 것이다. 묘사나 서술이나 설명을 수반하지 않는 희곡적인 표현인 것이다.

② 이것을 가능하게 익히는 것은 인간의 마음과 몸의 양극적 상호 의존적 통일성에 있다.

③ 길 잃은 지성이나 잘난 체하는 말이나 '처세술로의 동작 표정술'이 그것에 밀려 씌워진 가치나 수건 재갈을 벗기고 인간에게 본심을 말하게 하는 것이 참 동작 표정술의 역할이다.

④ 동작 표정술을 연구할 때, 중요한 문제는 다음 사항이다. 먼저 마음가짐부터 주체적 정신에서 출발할 것이다. 동작 표정술에 있어 신체의 각 부분 각 기능의 유기적 통일, 언어와 몸동작과의 유기적 통일, 인간 마음의 모든 기능에 대한 지식과 공감, 자기 마음의 반성과 체험, 일상생활의 모든 표현 동작의 관찰 모방, 그 속에 있는 사상 감정의 탐구와 공감, 상상력의 신장, 집중력의 강화, 무대적인 동작, 강인하고 자유스러운 육체의 훈련.

3장

육체의
기본 연습

1. 왜 육체 훈련은 필요한가

배우 육체 훈련의 안목은 앞에서 말한 바와 같이 신체를 대장부로 만드는 것, 모든 근육을 마음껏 자유롭고 적절히 움직일 수 있게 할 것, 근육의 쓸데없는 긴장을 풀고 전신의 균형을 유지하도록 할 것, 자세와 동작의 나쁜 버릇을 바로잡는 일이다.

지금까지 되풀이 설명한 바와 같이 배우의 예술은 끝까지 자기 자신 신체의 기능과 연결되는 것이고, 또 극장의 생활은 심신 공히 매우 과로하기 쉬우며 대단히 불규칙적이고 대단히 비위생적인 것이므로 배우를 지망하는 사람은 건강이 무엇보다 중요하다.

건강하지 않으면 배우는 도저히 감당해 낼 수 없는 직업이다. 그래서 건강을 담보하려면 맑은 공기를 호흡하고, 적절한 영양을 섭취하고, 신체를 잘 단련하고, 휴식을 잘 취하는 일 외에 다른 길이 없다. 여기 합리적 육체 훈련의 필요가 생기는 것이다.

그러나 배우에게 있어 보통으로 건강한 육체를 유지한다는 것만으로 족하지 않다. 배우에게 필요한 것은 잘 움직일 수 있는 육체인 것이다.

살아있는 동작에 의해 인간의 내부적 생활을 표출하는 배우 예술에 있어 중요한 것은 자유자재의 육체, 의지 및 정념의 기능에 민감하게 반응하고, 강하게도 약하게도 빠르게도 느리게도 크게도 작게도 또 어떤 모양으로도 자유로이 정확하게 움직이는 육체인 것이다.

그 근육의 반응은 일반 사람보다 훨씬 민감하면서도 동시에 자유로 억제할 수 있지 않으면 안 된다. 그리고 이 능력을 획득하는 것 또한 육체 연습에 기대할밖에 없다.

다음은 전신의 균형, 근육의 이완 문제이다.

나는 앞에서 반복해 배우의 표현은 항상 전신적으로 하지 않으면 안 된다고 하고, 신체 전체가 동시에 한 감정, 사상을 표현해야 한다고 강조해 왔다. 이를 가능케 하는 것은 전신의 균형인 것이다. 전신이 한결같이 근육의 불필요한 긴장도 조금의 에너지 낭비도 없이 한 목표를 향해 바쳐지는 일이다.

물론 육체를 불필요한 긴장에서 모두 이완시키는 일은 불가능할 것이다. 현대의 쉽게 잡념에 빠지기 쉬운 신경 과민의 인간에게 특히 그것이 어렵다.

나아가 남 앞에 나가서 무엇인가를 잘 해 보이지 않으면 안 되는 배우는 어떻든 근육의 무리한 긴장을 일으키기가 쉽다.

잘 하리라고 열심히 하면 할수록 흥분하지 말아야 하고 노력할수록 쓸데없이 근육이 뭉쳐서 배역이 요구하는 신체의 균형을 깨 버리고 만다.

우리가 하고 있는 배우 양성소에서 체조 지도를 담당하는 선생이 육체 균형에 대해 참으로 좋은 사실을 말해 주고 있다.

"움직이지 않는 부분을 고려해, 움직이는 부분이 놀기로 한다고 하면 평균은 실로 훌륭한 것이라고 말할 것이다. 평균의 가장 기본이 되는 것은 전신의 근육이 종합적으로 더구나 가장 능력적으로 활동하는 것이다.

먼저 모두의 기본이 되는 태도이든가 자세이든가 하는 것은 첫째로 이 원리에 따르지 않으면 안 된다. 평균이 깨진 것은 대개 살아있는 것, 아름다운 것이라 할 수 없다."

또, 근육의 긴장이라는 것은 동작이나 자태의 균형을 파괴할 뿐만 아니다. 그것은 인간의 내부적 경험 지식이나 감정의 기능도 마비시킨다. 이 같은 무리한 응어리가 있는 한, 배역의 내면생활, 그 감정의 미묘한 그늘에 몸을 맡긴다는 것은 생각도 할 수 없는 일이다.

따라서 배우에게 있어 여러 가지 신체 감각을 식별하고 이처럼 근육의 쓸데없는 긴장을 빠르게 발견하는 주의력, 그것을 곧바로 조절하고 제거하는 억제력을 평생토록 훈련해 놓지 않으면 안 된다.

무대에 섰을 경우, 배역이 고조에 달할 경우는 말할 것도 없고, 신체 긴장은 피하기 어려울 뿐만 아니라, 근육을 이완시키는 억제력이 항상 자동적으로 작동하기까지 부단히 근육의 이완 연습, 신체 전체 및 그 각 부분의 균형 억제의 연습을 하지 않으면 안 된다.

　여기서 주의하지 않으면 안 될 것은 단순한 외적 동작이나 자태의 연습을 통해 의식적인 자기 감시와 억제에 의해 근육의 이완, 균형, 억제의, 연습을 하는 것이 매우 어렵지만, 이 같은 외적 동작이나 자태에 어떤 의미, 어떤 내적 목표나 동기를 주어, 이 내적인 목표나 동기를 참되게 자기 마음속으로 느끼며 그 동작이든가 자태이든가를 취하면 의식하지 않더라도 신체의 지나친 긴장은 풀리고, 필요한 근육만이 자연스럽게 움직이기 시작한다는 것이다.

　손을 높게 올리든가 몸을 굽히든가 뛰어오르든가 단지 외적 동작이 아니라 높은 가지에 매달린 예쁜 꽃을 손으로 딴다든가 냉혹한 상대방에게 무엇을 간청한다든가 높이 날아오는 공을 잡는다든가 이처럼 자기가 충분히 공감할 수 있는 구체적인 국면, 구체적인 동기나 목표를 가정하고, 그것을 실시하면 우리 잠재의식이 우리의 동작을 잘 조정해 주는 것이다.

　자기 감시이든가 억제이든가 해도, 그것을 하나하나 의식적으로 의지적으로 실시하는 것은 아니다. 그것은 배우 일로 어울리지 않는다. 심리적 육체적 훈련에 의해 그것이 자동적으로 행해지지 않으면 안 되는 것이다.

　또 배우는 모든 종류의 외적 동작을 우선 구사할 수 있는 능력을 갖지 않으면 안 된다. 동서고금의 무기를 조종하는 기술도 일단 이해해야 하고, 모든 공구를 사용할 수 있는 요령도 알고 있어야 한다. 모든 스포츠와 곡예, 모든 종류의 무용이나 음악 연주를 그럴듯하게 할 수 있어야 할 경우도 있다.

물론 무대에서는 그것을 정식으로 할 필요는 없고 다만 여러 가지 직업 내지는 숙련의 분위기만을 만들어 내면 좋지만, 그러나 이러한 모든 목표에 통하는 길을 개척해 가기 위한 도구, 민감한 운동 감각과 육체의 유연성만은 어떻든 평소에 준비해 놓지 않으면 안 된다.

대체 이상의 사실을 목표로 하고, 배우의 기본적인 육체 훈련으로 어느 나라 극장에서도 성악, 체조, 무용(율동 체조), 펜싱 연습이 실행되고 있다.

성악에 대해서는 화법과 관련해 다음에 문제로 하겠지만, 여기서는 세 가지, 특히 체조와 무용에 대해 조금 설명해 두기로 한다.

마지막 펜싱은 무대 상의 싸움에 정말 칼이 사용되는 경우의 준비만이 아니라, 대사 및 동작 때의 상대와의 숨 고르기, 민첩한 반응, 동작의 균형이라는 점에서도 크게 도움이 되는 것이다. 굳이 펜싱만이 아니라, 일본의 검도, 권투, 또 집단적 다각적인 적응 능력의 촉진이라는 점에서 배구 같은 것도 크게 도움된다고 생각한다.

유도와 축구는 신체의 볼품을 나쁘게 하기 쉬우므로 별로 적당하지 않다고 생각한다.

2. 체조에 대하여

앞에서 말한 목적을 달성하기 위해 배우가 먼저 해야 할 것은 체조 연습이다. 지금 이 작은 책 속에서 배우 기본 훈련의 하나로서 체조 및 그 연습법을 자세히 말할 여유는 전혀 없고 나는 그 적임자도 아니다.

더구나 문자로 기록한 설명이 체조의 실제 연습에 도움이 될 까닭도 없다. 체조의 연습에서 제일 필요한 것은 훌륭한 선생의 사려 깊고 잘 훈련된 안목이다. 그 정신이 집중된 구령 아래서 움직이는 것이다.

생물적 훈련

배우 육체 연습의 첫 걸음은 먼저 생리적 연습이 아니면 안 된다. 호흡, 순환, 소화, 배설 등의 생리 작용을 왕성하게 하는 것이다. 배우는 건강한 생물이 아니면 안 된다. 그러므로 이처럼 생명의 형성력을 증진 확보하는 일이 우선 중요하다는 사실은 새삼 말할 필요도 없다.

때문에 내장의 여러 기관에 직접 조작으로 그 기능을 촉진하는 일도 중요하지만 먼저 온몸의 근육에 운동을 통해 연소(燃燒) 작용을 활발히 할 필요가 있다.

동물적 훈련

이것은 잘 움직이기 위한 훈련이다. 신체의 활동성을 높이는 훈련이다. 동작 계통은 사지의 동작이 그 대표적인 것이지만 온몸을 표출 수단으로 하는 배우에게 신체 전체가 자유자재로 움직이게 하지 않으면 안 된다. 온몸의 활동성이 필요한 것이다. 따라서 하지와 상지 운동이 중요하다.

사지라 해도 상지(上肢)는 인간적 의미가 크게 첨가된다. 그러나 하지(下肢)는 무어라 해도 모든 신체 동작의 근간을 이루는 것이므로 동물적 및 운동적 의미가 강하다. 나아가 생물적 및 생리적 의미로 말해도 하지는 온몸 근육의 2분의 1을 점하는 부분이므로 따라서 근육의 연소 작용을 통해 온몸의 생리 기능을 촉진함에도 중요한 역할을 담당하고 있는 것이다.

하지의 연습

하지라는 것은 물론 허리 부분을 포함해 말하는 것으로 하지 연습이란 허리에서 발끝까지 포함해야 하지만, 그 순서는 그 기본근의 소박한 대근군에서 시작, 점점 섬세한 부수근의 연습으로 진행해야 한다.

요추(腰椎)를 중심으로 한 요대의 연습과 고관절, 무릎 관절, 발목 관절, 발가락 관절의 4관절을 중심으로 한 연습을 계통적으로 하지 않으면 안 된다.

원래 일반 생리 작용을 촉진하려면 되도록 심장에서 먼 부분부터 운동을 하는 것이 효과적이라는 점으로 보아도 또 하지가 상지이든 몸통이든 모든 자태, 모든 신체 운동의 기초라는 점으로 보아도 모든 운동에 앞서 먼저 발 운동을 하지 않으면 안 된다.

상지의 연습

상지의 연습은 생리적 동물적으로 보아도 하지의 연습에 이어지는 것이다. 동물의 경우는 하지 상지라 하기보다 앞발 뒷발로 구별하는 것이 마땅한 번역이요, 하지만으로 신체를 지탱하고, 손을 공작 및 표출을 위해 자유로 사용하게 한 것은 인간뿐이요, 여기 손 운동의 특별한 의미가 있다.

그러나 동물적 연습이라는 점에서 보면, 상지 연습도 오히려 이것을 손으로 생각하지 않고 앞발로서의 연습부터 시작하는 편이 좋다.

결국 손 연습이라면 섬세 근적인 동작 연습을 먼저 하는 경향이 많으나 동물적인 상지 연습으로서는 먼저 소박한 기본적 대근육부터 시작하지 않으면 안 된다.

그렇다면 상지대 즉, 견(肩) 대의 연습부터 시작해 차차 위팔 아래 팔 손바닥 손가락 하는 식으로 계통적인 연습을 하지 않으면 안 된다. 조금이라도 멋진 손이나 손가락 연습에 들어간다고 기본적인 어깨 연습에서 멀어지는 일은 잘못이다.

그리고 하지는 배에 상지는 가슴에 어떻든 밀접한 관계를 가지는 것이므로 이 점을 충분히 고려하고, 가슴을 잘하려면 상지를, 배를 잘하려면 하지를 움직이도록 해야 한다.

인간적 배우적 훈련

동격 등위적 연습, 근육이 늘어지고 오므라지는 작용을 하는 일은 누구나 아는 일이지만 여기 신축을 하지 않는 저항적이고 긴장적인 작용이 있음도 알아야 한다.

이 신축작용과 저항 및 긴장 작용을 스스로 구별하고 때로 이것을 잘 사용하고 때로 이것을 적절히 종합해 사용할 수 있어야 한다.

동시에 어떤 종류의 작용이든 좌우간 근육을 움직이게 하는 것과 근육을 쉬게 하는 것, 긴장시키고 이완시키는 것을 정도껏 교체시키는 것이 중요하다.

혹은 동시적으로 A근육은 움직이고, B근육은 완전히 쉬게 한다는 식의 연습을 해야 한다. 어느 의미로는 쉬게 하는 것도 하나의 작용이므로 도리어 움직이게 하는 것보다 연습을 필요로 하는 것이다.

움직이게 하는 일과 쉬게 하는 일이 같을 경우에 비로소 유기적으로 살아있는 자태, 살아있는 움직임이 나타나는 것이다.

또 이와 관련해서 손을 발로 하고 발을 손으로 하는 것 같은 우리 신체 각 부분을 같은 격으로 쓴다는 연습이 매우 중요하다.

무엇이든 손으로 걷고 발로 잡는 일에 능숙해지라는 것이 아니지만 손발의 복합적인 엇갈리기 연습으로 양쪽 성능을 진행할 수 있다는 의미이다. 발로 춤추고 손으로 춤춘다는 식으로 운동을 같은 격으로 종합 연습하는 것이다.

균형 연습

이것은 모든 근육을 종합적으로 가장 능률적으로 움직이는 연습이다. 균형에는 온몸의 균형도 있지만 두 팔이나 두 손의 균형도 있고, 음성의 균형 같은 여러 균형도 있다.

구체적으로 말하면, 손가락 하나에도 균형이 없으면 안 되지만, 무엇이라 해도 온몸 균형의 기반이 되는 것은 허리와 다리 즉, 하지 전체이다. 하지 훈련에 의한 균형 능력은 마음 놓을 수 없고, 연약하며 부분적이고 기교적인 균형은 깨지기 쉽고, 곧 깊이 없는 것이 된다. 이때도 하지 연습의 중요성이 보인다.

움직이는 부분이 놀이, 움직이지 않는 부분이 생각이라 하는 것은 움직이는 부분이 쉼, 쉬는 부분이 움직이는 것이라 할 때, 충분히 모순되는 것처럼 생각되지만, 이것은 스타니슬라프스키가 배우라는 것은, "배역의 온건한 포즈만 아니라, 도리어 신경적 육체적 앙양의 극점에 있어서도 근육의 긴장보다 느슨하게 풀어주는 경향이 일반적이어야 한다."고 한 것과 마찬가지로, 이처럼 교체하는 작용이야말로 균형 능력의 근원인 것이다.

균형은 앞의 동격 등위적 종합 연습의 목표가 되어야 하지만, 그것만 골반 하지 부위의 연습을 쌓아 나가지 않으면 안 된다. 무엇이라 해도 자세의 중심, 움직임의 중심은 골반이다.

표현 기교의 연습

이것은 단순히 신체의 각 부분이 잘 움직이고, 잘 움직일 수 있는 근육의 탄성이나 강인성을 좀더 말할 뿐만 아니라, 어느 한 모양이나 운동의 선, 빠름, 느림, 강함, 약함, 포즈라는 것을 정확히 표현하는 능력을 얻기 위한 연습이다.

앞에서 계속 강조해 온 것처럼 배우의 행동, 표정, 동작, 자태라는 것은 항상 마음을 기점으로 발생하는 전신적인 표현이지만, 자연적인 동작을 무대의 예술적 동작으로 높여 가장 단적인 음색의 맑고 아름다운 표현을 하기 위해서는 먼저 신체의 각 부위 각 단위의 운동이 미리 잘 훈련되고 기교적으로 확실히 되어 있지 않으면 안 된다.

이렇게 해서 하나하나 충분히 그 기능을 높인 신체의 각 부위가 또 마음의 작용에 의해 또 하나 높은 종합적 유기적 전신적 표현에 이른다는 뜻이다.

그리고 이 신체 각 부위의 표현이 기교성, 확실성을 가져오는 데 가장 중요한 것은 연습의 반복이다. 이것을 자주 하는 것이다. 결국, 능동성 발달, 사용성 발달에, 또 매달리지 않을 수 없다.

따라서 배우의 육체 연습은 철저한 신체 각 부위의 연습이, 배우의 경우, 그것만으로 그치지 않는다.

모든 수의근을 다만 움직이지 않게 하지 않는 정도의 동정적 상태에 머물지 않고, 참으로 그 이름에 부끄럽지 않게 참으로 이름값을 하는 수의에 움직일 수 있는 근육으로 하는 것, 또 모든 의식 운동을 반 의식적으로 마침내 자동 운동적으로 능률화하고 자연화(自然化)하는 것이 필요하다.

호흡 연습

바른 호흡이라는 것이 생리 작용으로 필요한 것은 두 말할 것 없고, 특히 배우의 경우는 화법의 기초로서 그것이 매우 중요한 의미를 가지게 된다. 발성 발음과 호흡 작용과의 관계는 '화법'에서 자세히 설명하지만 여기서는 다만 체조 연습과 관련해서 호흡근, 특히 무대 발성법의 기본인 횡격막 호흡의 강화 및 조정과 밀접한 관계를 가진 복근(腹筋)의 작용을 자연스럽게 하기 위한 조치가 고려되지 않으면 안 된다.

동시에 배우의 경우는 가수와 달라 항상 이상적인 자세로 발성할 수 있다고 할 수 없으므로 어떤 자세로도 충분히 호흡하고 자유롭게 발성할 수 있는 능력을 기르지 않으면 안 된다.

따라서 단지 호흡을 호흡으로 연습할 뿐만 아니라, 건강과 체력을 통해 호흡을 하고, 호흡과 순환 작용을 통해 건강 및 체력에 미친다는 순환적 연습이 거듭되지 않으면 안 된다.

이상이 각종 훈련의 기본적인 목표요, 원칙적인 방침이지만, 체조 연습에서 무엇보다 필요한 것은 좋은 지도자를 만나는 일이다.

하지만 어떻든 적당한 지도자가 없을 때, 배우를 지망하는 이상 매일 맨손 체조만이라도 거르지 않고 할 일이다. 그것만이라도 하면 안 하는 편보다 훨씬 좋다. 신체 각 부위를 매일 규칙적으로 움직이는 것만으로도 크게 도움이 된다.

그리고 앞에 말한 각종 연습의 요령을 머리에 잘 넣어 두고 가능한 대로 그 방향으로 노력할 일이다. 이때 주의할 일은 연습 시 항상 안정을 유지할 것, 바른 자세를 유지할 것, 맑은 공기 속에서 연습할 것, 갑갑한 의복을 피할 것, 과로하게 하지 말 것, 호흡 연습을 잊지 말 것, 운동 속도에 주의할 것, 매일 거르지 말고 연습을 할 것 등이다.

이 같은 맨손 체조 외에 복싱, 펜싱, 수영, 등산 등이 배우의 기본적인 육체 연습으로 효과가 있다.

그밖에 근육 이완이나 신체 균형을 유지하기 위한 연습으로 다음 방법을 권한다.

근육 이완 및 균형을 위한 연습

① 널빤지 같은 평평하고 딱딱한 평면 위에 위를 보고 눕는다. 그리고 신체의 근육 계통에 기운을 고루 미치게 하고 쓸데 없는 근육 긴장을 찾아내고 그것을 풀어 헤친다.

② 같은 일을 또 서고 앉고 꿇어앉고 웅크리고 기대고 여러 가지 포즈를 취하며 시도해 본다. 그 포즈를 유지하는 데 아무래도 수축해야 할 근육과 그럴 필요 없는 근육을 식별하고 불필요한 것을 풀어간다.

③ 단독 동작의 연습, 단일 계통의 근육만을 사용해 겉 부분은 모두 즐겁게 조금도 긴장하지 않도록 하고 동작을 하는 연습이다. 보기를 들면, 어깨 운동에 관계있는 계통의 근육만 사용해 한쪽 팔을 올린다. 이 운동에 필요한 근육만 긴장시키고 목덜미, 등판, 특히 허리 근육은 일절 사용하지 않고, 또 그 팔의 나머지 부분 팔목이나 손목이나 손가락 등의 관절근도 일절 이완시켜 놓는다.

④ 바로 정면에서 보고 몸 한가운데를, 이마, 인후, 몸통, 중앙을 거쳐 양 다리 사이에 이르는 수직의 선을 상정하고 다시 또 하나 신체를 바로 옆에서 보고 머리 정점부터 귀, 어

깨, 둔부 끝을 통해 발의 발바닥에 이르는 수직선을 상정한다. 그리고 이 선을 비뚤어지지 않게 하면서 발목의 관절만을 움직여 온몸을 조용히 리드미컬하게 앞뒤로 흔든다.

다음 곧바로 서서 한쪽 다리에 중심을 두고 다른 한쪽 다리를 뻗어 앞뒤로 흔든다. 다리를 바꾸어 같은 운동을 반복한다.

의자에 앉아 한 권의 책을 머리에 얹고 그것을 떨어지지 않게 전후좌우로 조금씩 몸을 흔들어 본다. 다음 앞으로 몸을 굽히고 방 한가운데를 조용히 여러 장애를 넘기며 걸어서 돈다. 물론 머리 위의 책은 그대로 둔 채 떨어뜨리지 않도록 한다.

⑤ 높은 곳의 꽃을 찾아, 평형을 유지하며, 손끝으로 서고, 발돋움하여 한쪽 팔을 높이 쳐들고 우물쭈물하며 손을 뻗는다. 중심을 바꾸지 않고 그대로 다른 쪽 팔로 같은 동작을 반복한다.

이어 다음은 그런 상정을 하지 않고 이 최후 자태를 해본다. 그리고 앞의 경우와 비교해 근육의 쓸데없는 긴장을 점검하고 풀어낸다.

방의 바닥 위에 볼을 놓고, 금빛 사과를 발견했다고 상정하고 뛰어가서 빠르게 몸을 구부리고 그것을 집어 올린다. 이어 다른 팔로 그것을 반복한다. 그리고 왼발에 중심을 두고 몸의 안정을 유지하면서 왼쪽 다리를 가능한대로 앞으로, 그러나 긴장을 느끼지 않을 정도로 내밀고 오른쪽

배우의 연기수업

다리를 뒤쪽 위로 올려 왼팔을 옆으로 조금 올린다.

결국 앞서 금 사과를 잡을 때 했던 순간의 자세를 의식적으로 더욱이 무리한 긴장을 가져오지 않도록 재현한다. 다음 가볍게 뛰어가 이 자세를 취한다.

⑥ 팔과 다리의 균형을 유지하는 동작의 연습, 다음 연습은 그 동작의 대상에 대한 기분을 분명히 마음에 상상하고 그 기분이 되어 이를 실행하지 않으면 안 된다.

매우 비싼 꽃병을 조용히 들어 올리고 팔을 충분히 뻗어 그 아름다움을 잘 감상하도록 한다.

방에 들어온 사람에게 의자에 앉기를 권한다. 팔과 손으로 '어서'라 말하는 기분으로 명령이 아니게 표시한다.

귀여운 아이를 보고 자기 옆으로 오게 부르고 맞이하듯이 손을 뻗는다.

조용히 누군가를 손으로 부른다. 그리고 급하게 누구인가를 또 부른다.

큰 물 웅덩이를 건너다. 길모퉁이에 있는 쇠 사슬을 건너다. 버스가 저쪽에 서 있다. 곧 출발할 것 같다.

학교에 가는 어린이처럼 길가의 돌멩이를 발로 차며 걸어간다. 볼을 발로 찬다. 성질을 부리며 밥상을 발로 찬다.

그밖에 여러 가지 경우를 상정하고 팔과 다리의 단독 운동을 연습한다. 물론 필요 없는 근육의 긴장이 있으면 안 된다.

3. 무용에 대하여

무용이나 율동 체조의 연습은 배우의 리듬 감각을 신장할 때, 매우 중요한 것이다. 이 연습을 통해 배우는 단지 귀를 통해서뿐만 아니라 음악을 몸 전체로 들을 수 있도록 하지 않으면 안 된다.

앞에서 말한 것처럼 우리 마음의 동적 발전이라는 것은 음악과 똑같은 시간적 형태를 가지고 있다. 그것을 그대로 반영하고 우리 신체 운동 역시 그 같은 음악적인 형태를 가지고 있다. 그것을 그대로 반영하고 우리 신체 운동 또한 그런 음악적 형태를 가지고 있어 배우에게 그것을 의식적으로 재현하는 것, 현실의 경우보다 보다 아름답고 보다 명료하게 조금의 무리도 없이 이 리듬이나 멜로디를 그 몸으로부터 울리게 하는 것이 중요하다.

음악의 리듬이나 멜로디도 그것이 몹시 인공화되지 않는 한, 이 같은 인간 마음의 리듬 및 멜로디의 순화된 것에 다름 아니다.

배우가 그 육체의 기초 훈련으로 무용 연습을 해야 하는 첫째 이유는 여기에 있다.

이와 동시에 무용은 신체적 표현의 조소(彫塑)적인 치밀성을 높이기 위해 또는 자세를 아름답게 한다든가 몸의 움직임을 가볍게 한다든가 근육의 불필요한 긴장을 풀고 몸의 균형을 잘 잡는다든가 하는 점에서도 매우 중요한 연구가 된다.

무용 연습에서도 가장 중요한 것은 좋은 지도자를 만나는 일이다. 좋은 지도자의 간절한 지도에 의한 실제 훈련 외에 다른 방법이 없다. 여기서 아마추어인 내가 아무리 말로 설명해 보아도 아무 도움도 되지 않을 것이다.

무용 연습에서 주의할 점은 인습적인 무용가에게 따라붙는 매너리즘과 참된 것을 구별할 수 있어야 한다. 대체로 무용가는 자기의 외적 동작에만 집중하고 그것을 마음의 리듬과 연결 짓는 일을 잊어버리고 있다.

명상을 발레의 아름다운 4개의 포즈로 나타내려 하든가, '기쁨'의 신체적 표현을 상급, 하급으로 나누든가, 연인의 주검 앞에 쓰러져 우는 동작을 표현하는 데는 6개 박자로 하지 않으면 안 된다고 가르쳐 본다든가, 모두 이렇게 말하는 이상한 연습은 배우의 몸짓을 진부하게 너무 엄격한 거짓말로 해 버린다.

또 단지 1234 1234 하고 박자를 취해 기계적으로 날든가 뛰든가 몸의 모양을 바꿔 가는 것만으로 배우의 기초 훈련으로 무용을 선택하면 보람은 없다. 또 그것은 체조의 효과조차도 없다. 대저 무용가는 신체 외형상의 아름다움, 진귀함만 몰두해 몸 전체의 유기적인 균형을 잊기 쉬우므로 도리어 균형이 잡힌 신체 발달을 저해해 버리기 때문이다. 그것은 산 동작을 겉모양이 좋은 죽은 포즈로 바꾸고 만다.

무어라 해도 배우의 무용 연습의 안목은 음악을 온몸으로 듣는 능력을 기를 일이다. 그 리듬에 취해 움직이고 그 멜로디를 조소(彫塑)적으로 그려내는 능력을 진지하게 몸에 붙이는 일이다.

이런 뜻으로 무언극적 장면이나 대사와 동작이 섞인 정경을 음악을 반주로 배우는 일도 필요한 것이다.

짧은 음악을 선택해 이에 걸맞은 정경을 동작 및 표정으로 연기하는 것이다. 이 경우에는 줄기의 진행은 음악 형식이나 타임에 어울리게 연기 리듬도 음악 리듬을 타고 가지 않으면 안 된다.

무용 연습과 동시에 배우는 어느 정도까지 여러 가지 예의(禮儀) 규범을 연습하고 몸에 붙여 놓지 않으면 안 된다. 그러나 이것은 주로 여러 가지 생활습관을 편안히 표현할 수 있게 하기 위함이다. 예의 및 규범이라는 점잔 빼고 보아 달라는 식의 몸의 움직임이 배우 술의 기초로서 필요하다고 하는 것은 결코 아니다.

그 틀에 묶이는 일은 무용가의 나쁜 매너리즘에 감염되는 것과 같이 배우에게는 매우 위험한 일이다.

배우의 연기수업

4장

심리적 기술의
습득

1. 배우의 심리적 기술은 무엇인가

배우가 자기 마음속에 감춰진 자연의 기능을 그 표출 수단으로 해 의식적으로 잘 구사하는 기술을 획득하지 않으면 안 된다고 이 책 여기저기서 설명해 왔다.

종전의 배우 교육은 육체적 훈련이나 지적 교양 등에 무게를 두고 이 심리적 기술의 문제를 가르칠 수 없는 것처럼 생각해 왔다. 물론 이 같은 심리적 기술의 중요성이 무시된 이유는 없을 것이다.

다만 그것을 이해이든가, 직감이든가, 요령이든가 부르고, 재능 있는 배우가 길고 괴로운 수업의 반복 후에 비로소 도달할 수 있는 독특한 경지, 이심전심의 비법으로 간주해 온 것이다.

하지만, 현대 심리학이나 생리학의 발전, 특히 인간의 잠재의식에 관한 연구의 진전, 그 창작 심리학에의 적응에 의해 이 배우의 직감이나 기억 등을 어느 정도 과학적으로 규명하고 그 성과를 배우의 기초 교육의 한 항목으로 포함하는 일이 가능해진 것이다.

물론 과학이 배우의 창조 비밀을 모두 찾고 찾을 수 있다는 주장은 아니다. 위반이나 그것을 초심자에게 쉽게 수용케 하는 그런 형편 좋은 방법이 발명될 일은 결코 없다.

진정 이 경지에 도달할 수 있는 것은 물론 끊임없는 예술의 정진, 심신의 훈련이나 체험의 반복 결과이다. 또 잠재의식의 영역에 의식적으로 끼어들 수 있다고 하는 것도 웃기는 일이다.

그러나 '명인 근성'이나 '선생 기질'이 그것을 멋대로 신비화하고자 여러 겹에 둘러싸인 베일을 하나씩 벗기고 우리에게 '영감'을 주는 잠재의식의 대체적인 소재를 확인하는 것, 잠재의식 발동의 장애가 되는 것을 제거하는 것, 우리 의식이나 의지의 자유가 되는 부분을 잘 이용하고 잠재의식을 작동케 하는 일은 결코 불가능한 것이 아니다.

나아가 이 힘은 인간 누구라도 태어나며 가지고 있는 것이요, 초심자가 가진 이 자연의 능력을 온통 '육체 훈련'이나 '지적 교육'의 채찍으로 때려눕히는 일이 없도록 주의를 기울이면서 사랑으로 키우는 일이야말로 우리들 심리적 기술의 연습인 것이다.

2. 감정의 해방에 대하여

먼저 배우가 되고자 하면 자기감정을 할 수 있는 한 자유스럽게 구김살 없이 밖으로 표출하는 연습이 필요하다고 생각한다.

현대인은 감정을 억누르고 거짓으로 꾸미는 일에 길들여져 있다. 그러나 우리 감정은 시종 그것을 억누르고 감추고 거짓으

배우의 연기수업

로 꾸미면 묘하게도 비뚤어지게 된다. 우리 표정 근육의 작용이 지나치게 한정되고, 그렇지 않으면 항상 한쪽으로 치우치는 반응만 하게 되어, 감정을 순수하게 표현할 수 없게 된다.

뿐만 아니라, 앞에서도 말한 바와 같이 감정이라고 하는 것은 그 표출과 불가분리로 연결되어 있기 때문에 이것을 솔직히 표출하지 않으면 감정 그 자체가 비뚤어지게 되어 있다.

그러므로 먼저 잠깐 모든 인위적 억제를 던져 버리고 감정이 내키는 대로 자신을 잊어버리고 움직이게 하는 연습을, 지배 억제의 연습에 앞서 행할 필요가 있다는 의미이다.

그 때문에 먼저 다음과 같은 극단적인 감정 상태를 상상하고 그것을 마음껏 표출하는 연습부터 시작해 본다. 이 연습에 즈음해 주의할 사항은, 단지 막연하게 그런 기분을 갖도록 하든가, 그 흉내를 내려 생각지 말고, 자기를 그런 기분으로 빠지게 만든 원인, 주위 상황이라는 것을 바르고 세밀하게 상상하고, 자기 자신을 그런 정신 상태로 몰아가지 않으면 안 된다.

앞에서도 반복해 설명한 것처럼 항상 마음가짐에서부터 출발하지 않으면 안 되는 것이다.

다음 이것을 전신 동작(얼굴, 몸통, 손발의 종합적인 운동)으로 표현하지 않으면 안 된다. 말이나 외침을 하고 싶다면 물론 상관없다. 그러나 말로 기분을 설명하는 것만으로는 아무것도 되지 않는다.

결코 이 연습을 남이 무리하게 시키는 것으로 생각하고 하면 안 된다. 자진해서 즐기며 하는 것이 아니면 하지 않는 편이 좋다.

이 책의 모든 예제(例題)가 그렇지만 연습은 지도자나 다른 사람이 보는 앞에서 한다. 물론 집에서 준비하는 일은 필요하다. 남이 보는 앞에서 자기 혼자서 하고, 남에게 보이고 있다는 생각을 잊고, 수줍어하든가, 굳어지지 않고 장면 상황 속으로 몰입할 수 있는 연습이 배우에게 가장 중요한 것이다.

그리고 무엇이건 이 같은 예제(例題)대로 엄밀하게 할 필요는 없다. 줄거리가 통하지 않는 일이나, 연습 목표에서 벗어나는 일은 곤란하지만 나머지는 자유로 당신들을 재미있어 하게 당신들의 상상력을 자극하기 쉽게 바꾸는 것이 좋다.

보충해도 좋다. 이것은 이 책의 모든 예제에 대해서도 마찬가지이다.

물론 이 같은 일이 완전하게 이루어지려면 후에 설명하는 바와 같이 여러 가지 예비지식이나 예비 연습이 필요하므로 처음은 모든 연기가 무의미하고, 모양이 없고, 과장적으로 보일 것이다. 수줍고 굳어져 마음에 들지 않을 것이다. 하지만 여기서는 먼저 앞뒤 가리지 않고 감정을 속속들이 들어 내놓는 일을 해 보면 좋을 것이다.

🎭 감정 해방을 위한 연습

- 기쁨: 아름다운 날이다. 당신 마음은 삶의 기쁨으로 넘쳐 있다고 상상하라. 양팔을 높이 올려라. 깊이 숨을 쉰다. 춤춘다. 뛰어오른다.
- 웃는다: 생의 기쁨을 나타내는 모든 일을 해 본다. 누구도 당신

배우의 연기수업

을 보고 있지 않으므로 우습게 보이는 것을 두려워하지 않는다.

- **두려움**: 성난 불길에 휩싸여 여기서 벗어나려고 초조하다고 상 상하라. 호흡이 곤란하다. 방에서 기어 나가려고 하지만 연기 에 숨이 꽉꽉 막힌다. 숨이 찬다. 몇 차례 탈출을 반복한 끝에 마침내 성공한다. 신경질적으로 웃는다.
- **슬픔**: 매우 가까운 사람이 숨졌다고 상상하라. 자신도 모르게 훌쩍거리며 운다. 울다가 지친 끝에 울음소리가 멈춘다. 만약 감정 가는대로 놓아두면 참 눈물을 흘리게 될 것이다.
- **노여움**: 세상 사람들이 당신에게 악의를 가지고 반대한다고 상 상하라. 이도 저도 잘 나가지를 않는다. 헐떡이는 것처럼 숨을 쉬고, 발을 동동거리며 가구를 마구 부순다.
- **공 던지기**: 일곱 여덟 살 아이가 되었다고 상상하라. 공을 잡고 있다고 가정하고 그것을 공중에 던지고 받아내려고 뛰다가 놓 치고 바닥에 엎드려 가구 밑으로 공을 찾는다. 찾아내고, 이번 은 공을 높이 던져 올리고 뛰어가서 그것을 받아낸다.
- 또 한 아이가 있다고 가정하고, 그 아이와 숨바꼭질을 한다. 이 때 유희 중에 생기는 모든 감정 반응을 보이면서.

3. 주의 집중에 대하여

배우에게 있어 가장 먼저 필요한 심리 기술은 자기의 주의력 을 자유롭게 조정할 수 있다는 일이다. 자기 의지의 힘으로 어떤 미리 선택한 목적물에 주의 집중이 가능하게 하는 것이다.

대체로 주의라 하는 것은 인간 마음에 비친 여러 가지 가운데서 어느 하나가 특히 명료하게 의식이 되고 그 밖의 것이 등한시되는 상태인 것이다. 인간의 마음 가운데는 여기 비치고 있는 여러 의식 내용이 각 순간에 여러 명암(明暗) 정도에 따라 통일적으로 배열되고, 그 가운데 특히 우세한 의식 내용이 마음 한가운데서 버티어, 그렇게 명료하지 않은 의식 내용을 통일하고 있지만, 이 마음의 중심에 명료하게 비치고 있는 것이 결국 주의를 받고 있는 것이다.

따라서 우리는 의식을 가지고 있는 한, 모든 순간에 이 주의하는 어떤 것을 가지게 된다. 그리고 이 주의 정도가 강하면 강할수록 결국 우리 마음 중심에 있는 의식 내용의 명료도가 더하면 더해지는 만큼 의식의 범위는 좁아지고, 주의하지 못한 것은 배척하게 되는 것이다.

이처럼 주의한다는 사실은 한 쪽은 집중의 기능이 있음과 동시에 한 쪽은 배척 및 금지의 작용이라도 있다는 의미다.

이처럼 실생활에 있어서 우리의 주의는 정도의 차가 있고, 항상 무엇에 향하고 있다. 부주의했다, 멍청하게 있었다고 해도, 그것은 다만 당면한 작업과는 별도로 어떤 무엇에 주의가 쏠리고 있다고 말하는 데 지나지 않는다.

또 어떤 과업에 익숙하고 그것이 기계적으로 자동적으로 이행하게 되어 어떤 다른 것을 생각하고 있음이다. 우리 주의가 겉보기에 어디에도 쏠리지 않은 것처럼 보이지만, 그것은 겉보기만 그렇고 사실은 여러 가지 생각을 마음속으로 쫓고 있음이다.

날씨와 기온에 관한 일, 아침에 읽은 조간의 어떤 기사, 저녁 식사 메뉴 등에 주의가 집중되고 있는 것이다.

그리고 이처럼 그 사람이 그 사람다운 일밖에 주의를 돌리지 않는다는 사실이 그 사람을 매우 당당하게 그 사람답게 보이는 것이다. 그 사람 행동을 자연스럽게 자유스럽게 솔직하게 느끼게 하는 것이다. 이 현실의 법칙은 인간을 인간답게 표현한다고 하면 무대에서도 당연 지키지 않으면 안 될 일이다.

그러나 무대에서는 배우의 주의(注意)라고 하면 볼만한 쪽으로 부끄럽다든가, 수줍다든가, 잘하겠다든가, 무엇을 해서 보여주지 않으면 안 된다든가 하는 쪽으로 끌리기 쉬우므로, 그 배역의 인물이 당연 향해야 할 목표에 주의를 돌리기가 등한해지기 쉽다.

여기서 여러 가지 거짓말이 생기고, 또 앞에 말한 근육의 쓸데없는 긴장이 생긴다.

따라서 배우에게 중요한 것은 그 같은 빗나가는 주의를 억제하고, 주의를 오로지 무대 위에, 자기가 분장한 인물이 그 순간 당연히 주의를 돌려야 하는 대상에만 집중하도록, 자기를 훈련할 일이다. 그렇게 하면 앞서 말한 주의의 배척적 및 금지적 작용이 동시에 효과를 나타내, 구경거리에 주의 돌리고 쓸데없는 것이 추해지는 일도 없어질 것이다.

물론 실생활과 무대 주의(注意)와는 같지가 않다. 실생활의 경우는 우리 자신이 무엇인가에 대해 실제의 이해관계 내지 흥미를 가지고 의식적으로 그것에 대해 주의를 집중하든가, 혹은 또 대상 자체의 견인력에 완전히 져서 알지 못하는 사이에 그쪽으로 주의가 쏠리는 것이지만, 무대에서는 항상 우리 의지력으로 자기가 아닌 어떤 작중 인물이 그때마다 바라는 것이 틀림없는 또는 견인될 것이 틀림없는 어떤 일에 대해, 자발적으로 주의를 집중하도록 하지 않으면 안 된다.

따라서 무대에서의 주의는 특별한 집중력이 필요한 것이다. 그것을 끊임없이 연습하는 일이 필요하다. 다음에 손쉬운 연습방법을 제시해 본다.

주의 집중을 위한 연습

연습 1

다른 연수생이나 선생이 보는 앞에 나가서, 어떤 목표(주의 대상)를 상정하고 그것을 주목한다. 다만 무엇을 보고 있다는 모습을 보이는 것이 아니라, 분명히 그 대상을 머리에 떠 올리고 남이 보고 있다는 사실을 잊어버리고 흥미를 가지며 그것을 음미한다. 그 세밀한 디테일을 나중에 생각할 수 있게 그것을 보는 것이다.

이렇게 해서, 연수생의 주의가 참으로 대상에 집중되고 그것에 대해 흥미를 가지게 되면, 남 앞에서 해 보일 때 경험하는 멋적음이든가 딱딱함을, 바꿔 말하면, 근육의 긴장이 크게 풀리고 점점 사라져 가는 것이 관찰자에게 느껴지게 된다.

똑같이 해, 모두 관찰하고 있는 앞에서 어떤 것을 주의해 듣는다. 단지 막연히 잡음을 귀로 듣는 것이 아니라 그 가운데서 어느 특정의 소리를 귀에 담는다. 벽 너머 말소리이든가, 바람의 소음 속에 섞인 사람의 외치는 소리이든가, 길거리 소음 중에 들려오는 노래 소리이든가, 등을 명료하게 마음으로 떠올려 듣고, 이야기 줄거리를 따라 한 마디도 놓치지 않겠다고 듣는다.

이렇게 해서 참으로 그 무엇인가의 소리에 주의를 집중하고, 흥미를 느끼게 된다면 그 근육의 쓸데없는 긴장이 줄어드는 것이 남에게도 느끼게 되고 자기 스스로도 깨닫는다.

똑같은 일을 촉각, 후각, 미각으로 시험해 본다.

참으로 주의가 집중되는지 여부를 확인하기 위해 주변 사람에게 여러모로 방해하도록 부탁하는 것이 좋다. 말을 걸든가, 옆에서 농담을 하든가, 잡음을 일으키게 하는 것이 좋다. 주위에서 무슨 일이 일어나든 태연할 정도로 주의 대상에 집중하게 되지 않으면 안 된다.

연습 2

'오늘 하루 어떻게 살았는가' '무엇을 했는가' '누구와 무엇을 했는가' '무엇을 말했는가' 등등을 낱낱이 생각해낸다. 그때, 누구에게 방해하게 한다. 그리고 그것에 마음 흔들림 없이 회상을 이어간다.

연습 3

두 사람 연수생이 서로 마주보고 한 사람이 움직이면 또 한 사람이 거울에 비치는 것처럼 정확히 그것을 모방한다. 지도자가 그것을 보고 잘못을 바로잡는다.

연습 4

연수생 한 사람이 앞에 나가 단순한 일련의 움직임을 알기 쉽게 해 보인다. 또 한 사람이 주의 깊게 그것을 관찰 기억하고, 이번은 자기가 앞에 나가 얼굴의 표정부터 손발의 움직임까지 전부 그대로 반복해 보인다. 이번은 앞서의 연수생이 그것을 관찰하고 어디가 어떻게 틀린지를, 왜 틀린지를 정확하게 설명한다. 이런 일을 번갈아 가며 연습을 거듭한다. 바로 이것은 주의력과 동시에 관찰력이나 가르치는 능력을 신장하는 구실을 하게 된다.

연습 5

연수생 전체가 한 줄로 선다. 첫 번째 사람이 무엇이든 생각나는 대로의 말, 가령 '테이블' 하고 말한다. 이번은 다음 사람이 이것을 반복하고, 자기가 생각해낸 말 가령, '책'을 덧붙인다. 세 번째는 '테이블 책'이라 반복하고, 여기에 '노트'가 덧붙여져 이하 여기 따른다. 이렇게 해서 가령, 열 사람이 연습할 경우에 열 번째 사람은 아홉 개의 말을 반복하고, 다시 또 하나의 자기 생각을 덧붙인다는 뜻이다.

그리고 처음으로 돌아가 열한 개의 말을 반복하고 또 새로운 말을 덧붙인다는 상태로 진행하는 것이다. 이 연습은 집중력과 동시에 기억력 강화에 크게 도움이 된다.

4. 상상력의 신장에 대하여

앞에서도 말한 것처럼 상상력이라는 것은 우리가 체험, 내성(內省) 관찰에 의해 획득하고, 마음 몸에 기록해 놓은 여러 가지 현상을 꺼내 오고 이것을 새로 조립하고 결합하며 어떤 새로운 종합된 현상을 만들어낸 능력인 것이다.

상상하고 공상한다고 해도 그 자료가 되는 것은 우리 현실 경험 외에 없는 것이므로 상상력을 풍부하게 하려면 먼저 첫째로 우리 자신의 내적 외적 체험 그 자체를 풍부히 하는 것이 중요하다.

하지만 아무리 체험이 풍부해도 그것이 우리들 기억 가운데 잠자고 있다면 쓸모없는 보물이므로 우리 상상력의 발이 되지 못한다. 상상력을 풍부히 하기 위해 우리는 그것을 자유로 꺼내고 새로 조립해 보는 연습을 몇 차례이든 반복해 보지 않으면 안 된다.

여러 가지 사실을 때로 상상해 봄으로써 상상력을 풍부히 하는 일밖에 다른 방법은 없다. 여기서도 역시 '사용성(使用性) 발달'이라는 것이 물정을 말한다.

상상력을 사용한다고 해도 다만 만연하게 두서없이 여러 가지 사실을 공상하는 것은, 그렇게 정리 없이 중도에서 그만두는 어렴풋한 괴물 같은 것을 몇 개 마음으로 그려 보아도 결코 창작적 상상력을 신장할 이유는 되지 못한다.

우리가 연습하지 않으면 안 될 것은 확실한 목표를 정해 놓아 하나로 정리되고 조리가 닿으며 사리에 맞는 현실적인, 과연 그렇다 할 정도로 할 수 있는 것을 상상력으로 조립하는 것이다.

하지만 상상력을 크게 작용하고자 해 아무리 그것을 무리하게 강제해도 안 된다. 흥미 있는 주제도 아닌데 무턱대고 상상력을 채찍질해 보아도 아무것도 떠오르지 않는다. 그것을 달래고 그것이 자발적으로 작용하게 하지 않으면 안 된다. 상상하고자 하는 것에 대해 흥미를 갖지 않으면 안 된다.

여기에는 갑자기 기상천외의 사실을 생각해 내고자 하지 말고, 먼저 우리 주위의 우리가 쉽게 동감할 수 있는 아무것도 아닌 사실과 연결하는 연습부터 시작한다.

자기에게 친밀감 있고 잘 알고 있는 세계 안에서 여러 가지 경우를 상상해 볼 일이다. 또 크게 파악한 추상적 사항 말고, 정확하고 세밀한 점까지 정리된 수미(首尾)일관한 구체적 사항을 논리적으로 조립해 나갈 필요가 있다.

이런 일부터 시작해서 점차 상상력을 길들여 나감으로써 그 기능을 풍부히 하는 것이 가능할 것이다.

어느 생활을 상상할 경우, 그것을 방관자 입장에서 상상할 경우도 있고, 또 그 가운데 들어가 움직이는 자신이나 상대를 객관적으로 상상할 경우도 있고, 또 자신이 그 가공의 생활 속으로 뛰어들어 적극적으로 그 가운데서 행동하는 자의 입장에서 이 세계를 바라보고, 그 입장에서 주위에 반응하는 경우도 있다.

이 경우는 벌써 자기를 돌아보는 여유는 없는 것이다. 그러나 우리는 현실생활에서는 항상 이런 입장에서 자기를 잊어버리고 생활하고 있다는 의미이다.

큰일에 당면하면 할수록 자기를 객관화시키는 일 등은 불가능해지는 것이다. 우리가 어떤 배역을 맡아 살려 나가는 경우에도 역시 이 같은 입장에서 그 상대를 그 환경을 보고, 이 입장에서 그것들에 반응하는 것이다.

이 입장에서 세계를 상상하는 것으로써 비로소 우리 마음에 의욕이 생기고 감정이 일어나며 행동이 비롯되는 것이다. 우리 상상은 항상 "만약 자기가 누구 라면" 하고 말하는 것으로 출발하지 않으면 안 되는 것이다.

더욱 이 경우의 자기, 그 경우의 자기 행동을 밖에서 상상하는 것이 아니라, 그 인간의 입장에서 주위를 보고, 그 입장에서 의지를 세우고, 감정을 잡고, 사고하고, 행동하지 않으면 안 되는 것이다.

이렇게 말하는 형태의 상상을 우리는 특히 연습하지 않으면 안 되는 것이다. 우리는 배역의 이미지를 자기와 멀리 떨어진 곳에 만드는 것이 아니다. 자기 마음속으로 그것을 받아들인다. 아니 그 속에 감싸는 것이다

이에 따라 우리의 상상은 단순한 의식적인 추리의 산물이 아니라, 피가 통하는 것이 되고, 감정을 낳고 행동을 낳고 또 이에 따라 마침내 생산적으로 되어 가는 것이다.

이 같은 창작적인 상상력의 건전한 작용의 결과 무대상의 모든 동작이나 대사에 생명이 깃드는 것이다. 외부 동작이 내면적으로 뒷받침 된다. 의미가 부여되고, 동기가 부여되는 것이다. 또 그 기능에 의해 무대에서 우리를 에워싸고 있는 여러 가지 거짓 수염이든가 의상이든가, 그림을 그린 무대 배경이든가, 만들어진 나무 바위이든가, 칼이든가 하는 것이 내용을 딸리게 하고, 동기를 딸리게 하여 진실성을 부여하는 것이다.

우리는 이 '만든 사물'을 진실로 생각하고, 또 이에 따라 구경 거리도 믿게 할 수 있는 것이다.

상상을 신장할 때, 잊지 말아야 할 것은 무대 위의 모든 인습 (因習), 모든 틀에 박힌 양식이나 습관이나 알아차리는 포즈 등으로부터 모두 해방되고, 변화가 넘치는 현실생활에 직접 맞닥뜨리지 않으면 안 된다.

이와 동시에 모든 우수한 예술 및 문학과 가까이하고, 특히 희곡을 많이 읽을 것, 단순히 자기가 좋아하는 배역, 자기에게 맡겨진 배역만이 아니라, 연기하든 안 하든 상관없이 그것은 별 문제로 하고, 자기의 상상력을 자극할 수 있는 배역을 스스로 연구하고 연기해 보이는 것이 필요하다.

상상력의 재료를 풍부히 하고 상상력을 때때로 사용함으로써 '사용성 발달'을 꾀한다. 이것이 상상력 신장의 안목이라 할 것이다.

🎭 상상력을 키우기 위한 연습

> **연습 1** 뒷받침의 연습
> 손뼉을 치든가, 징을 치든가, 어떤 신호로 연수생 일동이 어떤 지시로 자세를 잡는다. 어떤 모양도 좋다. 미리 생각하는 일 없이 오히려 어이없는 정도로 자세를 취한다. 이어 그 포즈를 바꾸지 않고 자기 자신을 관찰해 본다.
> 그리고 쓸데없는 근육 긴장을 줄이고 그 자세에 필요한 만큼의 근

육만을 사용하도록 한다. 그리고 그 자세에 내용을 채운다.

가령, 이 자세로 손을 머리 위로 높이 올린다고 할 때, 실제 생활에서 이런 모습을 하는 것은 어떤 경우일 것이라고 상상해 본다. 확실히 줄에 널려 있는 세탁물을 잡을 때도, 선반에서 내려놓아야 하는 맛있는 음식 소쿠리를 잡아낼 때도 이런 모양을 할 것이다. 이런 식으로 해서 처음 무의미했던 자세를 내용적으로 '뒷받침'하는 것이다.

그리고 다음은 이 내용에서 출발 그 동작을 한다. 그리고 앞의 경우와 비교한다. 이 연습에 따라 목적 및 이유가 있는 포즈와 무의미한 포즈와의 차이가 드러나게 된다.

연습 2

먼저 연수생에게 세 개 및 네 개 동작을 계속해 시켜본다. 연수생은 그 의미나 연락을 생각하지 않고 다만 기계적으로 이 세 개 내지 네 개 동작을 순차로 해 보인다.

예를 들면, ㉠ 오른 손을 든다. ㉡ 이것을 턱에 댄다. ㉢ 왼손을 주머니에 넣는다. 하는 방식이다. 다음 이 세 개 동작을 연결되는 것으로 생각, 그 의미 부여를 한다. 예를 들면, ㉠ 오른손을 들어 청중을 조용히 하게 한다. 손을 들어 신호를 한다. ㉡ 연설의 첫 어구를 생각해 내려고 한다. 손을 턱에 대고. ㉢ 노트를 찾는다. 손을 포켓에 넣고.

이로써 3가지 포즈의 각각의 의미도 알고, 그렇게 이어지는 동작의 뒷받침도 된다는 의미이다.

지금 있는 방을 여러 장소로 정하고, 어느 특정 계절, 시각을 상정하고, 자기가 서 있는 위치에서 보이는 여러 가지 가구, 세간, 기구, 장식품 등을 순서대로 상상하고, 그 형태나 색채나 세부를 말한다. 자기 방, 사무실, 농가의 봉당, 거실, 차실, 교실.

앞의 연습과 똑같이 자기가 지금 있는 곳을 어느 특정 계절이나 시각에 따른 여러 장소를 선정하고, 차례대로 당신 귀로 들려오는 여러 소리를 상상하고, 그 음색이나 상태나 단속의 형편, 그에 대한 당신의 반응을 말해 나간다.

당신의 코를 빼앗는 여러 가지 냄새를 상상한다.

내 주위의 여러 가지 기물을 상정하고, 그 형태 그 감촉 그 무게 그 만든 방식, 그 주인, 여기 놓인 어떤 이유, 그 역사 등을 상상한다.

모자를 책상 위나 테이블 위에 놓는다. 그리고 그것을 모자가 아닌 쥐로 가정하고 조금 바라본다. 그리고 상상력을 움직이며 이 바라본다는 동작을 보인다. 그 쥐는 어떤 종류인가 어느 정도 크기인가 색은 어떤 색인가, 무엇을 하고 있는가, 등등을 명료하게 자세히 눈으로 보지 않으면 안 된다.

실제 목표인 모자를 바라보면서 그것을 쥐로서 자세히 보지 않으면 안 된다.

다음, 같은 모자를 좋은 개라 하고 생각하고 본다. 그리고 여기 상응하는 여러 가지 동작을 해 보인다. 그 모자를 귀여운 강아지라고 상상하면 할수록 이에 대한 당신의 여러 가지 태도에 진실성이 덧붙여지게 되는 것이다.

한 줄로 서서 차례로 개 또는 모자와 놀이를 한다. 그리고 각각 강아지에 대한 자기 반응을 보이면서 차례로 강아지를 이 손 저 손에 옮겨 본다. 애견가 이면 강아지와 놀아주고 부드럽게 그것을 다루고, 만약 누가 꼬리를 잡고 들어 올리든가 던지든가 하면 성을 낼 것이 틀림없다.

연습 7

의자를 하나 놓고 이것을 여러 가지 모양으로 만들어 보고, 이에 대한 태도를 여러모로 바꿔 본다. 이것을 벌꿀 통으로 생각한다. 맹견이 있는 개집이라고 생각한다. 하지만 어떻든 이 앞을 지나가지 않으면 안 된다. 맛있는 음식이 잔뜩 들어있는 소쿠리라고 생각한다. 뜨거운 스토브라고 생각한다. 등등.

연습 8

몽둥이를 하나 놓고 그것을 여러 가지로 바꿔 보고 그에 대한 태도를 여러모로 바꾼다. 먼저 그것은 총포이다. 그것은 뱀이다. 그것은 악기이다.

그곳을 자기 방이라 생각한다. 책을 읽든가, 대사를 암기하든가, 편물이나 재봉일을 하든가, 글을 쓰든가, 자기가 혼자 방에 있을 때, 할 일을 무엇이든 해 본다.

그곳을 숲속이라고 생각한다. 자기 혼자 그곳에 있다. 산책하고 있다고 생각해도 좋다. 뒹굴고 있다고 해도 좋다. 누구를 기다리고 있다고 해도, 무엇인가를 찾고 있다고 해도 좋고, 그곳에 숨으려고 왔다고 해도 좋다. 숲 주위의 사물에 대하여, 숲에서 자기 동작을 실제로 하면 좋다.

한 사람마다 앞에 나가 '숲속에 있다' '들판에 있다' '강물에 보트를 띄우고 그 안에 앉아 있다' '교실 안에 있다' '전철 안에 있다'고 하는 방식으로, 순서대로 자기 태도를 그 환경에 맞추어 내용을 꾸며 나간다. 바꿔가며 자기 태도를 그 환경에 맞추어 내용을 만들어 간다. 바꿔가며 그 일을 하고 후에 가서 어디가 좋고 나쁜지를 서로 비평한다.

두 사람 씩 앞에 나가 서로 상대에 대해 다음 태도를 취한다. 서로가 놀란다. 서로 기뻐한다. 서로 미워한다. (어디서 왔나. 어디로 가나. 왜 놀라는가. 왜 기쁘고, 왜 미워하는가, 내용이 명확하지 않으면 안 된다.)

램프에 불을 켠다. 램프도 성냥도 없이 손만으로 한다. 성냥은 어디 있는가, 어떻게 하면 램프의 등피가 움직이는가, 그 크기, 모

배우의 연기수업

양, 무게, 손에 닿는 느낌, 왜 불을 붙이는가 등을 상기하고 실감
하기를 잊으면 안 된다.

천을 꿰맨다. 나무를 벤다. 밥을 짓는다. 물고기를 낚는다. 모두
소도구를 사용하지 않고 그것을 상상하며 매우 자세하고 바르게
처리한다.

5장

살아있는 동작의
기초 지식

1. 신체 동작의 여러 가지

이 정도로 하고, 우리 마음의 움직임과 관련해서 인간 신체 동작의 종류이든가 각각의 특징이든가 하는 것을 일단 정리해 놓을 필요가 있다고 생각한다. 언어 구사와 개념 규정의 애매함이나 우리 과업상 여러 가지 하찮은 혼란을 일으키기가 쉽기 때문이다.

먼저 우리 신체 동작이라는 것은 그것이 우리 의지 작용으로 일어나는가 여부, 의지의 힘으로 자유가 되는가 여부, 이에 따라 의미 있는 동작과 의미 없는 동작은 분별이 된다.

의미 없는 동작은 또 반사 운동, 충동 운동, 정서의 표출 운동, 관념 운동, 자동 운동 등으로 나눌 수 있을 것이다.

반사 운동은 외부 작용이 있으면 마음이 따로 그런 동작을 하고자 생각지 않아도 신체가 여기 적응하는 동작을 보이는 경우이다. 결국 지각 신경을 거쳐 온 자극이 의식 작용의 개재를 기다리지 않고 신경 중추에서 운동신경으로 전달되고, 근육 또는 샘의 활동을 일으키는 것이다.

여기 속하는 것 가운데 의지의 힘으로 도저히 불가능한 것은 동공 반사, 소화의 위장 활동, 전율, 코 골기 등이 있어, 촉진하든가 억제하든가 할 수 없는 일도 있지만 대부분 반사적인 것은 눈 깜빡임, 딸꾹질, 재채기, 무릎의 반사, 구토, 하품과 기지개, 얼굴 붉히기 등이 있고, 순수한 반사 작용도 있으며 의지에 좌우되는 기침, 삼킴, 배설, 미소, 울음 등도 있다.

또 영아 시절은 상당히 반사적이지만 성인이 되면서 없어지는 것은 빨고 물고 손발의 운동 같은 것이다.

충동 운동은 마음속에 있는 충동, 또는 열망이 있어 그 결과 즉시 비교적 자발적인 형식으로 신체 운동이 생기는 경우로서 이것 역시 거의 우리가 나면서부터 하는 운동인 것이다. 태어나자마자 아기가 주림을 느끼면 입을 내밀고 자주 그것을 움직이고 젖 빠는 운동을 하는 것이 바로 그것이다.

정서의 표출 운동은 성나든가, 놀라든가, 기쁘든가 하는 감정이 일어나면, 본인도 모르게 그것을 겉으로 표현하는 운동이다. 이 점에 대해 나중에 자세히 설명한다.

관념 운동은 어떤 것이 자기 주의를 끄는 것이 있으면, 따로 그것을 어떻게 하리라는 목적도 없이, 모르는 사이에 손을 내밀고, 그것을 만져 보려는 운동으로, 아기가 어떤 색깔 있는 것을 보면 그쪽으로 머리를 돌리든가, 어디서 소리 내어 들려주면, 그쪽으로 머리를 돌리는 것이 바로 그것이다.

사람에 따라 어떤 새로운 물건을 보면, 모르는 사이에 곧 코로 가져가는 버릇이 있지만, 이것도 이 부류에 들어간다.

자동 운동은 사람에 따라 넓은 의미와 좁은 의미로 쓰이지만, 여기서는 먼저, 처음에는 뜻 있게 하던 운동이 습관 또는 연습의 결과, 자동적으로 된 것, 결국 어떤 관념이 의식 가운데서 일어나 그 관념에 이어서 따로 결정 또는 노력을 동반하지 않고 일어나는 동작을 부르는 일이 있다.

　　보기를 들면, 앉기를 생각하고, 따로 앉을 결심을 하지 않더라도 앉는 법에 대해 이모저모 생각 없이 곧 앉는다는 우리의 능숙한 일상의 습관적 동작이 이에 속한다는 의미이다.

　　이 속임 많은 세상에서 우리는 이미 인간의 뜻 있는 행동에는 신뢰를 두지 않고, 앞에서 말한 뜻 없는 행동 속에 그 사람의 본심을 찾아내고자 하지만, 무심코 지나면 이것 역시 그다지 신용할 수 없다.

　　"나 추워서 견딜 수가 없어요" 이것만으로 처음부터 신용이 안 간다. 두 어깨를 오므리고 떨어 보인다. 역시 신용은 안 된다. 울어 댄다. 아직도 아니다. 재채기를 한다. 이 역시 뜻 있게 촉진할 수가 없다. 피부가 모두 소름이 끼치고 전율이 일어난다. 여기이르러 비로소 내 저고리를 그녀에게 빌려주어도, 코 밑이 길다고 즉, 여자에게 무르다고 욕 먹지 않고 끝낸다는 뜻이다.

　　왜냐하면, 전율이야말로 그녀 의지에 좌우되지 않는 반사 운동이기 때문이다.

　　뜻 있는 동작(의지적 동작)은 어떤 목적을 가지고 무엇을 본다든가, 귀를 세운다든가, 쓰든가, 읽든가, 말하든가, 찾든가, 만들든가 하는 동작인 것이다. 그러나 이 뜻 있는 동작도 최초에는 유전적 또는 우연적으로 한 동작을 나중에 생각해 내고 어떤 목적을 달성하기 위해 이용하는 데서 시작하고 있다.

가령, 어린이가 아플 때 우는 것은 시작이 뜻 없는 표출 운동이었지만, 후에 가서 아프지는 않지만 엄마를 부를 목적으로 울든가, 무엇을 조르기 위한 수단으로 울든가 하는 것이다.

이 경우, 운다는 동작이 의지 동작이 된다. 남자는 성인이 되면 배우가 아닌 한, 울고자 해도 울지 못하나 아이들이나 여성은 울고 싶으면 우는 것이다.

따라서 또 발달 단계에서 과거에 한 일이 있는 복잡한 뜻 있는 동작을 생각하고, 이것을 이용해 현재의 목적을 이루고자 한다. 이 같이 해서 뜻 있는 동작은 꼭 이루고자 하는 목표가 있고 여기에 당도하기 위한 방법, 절차가 있다는 의미이지만 사람이 어른이 되고 그 생활이 복잡해짐에 따라 의지 동작의 목적도 여기 도달하는 수단도 그 횟수가 많아지고 복잡해짐에 따라 의지 동작의 목적 역시 여기에 도달하는 순서도 횟수가 많아지고 손도 바빠진다.

처음에 배가 고프면 음식을 찾아 먹는다는 식으로, 마음속 불쾌를 돌려 유쾌하게 한다는 것만이 거의 유일한 목적으로 여기 도달하는 수단도 간단했지만, 성인이 되면 뜻 있는 동작의 목적이 되는 것이 많이 나와, 그것을 여러모로 비교해 보고 당면한 가장 중요한 것, 가장 뜻 있는 것을 선택하지 않으면 안 되는 것이다.

영화도 보고 싶고 야구도 보고 싶지만 먼저 이때, 시험공부를 해야 한다고 말하게 된다. 그 목적을 달성하는 방법도 여러 가지가 있어 그중 어느 것을 선택할 것이냐로 선택, 비교하는 일도 필

배우의 연기수업

요해진다.

시험 준비를 한다고 해도 여러 가지 방법을 생각한 끝에 어떤 최선의 방법이 가장 좋다고 말하게 된다는 뜻이다.

그런 까닭에 뜻 있는 동작 가운데 앞과 같은 그것을 일으키는 동기가 처음부터 하나밖에 없는 것, 적어도 하나밖에 의식되지 않는 것은 단일 의지 행위 또는 충동 행위라 부르고, 동기가 둘 이상 있어 그중 하나를 택해야 할 경우는 복합 의지 행위, 또는 수의 행위로 부른다.

또 이 복합 의지 행위 중에도 특히 여러 가지 동기 사이에 투쟁이 있는 것 결국, 어느 쪽을 할 것이냐로 고민한 끝에 최후 결단을 내리게 된 것은 선택 행위로 부른다.

여기서 또 하나 생각할 것은 이 유의적(有意的) 동작은 그것을 이따금 반복하는 가운데 자동 운동이 된다는 것이다. 우리가 매일 반복하는 일상 동작의 대부분은 그런 자동 운동이 되고 만다. 그러므로 우리는 먹으면서 무엇을 읽고 걸으면서 이야기를 하고 일을 하면서 다른 일을 할 수 있게 되는 것이다.

우리 연극의 리허설의 경우에도 이 유의적인 동작을 자동 동작으로 끝내는 과정이 많이 포함되고 있다.

이상, 인간의 동작이라는 것을 크게 분류해 보인 이유가 되지만, 이것은 요컨대 분류이므로 이런 분류에 따라 현실의 동작, 우리가 배우로서 무대에서 연기하지 않으면 안 되는 구체적인 동작, 살아있는 동작이 이런 분류에 따라 질서 있게 나누어질 까닭이 없는 것이다.

인간의 마음은 참으로 복잡한 통일체이므로 여기에 몇 가지 의식의 층이 중첩될 수 있고, 그것이 때에 따라 인간 의지라는 것이 밀어내기도 하고 표면에 떠오르기도 하고 또 모습을 지우기도 한다.

남에게 자기 생각을 전달하기 위해 연설을 한다는 의지 동작이라 해도 이 동작을 하도록 결단할 때에 생기는 결단 감정, 말하는 활동에 따르는 활동 감정이나 마음의 내킴이나 호기 부림이나 피로 외에 이 말하고자 하는 이 의지와는 전혀 관계없는 여러 가지 감정 정서 기분이 연설하는 도중에 그것을 미화하고 힘을 붙이고 때로 방해하기도 하는 것이다.

또 여러 가지 우연한 생리적 자극에 수반하는 반사 운동 기침, 재채기, 말더듬 등이 그것을 방해하는 경우도 있다.

이처럼 동작의 살아있는 형태라는 것이 실로 복잡한 것이라, 우리 배우는 그것을 복잡한 그대로 표현하지 않으면 안 되는 것이지만, 그 가운데 그 인간의 참 모습을 그 생명의 주류를 포착해 보임으로써 여기 말한 동작의 기본적인 경향을 일단 자세히 파악해, 그것을 자기 마음에 나누어 느낄 수 있게 해 놓지 않으면 안 된다.

2. 정념(情念)적 동작의 연구

1) 정념적 동작이란 무엇인가

인간의 무의식적인 신체 동작 가운데서 감정 및 정서와 직접

배우의 연기수업

연계가 있는 것을 한 묶음으로 해서 정념적 동작으로 여기서 그 주된 동작을 대강 설명해 보기로 한다.

정념에 대하여

우리 모든 일상적인 일은, 동시에 우리의 신체 동작 역시 본능 생활에 뿌리를 두고 있고, 의지와 지성의 기능, 정념의 기능이라 하는 것은 이른바 그 상부 구조를 만들고 있는 것이다.

그리고 이 의지나 지성의 기능이 그 객관적 측면을 반영하고 본능적 작용을 목적의식으로 질서를 세워 나간다고 하면 정념의 기능은 그 주관적 측면의 표현인 것이다.

그것은 인간의 본능에서 태어난 것이지만 그 어떤 단계에서도 어떤 의식적 목표에의 집중 노력이라는 것은 여기에 나타나지 않는다.

모든 정념적 사건은 표출 충동의 힘에 맹목적으로 복종하는 것밖에 아니다. 결국 우리의 본능이 외부에서 받은 자극에 대해 일어나는 쾌 불쾌의 감정과 이들 자극에 반응하는 신체적 동작에서 생기는 신체 감각이 한데 합쳐진 것이 우리의 감정 정서적 체험, 우리 본능의 정념적 반응이라 불리는 것이다.

따라서 우리의 정서적 체험이라는 것은 우리의 신체적 동작과 매우 밀접하게 연결되어 있다. 정서가 신체적 동작에 의해 표출된다고 하면, 이미 충분하지 않을 정도로 양자는 불가분리의 관계에 있다.

앞에서 말한 "마음과 몸의 양극적 상호 의존적 결합"이라는 것이 여기서 특히 명료하게 나타난다. 이에 따라 우리는 그 인간의 내적 태도, 자기 주위나 자기 자신 마음의 작용에 대한 그 인간 전체의 마음가짐 몸가짐이라 하는 것을 가장 단적으로 간취할 수 있을 것이다.

또, 우리 본능인 이 정념적 측면은 의지 및 사고의 기능, 즉, 본능이 어느 일정의 목표를 향해 집중되고, 질서 확립에도 중요한 의미를 갖는다. 따라서 이 본능의 개변(改變)되는 방식을 규정하든가, 주의를 견제하든가, 사고의 형식에 영향을 주든가 한다.

그리고 일반적으로 정서의 작용이 강화된 때에는 그것이 한때, 우리 마음을 점령하고 다른 마음의 작용이 압박받는 것이 보통인 것이다. 가령, 크게 화가 난 때에는 남이 하는 말 같은 것이 귀에 들리지 않게 된다는 상태이다.

또, 정념의 특색으로서 그 가운데는 비교적 짧은 것도 긴 것도 있지만, 어떻든 간에 어떤 일정한 시간적 흐름, 시간적 모습을 가지고 있고, 그 신체적 표현에 2개의 방향 즉, 금지 또는 억압의 경향과 흥분의 경향이 있고, 그 분화에도 여러 가지 정도가 있다는 것 등이 있다고 생각한다.

정서의 표출

앞에서 말한 것처럼 우리의 정념, 정서라 하는 것은 그 주성분으로 신체적 유기적 변화를 포함하고 있고, 그 변화는 호흡, 맥박,

혈액의 변화, 신체 분비 기관의 변화, 수의근육 및 불수의근육의 변화, 일반 신체 운동으로 나타난다(자세, 용모 등의 변화, 행동, 표정, 동작 등의 변화).

이른바, 표출 운동이라는 것은 이 제3의 것을 가리키는 것으로 외면적인 배우 술은 오로지 그 모방만을 일삼는 일이지만 인간 언어의 미묘한 변화나 신체 동작의 세밀한 떨림을 표현하는 데는, 정서에 따라오는 유기적 변화까지 연구해 그것이 우리의 표현으로 살아날 수 있는 방법을 생각하지 않으면 안 된다.

먼저, 정서에 포함되는 호흡 맥박의 변화를 생각해 본다. 완만한 정서에서는 그 구성 부분인 요소적 감정의 영향에 의해, 예를 들면, 유쾌한 정서의 경우에는 호흡은 약하고 빠르고, 맥박은 강하고 느리고, 불쾌한 정서의 경우에는 호흡은 강하고 느리고, 맥박은 약하고 빨라진다고 말한다.

또, 감정의 변화가 그다지 급격하지 않아도 크게 활약할 경우, 결국 노여움이든가 미움이든가 기쁨이든가 하는 경우는 신경 흥분, 특히 심장에서의 금지적 신경 흥분이 앙진(昻進)하기 때문에 맥박이 느리고 강해진다.

또 동시에 동작, 표정 운동의 근육적 신경 흥분이 증진한다. 그리고 감정의 경과가 심히 급격하지만 또 동일 방향으로 이상(異常)이 오래 계속될 경우, 놀라움, 두려움, 슬픔 등의 경우는 심장 및 근육의 신경 흥분은 이완된다.

특히 심장의 조정 신경의 흥분이 이완하기 때문에 맥박이 빠르고 약해지므로 이에 상응해 호흡도 빠르고 약해진다.

신체 분비 기관의 변화로서는, 공포나 분노의 경우, 위의 소화 작용이 금지되고, 위액의 분비가 한때 멈추고 말든가, 부신(副腎)에서 혈액 중에 아드레날린이 분비되든가, 그 자극에 의해 간에서 당분이 넘쳐 나서 혈액 중에 당분이 넘친다고 말한다.

이 같은 분비액이 신체의 호흡, 순환, 소화, 근육 운동 등에 크게 영향을 주는 것은 말할 필요도 없다.

근육 운동의 변화에는 강렬한 정서에서만 나타나는 강도적(强度的)인 징후, 결국 적당한 정도로 강한 정서의 경우에는 근육 운동이 앙진(昻進) 하든가 매우 강한 정서에서 이완하고, 금지 당한다는 식으로 나타나는 일도 있고, 보기를 들면, 정서가 쾌적한 때에는 단 것을 맛보는 얼굴 표정이 되든가, 정서가 불쾌한 때는 신 맛이나 쓴 맛을 맛 본 얼굴 표정이 되든가, 긴장할 때는 이것이 입 주변 근육 긴장으로 변화해 나타나는 근육의 변화로 나타나는 경우도 있다.

또 전신의 몸짓 동작에 의해 감정 내용을 겉으로 보인다고 하는 경우도 있다.

결국, 이 좁은 뜻의 표출 운동(근육 운동)에는 다음 네 가지 경우가 있다는 뜻이다.

순수한 정서적 표현: 예를 들면, 얼굴 빛, 눈 표정, 눈 빛, 입 모습, 그밖에 몸짓 표정에 보이는 얼굴 모양, 자세 변화, 동작의 모양과 선이나, 강도나 속도 가운데 곧바로 정서가 나타나는 경우.

정서적 동작: 성이 나서 물건을 들어 던지든가, 기뻐한 나머지

모자를 하늘로 던지든가, 기분이 좋아 의미도 없는 내용을 술술 말하든가, 어느 동작이 따로 어떤 목적을 이루기 위해 하는 것이 아니고, 다만 정서 표현으로 하는 경우.

정서의 동작 및 언어적 표현: 일정의 정서 상태가 몸짓과 언어에 의해 표현되지만, 따로 어느 의지 목적을 이루는 수단으로 되지 않는 것.

합리적 이성적 표현: 일정한 의지 목적을 이루는 수단으로 언어 및 동작에 의해 표현되는 것.

이처럼 좁은 의미의 여러 형태의 표출 운동뿐이라도 조금 더 생각하면, 우리 주위에 흔히 보이는 설명적인 연기, 동작과 대사를 덧그리고, 그것으로 허덕이며 마음을 설명하고, 묘사하고자 하는 어느 일면적인 연기는 부끄러워할 수 없다고 생각하는 것이다.

정서의 시간적 모습

또 하나, 우리 주위의 배우가 잊고 있는 가장 중요한 사실은 우리의 정서적 경험이 어느 시간적 모습을 가지고 있다는 점이다. 그 계속되는 시간적 길이에도 그 경험 형식에도 여러 가지 차이가 있고, 그것이 여러 가지 정서를 구별할 때, 중대한 의미를 갖는다는 사실, 또 이것이 거기에 동반하는 신체적 동작에도 그대로 반영된다는 사실이다.

가령, 경악(驚愕)이라는 정서적 시간의 곡선은 '급격히 상승하고 서서히 하강한다'는 사실을 특색으로 하지만, 경악에 수반하는 얼굴과 몸의 움직임의 눈에 보이는 모습도, 그리고 그 경우에 생기는 음성이 귀에 들리는 형태도, 역시 같은 '급격히 상승하고 서서히 하강한다'는 선을 유지하는 것이다.

더욱이, 이 신체 운동이나 음성의 시간적 모습, 강해지든가 약해지든가, 빨라지든가 느려지든가, 커지든가 작아지든가, 흐르든가 멈추든가 하는 형태에도, 인간 마음의 떨림이 가장 직접적으로 나타나 있고, 또 그 형태를 보든가 듣든가 하는 사람 마음에도 가장 직접적으로 울리는 것이다.

그러나 모방의 명인으로 알려진 배우의 대부분은 이 정념의 시간적 모습, 따라서 그 신체적 표출의 시간적 형태에 대해서도 놀라울 정도로 무관심하다. 여러모로 손이 타는 박진적 왜곡을 단지 차례로 환등처럼 보이는 데 지나지 않는가, 자기 입이나 손발의 곡예를 보이기 위해 언어나 동작의 본래 시간적 모습을 멋대로 빠르게 하든가, 가능한 대로 많은 '재주'를 밀고 들어가기 위해 그것을 확장하든가, 이런 일을 흔히 하는 것이다.

이것 가지고 배역의 마음과 관객 마음을 참으로 맞닿게 하기 어려운 것도 무리는 아니다. 확실히 관객은 이 같은 박진적인 '얼굴 표정'이나 '몸동작'이든 '언어 의미'에서 배역의 마음을 짐작하거나 판단하기는 가능할 것이다.

또, 그것을 능란하게 감동 줄 수도 있을 것이다. 그러나 그것만으로 관객의 마음은 따뜻해질 수 없다. 불타지 않는다. 배역 마음에 동감하기는 불가능하다. 그리고 그 정념의 시간적 모습, 그 복잡 미묘한 흐름, 그 미묘한 떨림을 그대로 표현하는 데는 '가정 (假定)'의 작용에 따라 그 정념을 스스로 느낄 수밖에 다른 도리는 없다.

정서(情緒) 곡선

분트(1832~1920, 독일의 심리학자)는 정서 표현시에 나타나는 생리적 변화의 곡선을 연구하고, 이에 따라 정서의 시간적 모습을 추정하려고 했다. 그리고 수평선을 중심으로 흥분과 침착에 따라 크게 넷으로 정서 경과 형식을 구별해 놓았다.

이것은 또 임시 변통의 시도이므로, 우리 배우처럼 구체적인 정서 경험을 항상 취급하지 않으면 안 되는 사람에게, 그것을 그대로 구체적 연기로 적합하지 않지만, 정서의 시간적 모습은 어떤 것을 말하는가를 아는 데 참고가 되므로, 여기 인용해 본다.

 급히 오르고 서서히 하강하는 형식(AA')

이 형식은 일반적으로 외부 인상에 따라 일어난다고 하고, A는 급히 희열을 느끼는 경우, A'는 갑자기 무서운 것을 본 경우의 정서, 놀람, 실망, 격노 등을 말할 수 있다.

서서히 오르고 급히 하강하는 형식(BB')

이것은 주로 내부적 동기에 의해 감정이 발전해 가는 경우에 해당한다. B 곧 흥분적 형식은 만족 및 희망 등의 정서 형식으로 보고, B' 곧 침착한 형식은 염려, 고민, 의혹, 비애 등에 해당한다.

파동 형식(CC')

이것은 BB'처럼 멋의 정서가 시간적 경과의 흐름에 따라 변형한 것으로, C 곧 흥분 형식은 기쁜 희망에 빠지는 경우의 정서로, C' 곧 침착한 형식은 불안 또는 염려의 정서이다.

그러나 CC' 형식은 특수한 형식으로 정서의 중간이 마치 단절인 것처럼 모습을 보일 때가 있다. 이것은 제3도 C에서 보인 것처럼, 간헐적인 정서로, 보기를 들면, 훌쩍거리며 우는 경우가 그것으로, 정서의 고비가 여기저기이므로, 그 중간은 정서적인 것을 무늬로 짜내어, 마치 무늬가 없는 것 같은 형상을 보인다. 성이 날 때 역시, 이따금 이런 형식을 취할 경우가 있다.

동요(動搖) 형식

우리 생활에서 정서가 오래 지속될 때는 동요하는 경향이 있다. 특히 외부 자극에 의한 어떤 정서가 오래 지속되면, 흥분 형식과

배우의 연기수업

> 침착한 형식이 서로 번갈아 나타나고, 동요하는 일이 있다. 이것
> 을 동요 형식의 정서라고 한다.
> 히스테리의 정서 상태가 바로 이것이기 때문에, 우리 일반인의
> 경우에도 희망과 우려가 번갈아 나타나고, 혹은 흥분하고, 혹은
> 침착해지는 일을 자주 경험하게 되는 것이다.

이상과 같은 4형식은 분트의 경우, 어느 정도 도식적으로 취급되고 있어 구체적인 정서를 생각할 경우, 어느 정도 그 점을 참작할 여지가 있지만, 어떻든 정서가 어떤 시간적 모습을 가지고 있음은 이것으로 대략 알 수 있을 것이라고 생각한다.

정서의 분류

자 이 정도로, 저자는 좀더 구체적으로 각 정서의 특질이나 표현 형식을 문제로 삼지 않으면 안 되지만, 이 정념의 세계라는 것이 매우 광범위하고 복잡하므로, 심리학의 세계적 권위로 알려진 분트조차 "감정의 매우 심한 이행성, 그 감정의 다양한 결합 및 융합, 그리고 명칭상 구별의 불충분함이 그 분류를 곤란하게 만든다."고, 불평할 정도이므로, 우리가 이 책의 한정된 지면에서 이 복잡다단한 세계를 어떻게 정리하고 어디서부터 이야기를 시작하는 것이 좋을지 망연자실할 정도이지만, 정확한 부분은 독자자신의 체험 및 반성, 전문서의 연구에 맡기기로 하고, 여기서는다만 동작 및 표정술의 설명상 편의성만 중심으로, 매우 쉬운 방

식에 따라 이야기를 진전시키기로 한다.

나는 먼저 정서를, 근본적 정서(놀라움)와 기본적 정서(두려움, 노여움, 괴로움, 기쁨, 공감, 반감, 성적 충동)와 연합적 정서(회한, 시기심, 질투 등)로, 나누어 생각해 보고자 한다.

놀라움을 기본 정서로 특히 뽑아 문제로 삼는 데는 많은 이론이 있을 것이다. 놀라움은 확실히 다른 어떤 정서에도 기인함이 없이 어떤 정서에도 의거하지 않는 독립 정서임은 틀림이 없다.

그런데 이것을 성냄과 두려움 등으로 함께 기본적 정서 속에 넣을 수 없던 것은 그것이 곧 다른 정서로 이행하고, 대단히 과도적이고 순간적인 성질을 가지며, 모든 새로운 감수(感受)와 상념(想念)이 발생할 때 생기는 최초의 감정이요, 한 감정과 다른 감정, 한 사상과 다른 사상을 맺어주는 연결 고리와 같은 역할을 연기하기 때문이다.

기본적 정서와 연합적 정서의 구별도 매우 멋대로의 주관적인 것이지만, 이것도 설명의 편의상, 동물 및 아이들도 인정하고, 또 그 1차적인 반응이 모든 인류를 통해 동일한 본원적이고 독립적인 정서적 경험을 기본적 정서로 부르고, 여러 가지 충동, 감정, 정서로부터 합성되어, 상상이나 저항이나 영합이나 불안정감 등의 작용에 의해 복잡한 양상을 보이고 있는 것을, 합성적 정서라고 한 이유이다.

이때 주의해 놓을 것은 기본적 정서에 대한 1차 반응은 앞에 말한 것처럼 모든 인류에 공통하고, 그것만 아니라, 동물조차 같다고 할 수 있는 것이지만, 그 2차의 반응은 처지, 지능, 성격, 결

국, 주위 상황과 그 사람 개인의 특질에 따라 크게 다르다는 사실
이다.

그러나 이 기본적 정서 경험에서의 1차 반응이라는 것은 문
명 진보에 따른 퇴화라고 한정할 수 없다. 지성의 편중이나 잘못
된 억제주의에 의해 인간의 생활력이 왜곡되지 않는 한, 인간의
지능이 높은 수준에 이르면 이를수록 그만큼 기본적 정서의 질이
점점 세련되고 민감 해져, 교양이 떨어지는 인간에게 느껴질 수
없을 정도로 반응하는 것이다.

2) 근저(根底)적 정서

놀라움에 대해

놀라움이란 우리가 즉각 반응할 수 없는 것 같은 예기치 못한
것이 뜻밖에 나타날 때, 일어나는 마음의 작용이므로, 먼저 도주와
잠복의 충동이 당장 나타나지만, 자 어떻게 하면 좋을까 모르기
때문에 신체적으로 유기적인 동란(動亂) 상태를 드러내는 것이다.

놀라움을 일으키는 것은 모두 우리에게 불쾌한 것뿐이라고
한정할 수 없다. 뜻하지 않게 적이나 화재에 부닥쳤을 때, 나쁘거
나 추잡한 소식을 들었을 때와 마찬가지로, 생각지 못한 친구와
아름다운 꽃을 보고, 기쁜 소식이나 좋은 음악을 들을 때 역시 우
리는 어떤 놀라움을 느끼는 것이다.

그것은 또 우리에게 놀라움을 주는 자극이 외부에서 오는 것
을 필요로 하지 않는다. 자기에게 어떤 새로운 상념이 떠오른 때,

예기하지 못한 마음의 변화가 나타난 때, 우리는 역시 놀라는 것이다.

이처럼 놀라움은 예기하지 못한 상념이 나타날 때 일어나는 최초의 감정이어서 그 지속 시간은 대체로 매우 짧다. 그것은 매우 불안정하고 즉시 다른 감정에 의해 인계되고 만다.

그리고 놀라움을 준 것이 자기에게 바람직한 것의 경우에 쾌조(快調)를 띠고, 바람직하지 않을 때, 불쾌조를 띤다. 그 어느 경우도 아닐 때 쾌 또는 불쾌가 아닌 상태로 옮겨 간다.

첫째 경우의 극단적인 것이 놀라운 기쁨이고, 둘째로 심한 경우가 경악이며 제3의 경우가 흔히 있는 '놀라운' 현상이다. 이것은 "무어야 바보스럽게" 하고 말하게 되고, 곧 안정 상태로 옮겨 간다.

어떻든 놀라움은 이 같은 새 감정이 생길 때까지의 일시적 동란, 마비의 상태인 것이다.

따라서 놀라움의 경우에는 수의 근육의 운동은 한때나마 마비를 일으키든가, 혹은 완전히 멈추고 만다. 호흡은 일시 멈추고, 고동 역시 거칠고 최초의 한 방도 함께 급격해진다. 겉도는 혈관은 수축된다. 모든 행동은 한때 멈추고, 그때까지 머리에 있던 생각도 어딘가로 사라진다.

놀라움에 따르는 신체적 동작은 먼저 신체를 후퇴하게 한다. 그러나 거의 동시에 근육의 마비가 생기고, 또 눈은 크게 벌어지고 이 놀라움의 자극이 온 쪽으로 낙인 찍혀지기 때문에, 몸 전체는 움츠러지는 모양이 된다.

배우의 연기수업

눈썹이 올라가고, 이마에 주름이 생기고, 입은 벌어진 형편이 된다. 그러나 놀라움의 표출적 특징은 평면적으로 아무리 묘사해 보아도 우리 목적에 별로 와 닿는 의미가 없다. 그것을 아무리 자세하게 설명해 보아도 놀라움을 알릴 수도 표현할 수도 없다.

그보다 누구에게 등 뒤에서 갑자기 앗 하고 등판을 세게 치든가, 물을 퍼붓든가 해서 놀라게 해, 그때, 우리가 느끼는 것, 하는 것, 그것이 놀라움이다.

또는 "모자를 쓰고 밖에 놀러 나가려고 할 때, 갑자기 꼭 해야 할 용무를 생각하고" 상상해 보라. 그때, 우리가 느끼는 것, 하는 것, 그것이 놀라움이다.

놀라움의 표현에 있어서 배우에게 중요한 것은 그것이 곧 어딘가에 옮겨가는 순간적인 감정이요, 그것을 잘 표현하려면 그 뒤에 이어지는 여러 가지 감정을 잘 이해하지 않으면 안 된다는 것이다.

다음으로 중요한 것은 이 감정이 항상 새로운 사태나 새로운 상념이 발생할 때, 생기는 어느 정도 충격적인 감정이라고 하겠다.

일반적으로 정서라 하는 것은 의식의 갑작스러운 장해, 갑작스러운 변화에 토대를 두는 경우가 많다. 모든 정서의 발단은 놀랄 때 생기는 경우가 많다.

따라서 놀라움은 한 마음가짐에서 다른 마음가짐으로, 한 행동에서 다른 행동으로 옮겨갈 때의 명료한 구분, 마침표를 찍는 역할이라 하는 것도 표현의 명확성을 필요로 하는 우리 배우에게는 매우 중요한 일이라고 생각한다.

놀라움은 이처럼 불의의 충격을 받은 때의 순간적인 감정일 뿐 이것을 의식적으로 재현하는 것은 매우 어렵다. 대개 배우는 놀라움을 매우 과장적으로 표현하든가, 아니면 그것을 지나쳐버리고, 그 뒤로 이어지는 감정으로 곧바로 옮겨 간다.

놀라움을 진정으로 표현할 수 있는 것은 무대에서 정말로 '가정(假定)'의 활동에 몸을 맡기고, 나를 잊을 수 있는 배우뿐일 것이다.

다음 연습은 놀라움의 미묘한 작용을 느끼고, 이에 따르는 순간적인 신체적 반응을 체득하는 데, 도움이 될 것이다. 연습에서 주의할 것은 이 같은 반응을 어떻든 외면적 동작에 따라서 연기하려 서둘지 말고 상상력을 충분히 활용, 그 전후 상황을 명료히 머리에 떠 올릴 것, 그 같은 감각적 자극을 충분히 받아들이고, 또 이에 곧바로 이어지는 여러 가지 정서에 자연스럽게 옮겨 가도록 하는 것이다.

🎭 놀라움의 연습

연습 1

다음처럼 예기치 못한 감각적 자극을 받았다고 가정하고, 이에 대한 반응을 연습한다.

- **청각**: 가까이서 폭발음. 다음 멀리서 같은 폭발음. 이웃에서 누군가의 새된 목소리. 큰 우렛소리. 좋은 음악. 친구 목소리. 누군가가 당신 이름을 부른다. 대문 밖에서 격앙된 군중의 외침. 등등.

- **시각**: 번쩍이는 불빛. 장미, 제비꽃, 매화. 친구. 싫은 사람. 아이 말. 고양이. 개. 일몰. 일출. 검은 구름 등등.
- **미각**: 설탕이라 생각하고 맛을 보니 소금이었다. 또는, 쓰디쓴 약이었다. 쓴 물약이라 생각하고 마셔보니, 설탕물이었다. 또는 레몬 물이었다. 술이라 생각했는데 식초였다. 과자를 먹어보니 상해 있다. 카레라이스를 먹는 중에 고기라 생각하고 씹으니 카레 가루의 덩어리였다. 등등.
- **후각**: 장미, 인동의 향. 향수. 휘발유. 무엇이 타는 냄새. 담배 냄새. 시체 냄새 등등.
- **촉각**: 뜨거운 난로. 사람의 살갗. 양탄자. 모피. 얼음. 바늘에 찔리다. 전등에 머리를 부딪치다. 목 맨 사람의 발에 부딪치다. 등등.

연습 2

새로운 상념이 불시에 마음속에 일어나는 경우이다.

누군가를 만나 전에 만난 일이 있는 것처럼 생각, 여러모로 생각한 끝에, 문득 그것을 생각해 낸다. 어떤 구절을 인용하고자 해서 그것이 실려 있는 책의 표제를 생각해 내고자 하지만, 어떻든 안 된다. 그러던 중에 문득 그것을 생각해 낸다.

문을 열고 집을 나가려 하자, 문득 중요한 일을 생각해 낸다. 이번 상여금을 받으면 연인과 함께 여행을 가고자 행선지와 휴대품 등을 여러모로 생각하는 가운데, 문득 가불이 있어 상여금은 공제될 것을 생각해 낸다.

3) 기본적 정서

공포에 대하여

공포는 모든 정서 가운데 가장 억압적인 것으로, 일반적으로 말하면, 어떤 불안정한 상태에 놓여 더욱 지금 탈출할 수 없는 경우에 일어나는 정서적 경험이다. 이때, 사람은 먼저 어떻게 해서든, 거기서 도피하고 싶은 기분으로 가득 찬다.

공포의 과정은 먼저 놀라움, 도주와 잠복의 충동, 여기에 뿌리를 두고 있다. 그러나 참말로 도망치고 숨어버리고 하면, 공포는 끝나고 말 것이므로, 다만 그것은 도주 및 잠복에의 경향으로서 내적인 꽁무니 빼기로 표현하지 않으면 안 된다.

이 도주, 잠복이라는 것은 위험 내지 불쾌한 일을 피해 보호를 구하고자 하는 충동이므로, 웅크리든가 달라붙든가 막는 것 같은 모양을 하는 도주와는 무릇 정반대의 동작과 연결되는 일도 있다.

적대적 표정이나 공격의 동작 등이 여기에 들어가 섞이는 일도 있다. 그러나 공포로 하는 방어나 공격이라는 것은 반드시 호전적인 성냄의 충동에서 일어난다고 할 수 없다.

이 경우, 방어의 동작은 (손이나 팔을 앞으로 내미는 것은) 투쟁을 의미한다고 하기보다, 이 손과 팔 뒤에 내가 몸을 감추려 하는 사실을 의미한다. 공포에서 하는 공격은, 이미 도망 갈 길이 없어 공포가 마침내 심하고 일종 착란 상태에 빠져 어떻게 되든 위험 속으로 뛰어드는 것에 지나지 않는다. 말하자면, '전방으로의 퇴각'인 것이다.

배우의 연기수업

하지만, 그것도 의미 없이 끝나면 완전히 공포에 사로잡혀 심신의 마비 상태가 나타난다.

일반적으로 공포에 싸여 두려울 때는, 숨이 막히고 찬 기운이 일어나며 심장의 고동이 때로 높아지고, 때로 마비되어 땀나는 일이 많다.

공포의 1차 반응은 호흡이 가쁘고, 신체가 오므라지고, 입이 벌어지며, 눈은 크게 벌어진 채이며, 아니면 닫히고 만다. 양팔은 머리를 감싸고(머리를 보호하는 것 같이), 가능한 대로 멀리 앞으로 내밀든가(상대를 물리치듯이), 신체에 꼭 둘러붙게 하든가(적의 공격 면적을 되도록 좁힐 수 있게), 몸을 두 팔로 안든가 한다(가슴을 보호하는 것처럼).

여자의 경우는 거친 고동을 가라앉히려 손을 심장 위에 대든가, 부르짖는 소리를 앞세우고, 손으로 목을 잡든가, 입을 가리든가 한다. 공포의 대상을 보지 않으려고 손으로 두 눈을 가리는 경우도 있다.

남자의 경우는 먼저, 뒤로 물러서고 지주를 찾고자 두 손을 벌리고 손가락을 벌리고 주위를 살핀다. 상대를 밀어내려고 손을 내미는 경우에도, 손가락은 펴는 쪽이 합리적이라는 뜻이다. 양손을 꽉 쥐는 경우는 공포의 감정을 진정시키려는 의도가 포함되어 있다. 또, 무엇을 잡으려는 것도 지원이나 보호를 구하려는 기분을 나타내는 것이다.

공포의 2차 반응은 남녀를 불문하고 일시적인 마비 상태이다. 여자의 경우는 실신이 따르는 경우도 많다. 대체로 몹시 이기적이 되고, 남의 일을 생각할 여유도 없어지고, 광포해지고, 일상을 벗어날 것 같이 된다.

그러나 공포에 휩싸일 때, 자기보다 먼저 남을 보호하고자 하는 마음이 본능적으로 나타나기도 한다.

공포는 직접 위험한 국면에 조우하는 경우에 일어날 뿐만 아니라, 장차 예상에 따라 일어나는 일도 있다. 공포라 해도, 그 범위는 매우 넓어 전율, 공포, 염려, 불안, 초조함 등의 경험은 모두 이 계열에 넣을 수 있다.

공포가 병적이면 공포 증상이 되고, 여러 가지 다양한 것이 공포의 씨앗이 된다. 바늘이 무턱대고 두려워지고, 물건에 손 대는 것이 두려워지고, 가축이 무서워지고, 열차에 타는 것이 무턱대고 두려워지기도 하는 것이다.

🎭 공포의 연습

예제 1

- 불안: 방안에서 혼자 책을 읽고 있다. 무엇인가 소리가 들린다. 처음 주목하지 않는다. 드디어 이상한 소리에 주목한다. 머리를 들고 주변을 둘러본다. 소리는 방구석에서 나는 것 같다. (무슨 소리일까? 보고 오자) 일어서서 방구석 출입구로 가서 문짝을 연다. 불이다. (어떻게 한담. 누군가 부르지 않으면) 방에서 뛰어 나간다.

- 불안: 문짝을 열기까지 앞과 같다. 문짝을 열자, 도둑이 옷장을 만지작거린다. 도둑은 아직 이쪽에 주의하지 않는다. (누군가 불러보자) 방에서 살짝 밖으로 나간다.

- **불안, 공포**: 앞과 같은 상황. 사람을 부르려고 할 때, 도둑이 당신에게 들키고 만다. "쉿" 이것은 도둑의 대사이다. 보니까, 그가 흉기를 들고 있다. 점점 가까이 온다. 불안에서 공포로. 당신은 틈을 보고 도망가려 한다. 도둑은 앞질러 출구를 막아버렸다. 다른 출구는 없다. 공포는 점점 더해간다. 무릎의 힘은 빠지고, 숨은 막혀, 고민의 숨을 몰아쉰다.

예제 2

당신은 남자 친구들과 같이 보트를 타고 있다. 그는 당신을 놀라게 하려고 일어서서 보트를 마구 흔든다. "싫단 말이야, 그렇게 흔들어 대면 말이야, 안 된다고, 배가 뒤집히려 해, 앉아 있기도 싫고, 서 있기도 싫단 말이야"

예제 3

누군가가 실탄이 장전된 권총을 장난감처럼 다루는 것을 본다. "앗 위험해, 그 권총 놓아두란 말이야, 탄환이 들어 있어, 안 돼, 안 된대도, 장난치면 안 돼!"
- **성냄에 대하여**: 성냄은 일반적으로 말해, 자기 바람이나 행동 등의 자유가 금지되고 방해받는 경우, 이에 저항하려는 충동이므로 그 방해물을 어떻든 간에 없애고자 하는 투쟁적 및 공격적 성질을 띠고 있다.

그것이 가장 고매한 모습일 때는 세상 모든 불의 부정에 반대하고 투쟁하는 감정이요, 그 저열한 형태는 증오나 복수심이 된다.

성냄이 매우 강렬하게 표현되는 것이 분노와 격노로 분류가 가능하고, 그 만성적인 것이 불쾌감이요, 그밖에 후회, 의분, 역정, 초조함 등 역시, 어떤 의미로 보아 성냄의 공통점을 가지고 있다고 본다.

　　성냄은 무엇인가에 방해되는 경우에 일어난다는 점에서, 두려움이나 괴로움과 공통하고 있지만, 나중의 2가지가 도주 및 잠복에 의해 장애물에서 해방되고자 하는 데 반해서, 성 냄의 겨우, 이 해방 충동이 공격 충동으로 나타나는 것이다.

　　성냄은 사람에 대해서뿐만 아니라, 동물에 대해서도 생명이 없는 대상에 대해서도 일어난다. 따라서 우리는 적이나 어리석은 사람에 대해서 성낼 뿐만 아니라, 귀찮은 파리에 대해서도 잘 들지 않는 톱에 대해서도 성을 내게 되지만, 우리가 성내는 데 가장 강력한 자극이 되는 것은 남의 간섭이라는 사실은 의심의 여지가 없다.

　　성냄의 최초의 신체적 현상은 크게 눈 뜨게 되고, 핏발이 서며, 타는 듯한 눈빛인 것이다. 이 붉은 기운은 머리의 충혈에 따르는 결막의 충혈로 생기는 것이다. 상대를 감시함과 동시에 상대를 위협하는 의미도 있어 눈은 점점 크게 열린다. 신체를 펴서 올리는 것도 이 위협의 뜻이 담겨 있음이다. 이것이 좀더 강해지면 가슴과 머리 근육의 긴장이 이에 덧붙여진다.

　　다음은 이어서, 발로 안타깝다는 듯이 마룻바닥을 구르든가, 앞니를 특징적으로 노출하든가 한다. 심장이 빨라지고 얼굴은 빨개지며 신체는 경련하듯 떨기 시작하며 양손은 감정을 제어하기 위해 또 상대가 나오는 모습에 대비하기 위해 굳게 주먹 쥐고 팔꿈치를 펴 어깨를 으쓱하고 치킨다.

주먹을 앞으로 내밀고 위협하는 듯한 걸음으로 상대 쪽으로 나아가는 경우도 있다. 이 단계에서는 상대를 위협하고자 하는 기분이 강하다. 그것이 모든 표정 및 동작을 과장되게 한다.

이 같은 최초의 조짐이 있은 후, 한치의 자극으로 격노의 발작이 일어난다. 그리고 상대를 때려누이든가, 상해를 입히든가 한다. 또 그 대신 물건을 두들겨 훼손시키든가 한다. 극도의 발작이 일어나지 않을 경우, 전보다 억제적인 동작이 나타난다. 결국 상대를 무시하는 것 같은 거만한 동작을 취하든가, 상대에게 다시 강한 정신적 타격을 가하기 위한 냉소나 경멸적인 말을 남기고 사라진다.

그 다음 반응은 대개의 경우, 힘이 빠져 맥이 풀린다. 부인의 경우는 악 하고 울기 시작한다.

이밖에 놀라는 표정에 두려운 표정이 섞여 나타나는 일도 있다. 파래지며 성내든가 성내며 손을 떨든가 목소리를 떨든가 온몸에 소름이 돋는 일이 그것이다. 이것은 얼핏 보아 모순을 느끼게 하지만 앞에서도 말한 것처럼 두려움과 성냄의 사이에는 확실한 구별이 있는 것이 아니고, 양쪽 사이에 차례로 옮겨지는 연속으로, 한쪽에서 보면 성냄은 공포에 의지적으로 분함이 덧붙여지는 것에 불과하다고 말하기도 한다.

따라서 성냄에 두려움의 표정이 생기는 것은 일단 성냄으로 옮겨 가며, 다시 두려움은 충분히 억압되지 않은 상태를 보이는 것으로 보아도 다르지 않을 것이다.

🔊 성냄의 연습

예제 1

당신이 지금 저녁때까지 마쳐야 할 중요한 작업을 하고 있다고 생각하라. 귀찮은 사람이 와서 당신을 보험에 가입하도록 권유하고 있다. 노후를 위해서이든가 어떻든 귀찮게 굴어 댄다. 몇 차례 싫다고 거절해도 들으려 하지 않고 자꾸만 찾아온다. 이때 당신이 참을 수 없어 "이제 됐어요. 다른 데 가보세요. 온전히 당신처럼 자주 오는 이도 없지!" 당신은 자리에서 일어나 상대를 끌고 밖으로 나간다.

예제 2

당신이 지금까지 믿고 여러 가지로 도와준 사람이 당신을 비방한 일을 갑자기 생각했다고 해 보라. "참으로 괘씸하군! 왜 그러는 거야! 많이 도와주지 않았어 그런데 이렇게 하다니 그 사람 이번에 오면 제기랄 혼내줄 거야"

예제 3

당신은 신문을 읽고 있다. 돌연히 전혀 생각지 못한 공격이 당신에게 가해진 기사를 발견한다. 몹시 성내며 신문을 읽어 나간다. 대단히 심한 내용이 적혀 있으므로 화가 치밀어서 계속 읽을 수가

배우의 연기수업

없다. 일어나며 주먹을 불끈 쥔다. 그리고 그 부분을 다시 한번 읽는다. 마침내 읽기를 끝내고 성급한 동작으로 신문을 책상 위에 놓는다. 그리고 책상 서랍을 열고 편지지를 꺼낸다. 펜이 움직이기 시작한다. 취소를 요구하는 편지이다. 급히 손을 멈춘다. 신문을 들고 다시 한번 그 부분을 되풀이해서 읽고 써낸 편지를 보지만, 아무래도 마음에 들지 않는다. 편지를 뭉개 쥐고 자리에서 일어나 그것을 책상 위로 던진다. 자기가 직접 나가서 명예를 회복하고자 결심한다. 양복이 걸린 곳에 가서 당신이 양복을 입는 동작에도 당신의 흥분이 나타난다. 거칠게 단숨에 팔을 끼우려 하든가, 손이 긴장해서 단추에 걸리든가 한다. 모자를 쓰고 위태로운 동작으로, 발을 쿵쿵거리며 밖으로 나간다.

고통에 대하여

정신적이든 육체적이든 우리에게 아픔을 느끼게 하는 경험이 고통이라는 정서의 안내이다. 간단한 치통에도 복잡한 양심의 가책에도 우리는 역시 고통을 받는다. 고통의 정서에는 이 고통의 감수와 여기서 풀려나고자 하는 충동을 그 속에 포함한다.

따라서 그 신체적 표현에도 이 고통을 벗어나고자 하는 노력을 나타낸다. 고통의 신체적 표현에는 얼굴을 찡그리고, 눈을 고정시키고, 입을 다물고, 이를 옥 물고, 안색이 창백해지고, 피부에 소름이 돋고, 식은땀을 흘리며 울부짖든가 또는 신음 소리를 낸다. 손발은 저리고 몸을 구불거리고, 고동은 약하고 빨라지며, 호흡은 가빠지고 빠르다. 이따금 숨을 멈춰 기운을 돋우니 이 때문에 얼굴이 파래지는 경우도 있다. 눈물이나 훌쩍거려 울기도 한다. 그밖에 공포의 경우와 똑같이 근육의 경련이 생겨 부들부들 떨기도 한다. 때로 실신할 때도 있다.

이런 움직임의 대부분은 고통에서 벗어나고자 하는 노력, 또는 신체의 다른 부분 내지는 다른 일에 신경을 집중하고 고통을 줄이려는 노력으로 볼 수 있다.

심적 작용의 고통에도 이에서 벗어나고자 하는, 또는 그것을 덜고자 하는, 얼버무림의 노력이 늘 얽혀 있다.

슬픔에 대하여

그러나 그것이 아무리 해도 피할 수 없고, 막을 수 없는 사실이고, 앞으로도 계속 그것을 고뇌할 수밖에 없을 때, 어떤 괴로운 정서를 야기한다. 이것이 슬픔인 것이다. 그러므로 이 단계의 신체적 표현은 고통의 무게 안에 몸을 구부리는 모습을 나타낸다.

더할 수 없는 고통 때문에 벌써 저항할 힘도 없고, 그러기 때문에 고통에 굴복해 몸을 눕힌다. 그러나 이 경우에 이 아픔을 참아 내려고 한다. 이 아픔을 참아 내는 노력이 남아 있으므로 완전한 정신 저상이나 비하나 수치의 경우와 달라 근육이 늘어져 버리는 일은 없다.

따라서 슬픔의 안면 표정에는 억제 인내의 의미가 찾아지는 경우가 많다. 가로 세로의 주름이 이마에 깊이 새겨지고 눈썹을

팔자로 새기고 입아귀를 아래로 끌어내리고 주먹을 쥐든가 손으로 머리와 가슴을 또 무릎을 웅크리는 일 등, 모두가 어떤 노력과 연결된 동작 표정이다. 또 동시에 비애의 거동에 은폐의 의미도 나타나고, 눈물 흘리며 울 때는 양손으로 또는 옷소매로 얼굴을 가리고 눈물을 닦고 얼굴을 돌리든가 떨구는 동작은 남이 보지 못하게 하는 노력을 나타낸다. 그리고 슬픔에는 눈물을 흘리는 경우가 있다. 특히 아이들 경우는 그것이 보통이다.

눈물은 참을 수 있어도 까닭 모를 숨소리가 나고 또는 한숨이 나온다. 한숨은 고통에 따르는 호흡의 침체로 이어지는 대상적인 심호흡이지만, 이것이 남의 주의를 끌 수 있다면 이를 사용해 슬픔을 주위에 확산하려는 경향도 생긴다.

요컨대, 한숨은 체읍(涕泣)의 대용이요, 아이들이 모두 소리 없이 슬피 우는 체읍으로 호소하는 데 대해 성인들은 그것을 참는 대신 한숨으로 슬픔을 달랜다는 의미이다.

아무튼 슬픔은 남에게 도움을 청하려는 충동과 이를 억제하려는 충동이 얽힌 것 같은 형상이다.

소리 없는 울음

이 기회에 잠깐 '울다'에 대해 말하기로 한다. 소리를 내어 운다는 것은 고통이나 공포를 남에게 호소해 남의 도움을 받기 위해 생겨난 것이라 한다. 그 점 잘 모르지만 어떻든 그것이 개운치 않은 감정 표현을 하는 것만은 확실하다.

분격한 나머지 운다는 경우도 있지만, 그것은 무력한 분격의 증거밖에 안 된다. 무서워서 우는 것도 힘을 다하기 위한 눈물이다. 운다는 것은 내적으로 힘을 다한 사람의 가장 좋은 표현이다. 또 운다고 하는 것은 고통의 표현인 동시에 그것으로 고통을 더는 작용도 여기 포함되는 것이다. 울고 말면 태연해지는 것이다.

울음의 경우, 부르짖는 소리의 특징은 웃음소리가 단속적인 데 반해서, 될 수 있는 대로 울음소리를 길게 이어가고자 하는 점에 있다. 따라서 들숨은 그 사이에 되도록 빠르게 경련적으로 일어나게 된다.

울음이 그친 뒤에 훌쩍대며 우는 것은 이 경련적 들숨의 연속이므로 횡격막의 간헐적 경련에 다름 아니다.

그러므로 훌쩍댄다는 것은 자못 더듬는 것 같아서 때로는 훌쩍대다가 참 더듬으로 옮겨 가는 일도 있다고 한다. 어른이 우는 경우, 울음을 어쩌면 거짓 꾸밀 수 있지만 이 훌쩍대기는 결국 횡격막의 경련은 억제할 수 없다. 이 점을 잘 기억해 두는 것이 우선 울음 흉내의 비결이 된다.

사람 특히 어린이가 우는 경우, 혼신의 힘을 드려 거칠게 소리를 지르고 눈을 꼭 감고 미간을 찌푸리며 입을 크게 벌리고 입아귀를 상하로 끌며 이것을 넓히고 이로 인해 입 모양은 거의 장방형에 가까워진다. 이것이 먼저 우리의 우는 표정의 극한이 될 것이다. 이것이 우리가 가장 크게 벌린 우는 낯이다.

다음은 이 극한을 향하는 경향을 우리의 수치심, 자존심이 얼마나 억제하며 어느 정도 말릴 수 있는가, 이 경우 작용하는 근육

배우의 연기수업

가운데 어느 부위가 가장 우리의 자유가 되기 쉬운가 하는 사정으로 그 국면에 상응하는 우리의 우는 얼굴이 만들어진다는 뜻이다.

우리가 우는 경우, 눈물이 난다. 소리 내어 울기까지의 경우에도 슬플 때는 눈물이 난다. 그러나 그 이유의 설명은 길어지게 되므로 대체로 이쯤에서 그치기로 한다.

슬픔이 극도로 격앙되면 정신 저상(沮喪)의 상태가 온다. 그럴 경우에, 전신의 근육은 이완에 기울고 눈꺼풀은 늘어지고 안광은 흐려지며 입은 축 벌어지고 턱은 내려앉고 가슴은 위축되며 숨은 느려지고 이따금 한숨을 쉬며 고동은 약해지고 피부는 창백해진다.

이렇게 보아오면, 슬픔은 피할 수 없는 고통 속에서 그것을 참아 내고자 하는 기분, 그것을 완화하려는 기분, 그것을 남에게 호소하려는 기분, 그것을 또 억제하려는 기분 등이 복잡하게 얽혀 있는 것 같다.

고통을 감내하면 가련하다는 정서가 생겨나고 여기 안주하면 애수의 기분이 생기고 여기에 억눌리면 고뇌가 되고, 이것이 쌓이면 우울이 되고 남에게 호소하는 기분이 강해지면 탄식이 생긴다는 뜻이 아닌가.

🎭 슬픔의 연습

> ### 예제 1
>
> 먼저 다음과 같은 육체적 고통을 상상하고 그 신체적 반응을 표현한다.

길을 걸어가는 중에 돌에 걸려 생 손톱이 벗겨지다. 불에 데워 아프다. 부스럼의 아픔. 극심한 치통. 극심한 복통. 가슴이 아프다. 구역질 나다.

예제 2

다음과 같은 정신적 타격을 받았다고 상상하고, 그때 마음가짐의 경과 및 신체적 반응을 나타낸다.

당신이 돈을 맡겨 놓은 은행이 파산했다. 당신 재산은 상실되고 말았다. 아아 어쩌면 좋다는 말인가, 다 없어졌다. 열심히 검박 절약해서 한 푼 두 푼 모은 것인데, 이제 모두 틀렸다는 말이지.

당신이 어느 극단(劇團)의 배우 선발 시험을 보고 그 결과를 기다리고 있자 하니, 어느 날 아침, 불합격의 통지가 왔다. 그 엽서를 조반 때, 아빠에게 보였다. 아아! 어쩌면 좋다는 말인가. 한번 시험 보고 안 되면, 아빠 희망대로 집안 일을 보겠다고 굳은 약속을 한 터인데.

예제 3

슬픔, 당신이 다리에 화상을 입었다고 가정한다. 앞으로 3주간은 움직일 수 없을 것이라고 의사 선고가 내려졌다. 당신은 도리 없이 병상 신세를 지고 있다.

하지만 당신은 스케이팅이 세 끼 밥보다 좋은 것이다. 짜증나고 슬프구나, 앞으로 3주간이나 이런 꼴이라면 얼음이 모두 녹아버리고 말 것을.

당신이 배우로, 이 화상(火傷) 덕에 해 보고 싶은 배역에 나갈 수 없게 되었다고 하자, 나에게는 최적의 배역인데 말이지, 여기까지 공부해 왔는데, 잘하면 본 단원이 될 수도 있었는데, 슬프구나, 3주간이나 있어야 한다고 하니 답답하구나.

약간 이야기를 극단으로 확대해, 이 화상 덕분에, 당신은 파행이 되고 말아 직장을 잃을 지경에 이르렀다고 가정한다. 저렇게 좋은 일을, 매우 좋고 급료도 좋은데, 하지만, 이런 몸이 되고서야 어쨌든 잘릴 것이 분명해 아아 큰일인데.

예제 4

일층 더 슬픔을 강화해 본다.

당신 어머니가 세상을 떠났다. 이 사실을 집사람에게 전해 듣고 병실 문을 조용히 연다. 병상 위에 어머니 시신이 누워있다. 당신은 여기에 가까이 가려고 일순간 그 자리에 서 버린다. 슬픔이 갑자기 북받쳐 온다. 잠깐 기운을 차리고 병상으로 접근, 무릎을 꿇고 시신의 손을 잡고 그 얼굴을 바라본다.

이처럼 조용히 잠들고 있는 사람, 숨져도 또 이렇게 많은 좋은 일을 자기에게 이야기하는 듯 보이는 이 어머니, 정말 숨졌다고 믿어지지 않는다. 흐느껴 울며 차디찬 고인의 손을 놓고, 병상 곁에 울며 쓰러진다.

당신이 사랑하는 연인의 새 묘소 앞에 서서 있다고 상상해 보라. 새 묘표나 새로 덮인 흙을 꼼짝 않고 굽어본다. 1주일 전, 그렇게 즐겁고 떠들썩하게 당신 생일 축하를 했는데 이렇게 될 줄이야 전혀 생각할 수 없지 않은가.

당신은 지금 철도역 플랫폼에 서 있다. 당신 애인이 긴 여행에 떠나려 하고 있다. 언제 또 만날지 알 수 없다. 마지막 침묵이 흐른 뒤 마침내 열차가 들어왔다. 최후의 악수 및 포옹. "건강해요! 도착하면 곧 편지해요! 어머니에게 안부 말씀을! 건강을 소중히!" 하고, 마침내 눈물을 보이며 말한다. 눈길이 떠나는 열차를 따라간다. 핑계처럼 탄식과 함께 다음 말이 당신 입에서 나온다. "마침내 떠나고야마는 구나."

기쁨에 대하여

기쁨은 어떤 바람직한 일이 뜻밖에 이루어졌을 때의 유쾌한 상태이다. 한마디 기쁨이라 해도 여러 가지가 있어서 상큼하고 조용하며 차분한 느낌의 기쁨이 있는가 하면, 신바람이 나서 들뜨고, 머리와 손발이 가벼워지는 기쁨도 있고, 강하고 열 띤 감정의 기쁨도 있으며, 손춤과 발춤으로, 모르는 사이 상승하는 기쁨도 있다. 또 엄마가 내 자식에 대한 부드러움이 깃든 기쁨이 있는가 하면, 기쁨의 기대라고 하는 긴장한 느낌의 기쁨도 있다. 기쁨의 정점은 흥분, 술 취한 기분 같은 것으로, 생명의 고조로 느껴지고, 그 최고조는 기쁨의 절정 및 대 환희이다.

그 신체적 표현상으로도 이 생활 에네르기의 용출이 명료하게 인정된다. 여기에는 젊고 발랄한 동물 및 아이의 특징적 운동인 '도약'이 이르는 곳마다 나타난다. 솟아오르는 생활의 즐거움이 놀이 충동을 왕성하게 하고, 손발을 마구 움직여 대고, 경쟁심을 부채질하고, 사물 흉내나 익살맞은 짓을 하게 한다.

성냄이나 사랑도 심장의 고동을 높이지만, 기쁨의 경우는 한층 더 그것이 잘 조절된다. 호흡은 가빠지고 혈액 순환은 빨라지며 그것이 뇌수의 기능 또한 왕성하게 만든다. 또 기쁨은 격렬한 운동을 환기하고, 어떤 목적 없이 손뼉을 치고, 몸을 흔들어 대고 뛰고, 나라 오르고, 발 장단을 치고, 아무것도 모르겠다는 모양새이다.

머리를 쳐들고 가슴을 펴 몸을 뻗고, 보행이나 행동거지는 미끄러지듯 한다. 안면 특히 얼굴이 빨개지고 눈에 빛이 나고 또 웃다가 울다가 하기도 한다. 사람은 기쁨 때문에 자주 아찔하고 취한 듯하고 때로 숨지는 일도 없지 않다.

웃음, 이쯤 해서 또 웃음에 대해 조금 말해 두기로 한다. 흐느낌 같이 웃음은 특수한 호흡법을 토대로 한다. 신경 에너지 과잉이 이 특수 호흡에 그 배출구를 찾는 것이다. 초심의 신인 배우는 우는 일이 아직 그리 괴롭지 않으나, 참된 웃음을 폭발시키는 일은 대단히 어려운 것 같다.

그것은 단지 건성으로 웃고, 이 특수한 호흡법을 잊고 있기 때문이다.

울음소리의 경우는 질질 끌고, 그 사이에 경련 같은 들숨 작용이 있지만, 웃음소리의 경우, 깊게 숨을 들이마시고 이것을 밖으로 토해 낼 때, 호흡 근육이 특히 복근의 간헐적 수축의 결과, 횡격막이 오르고 내리고 하여, 그 결과 단속적(斷續的)인 소리가 나는 데 그 특징이 있다.

웃음소리를 낼 때, 주로 복근이 움직이는 것은 세차게 웃은 뒤에 배가 아파지는 것과 같음을 알 수 있다. 어떻든 웃음에는 '뱃살을 쥐어 짜는 일'이 아무래도 필요한 것이다. 다음은 단지 '하하'라 하는 것도 '히히'라 하는 것도 '후후'라 하는 것도 '해해'라 하는 것도 '호호'라 하는 것도 '애해라 애해라' 하는 것도 이 같은 숨소리 낼 때, 그때마다의 얼굴 표정에 의한 입의 모양을 따르는 것이다.

웃을 때 얼굴 표정은 눈이 가늘고 눈초리에 부채 꼴 주름살이 붙고 볼 근육이 늘어나며 코 및 입술 부위 홈이 파이고 입을 열어 양쪽 입아귀를 뒤로 당겨 입을 옆으로 벌리고 이빨을 드러낸다. 이런 표정은 소리 내지 않고 웃는 경우(미소)에도 여러모로 나타난다. 그것은 또 기쁨의 일반적 표정과 공통하는 것이다.

극단적 웃음의 경우, 높은 웃음소리를 발함과 동시에 머리에 충혈이 생기고 눈은 굳게 닫히며 미간에 고통의 주름살이 생기고 눈물을 흘리며 온몸을 경련하듯이 흔들고 심한 경우, 웃으며 뒹굴고 만다. 극도의 웃음에는 고통이 따르기 때문이다.

사람이 강해서 웃음을 참으려 하면 입을 다물고 이를 악물고 입아귀를 내리고 미간을 찌푸리든가 하는 웃음은 대개 반대 방향으로 작용한다. 그밖에 웃음을 억제하기 위해 숨을 멈추든가 입을 닫고 날숨을 코로 뿜고 하지만 이 저항의 효용이 없어지면 웃음이 폭발하고 웃음을 참지 못하고 내 뿜든가 하게 된다.

슬플 때는 울고, 기쁠 때는 웃는 것이 상식이지만, 사람은 기

　　　　　　　　　　　　　배우의 연기수업

뻘 때 웃을 뿐만 아니라 비웃을 때도 웃고, 악의나 멸시나 성날 때도 웃는다. 고소(苦笑)의 경우에는 미소의 표정처럼 미간을 찡그리고, 냉소의 경우는 미간을 찡그리고 입을 비틀고 송곳니를 보이든가 해서 분노에 가까운 표정을 덧붙인다.

이 경우에는, 대개 목소리는 죽이지만, 상대에게 이쪽의 악의와 경멸을 과시하고자 하는 경우, 작위적인 웃음소리가 덧붙여진다.

앙양된 상태의 웃음은 기쁨의 웃음과 똑같이 극도로 자극된 신경을 해방하는 역할을 한다. 그러나 이러한 흥분 상태는 웃음으로 시작하는 것이 아니다. 웃음은 그런 경우의 부차적인 현상이다. 잘 웃으려면, 먼저 웃지 않고 견딜 수 없는 기분이 들지 않으면 안 된다. 이것을 대개 배우가 잊어버리고 있다.

기쁨의 연습

예제 1

먼저 가까운 문제부터 시작해 보자. 당신은 배우이다. 관객의 놀라운 박수로 인해 앙분(昻奮)해서 무대 뒤로 돌아와 보면, 여기에 누군가가 보내온 꽃다발이 있다. 아! 멋지네! 좋은 향기가 나네, 어떤가, 이 리본의 색깔. 친절하구나, 진실이 느껴지는 구나! 예쁘구나!

배역이 돌아오지 않아 집에 박혀 있다. 여기에 친우인 연출 보조가 배역을 알려주려고 나를 찾아왔다. 오랜 동안 초조히 기다려 온 큰 배역이다. 엣, 로미오? 내가? 국립극장에서? 아아, 앉아 봐,

해엣, 햄릿, 멋지지 않은가.

예제 2

모처럼 시골로 놀러 왔는데, 매일 비만 와서 방에만 갇혀 있었는
데 당신은 지친 상태다. 그런데 어느 날 아침, 밝은 태양의 햇볕
이 당신 눈을 비치고 있다. "와, 놀라운 날씨이구나!"
내가 좋아하는 친구들이 저녁 식사에 불러 주었다. 당신이 일을
마치고 달려오자 식탁이 잘 차려지고 맛있는 음식이 많이 보인
다. 술도 있다. "유쾌한 기분이다. 진수성찬이 아니겠는가?"

예제 3

웃기 연습을 하려면, 어떤 마음속에서 우스꽝스러운 국면을 기억
속에서 꺼내 보는 것에 한정한다. 그 같은 자극은 부추기는 것 같
은 작용을 한다. 이런 자극을 먼저 불러일으킨다. 이를테면, 누가
말에서 낙마한 이야기도 좋다.
"아니야 정말, 그 일을 떠 올리면 말이야, 하하, 그때, 그 남자가
말이지, 하하 찾아온 때의 모양이라니, 온전히 말 머리를 붙들고
늘어져 모자는 날아가 버리고, 하하 얼굴은 빨개지고 하하하. 안
장은 옆댕이로 비뚤어져 있고, 발은 등(鐙)자에서 벗겨지고, 하
하 이런 모양새이다. 사람이 많이 모인 광장을 이리 저리 뛰어다
니고 있기 때문이지, 하하, 그런 중에 모두 배를 부둥켜안고 크게
웃고 있음이다. 하하하"

이렇게 이야기가 진행 중에 자연스레 웃음이 환기된다. 그리고 말이 주는 실마리 덕분에 연습이 쉬어지고 울림이 좋은 날숨이 길게 퍼져, 마침내 말의 도움을 빌려 웃음이 입안 가득히 폭발하게 된다.

공감에 대하여

우리가 무엇에 끌려가는 느낌이 들 때, 공감의 정서가 일어난다. 자기를 상대에게 동화시키고자 하는 기분, 서로가 마음을 맞부딪치려 하는 기분, 상대에게 순응하고자 하는 기분이 작용한다.

그리고 이처럼 우리를 끌어당기는 힘은 우리 찬미나, 감사나, 동정이나, 성애의 충동과 연결되어 있다.

공감은 인간 감정 생활의 가장 중요한 표현의 하나이고, 어느 개인을 남의 감정 상태로 넣어버린다. 그 원시적 형태가 모방인 것이다. 어린 아이가 하는 것 같이 상대의 모습, 형식, 상대의 움직임을 그대로 반사적 자동적으로 반복하는 것이다.

더 나아가면, 그것은 두 사람 개인 사이에 상사(相似)적인 감정 상태, 사상상태를 야기하게 된다. 따라서 이것은 배우 술(俳優術)의 기본을 이루는 마음의 작용이라고 말한다.

이리하여 공감은 행·불행을 불문하고 상대의 감정 상태, 생활 상태에 동화하고자 하는 충동인 것이다.

이것은 인간 누구라도 가지고 있는 충동이요, 공감 및 동정의 결점 제거는 요컨대, 상상력의 빈약함에 지나지 않는다.

공감은 또 상대를 돕고 싶고 보호하고 싶다는 결국, 상대의 마음에 따르고 싶다는 충동을 포함하고 있다. 인간만이 아니라, 동물에 대해서도 식물에 대해서도 생명이 없는 것에 대해서도 이 마음가짐이 작용한다.

"자, 용무가 있으면 무엇이든……" 하는 형식으로 우리는 그것에 접근 또 상대를 어루만지든가, 가볍게 쓰다듬는다. 또 이쪽의 호의 표명이 상대에게 받아들여진 경우, 무엇인가 자기 마음을 밀어부치게 되고, 상대에게도 받아들이게 하고 싶어진다. 그리고 이 마음의 교류를 중단하는 일 없게 하기 위해 상대에게 바싹 달라붙고, 상대의 손을 잡고, 쓸데없는 농담이나 세상 이야기를 지루함 없이 계속한다.

공감의 신체적 표현은 그 상대와 정면으로 얼굴을 바라보고 상대를 향해 접근하는 것, 양손 또는 한 쪽 손을 위로 뻗치는 일, 상대 손이나 몸을 부드럽게 붙잡는 일, 눈은 상대를 부드럽게 바라보는 일, 그 밖에 얼굴 표정은 상대 표정과 같은 높이를 그리는 일일 것이다.

2차의 반응은 상대가 슬퍼하든가, 두려워하든가 할 때, 격려하는 뜻으로 상대와 반대의 모양을 해 보이는 일도 있지만, 상대가 행복 하고 기뻐할 때는 항상 상대의 동작을 경미하게 다시 만든다. 어떻든 공감에 있어 중요한 것은 상대의 기분을 민감하게 포착하는 일, 함께 느끼는 일일 것이다.

배우의 연기수업

예제 1

다음 것을 보았다고 가정하며 여기에 접근한다.

당신 애인, 당신 어머니, 가장 좋아하는 친구, 당신의 은인, 당신이 존경하는 사람, 친하게 지내는 사람, 호감을 가진 사람.

아주 좋아하는 개, 고양이, 새, 말.

아주 좋아하는 꽃, 의상, 가죽, 인형.

예제 2

다음 것이 당신 수중에 있다고 가정하고, 다루는 모습을 보인다.

연인의 손, 머리, 갓난아기.

아주 좋아하는 강아지, 고양이, 작은 새.

아주 좋아하는 파이프, 라이터, 스틱, 책, 커피 잔, 골동품.

예제 3

다음 일을 줄기를 세워 그것을 해 본다.

병중의 애인, 어머니, 아이를 간병한다.

(병중이 무거운 경우, 가벼운 경우)

어린이, 남편에게 옷을 입힌다. 아이가 개를 씻긴다. 애인의 손톱을 깎아 준다.

좋아하는 옷을 개킨다. 아끼는 양복에 솔질을 한다.

예제 4 동정

불행을 당한 지인을 만나 인사한다.

애지중지하던 자식을 보낸 친구를 위로한다. "정말이지 참담한 일을 당했군, 그러나 운명이라고 생각하게, 정신 잃지 말고, 자네가 정신 차리지 않으면 부인이 어떻게 될지 모르니……

동정이 높아져 눈물을 흘리는 경우도 있다. 특히 여인의 경우가 그렇다. 아이를 잃은 경우 여인이 말한다고 하면, "정말이지 가엾은 일이야 전혀 믿을 수 없어 그렇게 건강하던 아이가, 갑자기 이게 웬 일이야! 정말이지 나 얼마나 슬플까 생각하면……"

당신이 책상에 앉아 일을 하고 있다. 매우 피곤한 상태이다. 여기에 누이동생이 전화 메시지를 들고 달려온다. 동생은 친구로부터 여행 권유를 받고 매우 기뻐한다. "음, 그거 참 좋은 일이구나 어디 좀 보여 주렴" 휴대폰을 잡고 즐겁게 읽고, "이 녀석은 참 멋지구나"

당신이 좋은 기분으로 방에 들어가자 아우가 머리를 부둥키고 매우 풀이 죽어 있다. 묻기를, "야! 어떻게 된 일이야!" 아우에게 접근 양손을 그 어깨에 얹고 "무어 걱정거리라도 있는 거야?" 아우는 실직한 것이라고 고개를 떨군다. "뭐야! 그런 일로 끙끙 앓을 일이야? 곧 또 찾아질 거야" 그리고 아우의 모자를 집어 들고 "자아, 채비를 해라. 함께 어딘가 가자 한 잔 하자. 그런 걱정 날려 버리자." 아우를 데리고 밖으로 나간다.

예제 5 친절

당신이 어느 동료 한 사람 하고 사고방식과 감정 처리가 완전히 일치하고 있음에 주목한다. 그런 두 사람 마음의 일치가 느껴지는 순간의 일을 생각해 보자. 당신은 상대의 손을 잡고 혹은 어깨를

배우의 연기수업

잡고 말한다. "지금부터 사이좋게 지냅시다. 꼭 그렇게 합시다."
즐거운 잡담, 술, 미식이 당신 마음을 신바람 나게 하고 당신은
상대와 술잔을 부딪치고 팔을 상대 머리에 감고, 눈 맞춤을 하고,
이렇게 부르짖는다. "야! 좋아? 지금부터는 너, 나 하자! 좋겠지?"

반감에 대하여

반감의 신체적 표현은 반감을 일으킨 것을 거부한다. 밀어내고 휘두르는 동작이므로 그것으로써 자연 발생적인 반발이 표현된다. 동시에 또 상대로부터 멀리 떨어지고자 하는 동작을 수반하는 경우도 있다. 또 거부 동작은 상체를 수축하든가, 얼굴을 외면하든가, 코를 오므리고 위 입술을 콧구멍 쪽으로 젖히는 움직임과 함께 하는 일도 있다.

이 거부 가운데는 확실히 증오의 씨앗이 있다. 하지만, 그것이 참된 증오가 되기 위해 성남과 두려움에 의해 수정(受精)되지 않으면 안 된다. 상대에 대한 공포와 투쟁심이 덧붙여지고, 비로소 반감은 증오심으로 성장해 가는 것이다.

공감이 우정적이고 호의적인 행위를 불러일으키는 것과 반대로, 반감은 적대적인 악의를 포함한 작용의 원인이 된다.

반감과 투쟁심이 결합하면 적의(敵意)라 하는 것이 생기고, 그 신체적 표현은 성남 그 자체에 접근한다. 반감에 공포의 요소가 강하게 덧붙여지는 경우에는 혐염(嫌厭)이 생긴다.

그리고 이 경우의 신체적 표출은 꽁무니를 빼는 경향이 지배적이다. 혐염이 반복되면 분만과 원한으로 옮겨 간다. 이 경우, 이를 악무는 것은 적의와 투쟁심이 개방해 겉으로 표시하는 두려움을 멈추려 하기 때문이다. 혐염이 점차 강화되고 상대를 해 치우려는 기분이 강해진 때, 앞서 말한 증오가 일어나는 까닭이다

이와 같이 반감이라는 정서 계열에서 혐염이라는 기생적 정서가 투쟁심과 두려움을 하나로 엮어, 이 둘을 서로 다투게 하고, 따라서 정념의 천평이 복수심과 혐염과의 사이를 동요케 하고, 공격의 태세가 되고, 뒷꽁무니를 빼는 형태가 되고 하는 것이다.

반감의 연습

예제 1

다음과 같은 인간을 만났다고 가정하고, 이에 대한 반응을 보인다. 감정이 좋지 않은 인간, 그러나 그 상대는 당신보다 아래 사람이고, 당신을 존경하며 당신을 믿고 지낸다. 또 당신에게 반해 따르려 한다. 또는 당신이 싫어하는 것을 알고, 그늘에서 당신 험담을 늘어 놓으며 앞에서는 아첨을 잘한다.

싫은 사람, 동료이다. 상대가 당신에게 호의를 가지고 있는 경우, 또는 상대 역시 이쪽에 반감을 가지고 있는 경우.

싫은 사람, 상대가 위 사람이다. 당신 운명을 좌우할 수 있는 인간이다. 그 사람이 당신에게 호의를 가지고 노리고 있는 경우. 또는 당신을 눈의 가시로 보고, 당신의 과오를 찾고 있는 경우.

배우의 연기수업

당신이 싫어하는 물건, 또는 당신이 싫어하는 사람을 연상시키는 물건을 인정한다고 가정하고, 그 반응을 보인다. 가령, 배움터에서 외투를 걸려고 하자, 당신이 매우 싫어하는 사람의 외투가 거기에 걸려 있다.

집에 돌아와 현관에서 신을 벗으려고 하자, 평소 싫어하는 자의 신이 거기 놓여 있다.

오늘 배달된 몇 통의 우편물에 눈을 돌리고 있을 때, 반감을 가지고 있는 사람의 편지가 여기 섞여 있음에 주의가 돌려진다.

마음속으로 당신의 숙적을 떠올려 보아라. 막연한 일반적 인물이 아니고 당신이 잘 알고 마음속으로 미워하는 사람이 아니면 안 된다. 그런 인물이 당신에게 해가 되는 행위를 하고 있는 현장을 포착했다고 생각하라. 그러나 현장의 상황은 당신이 공공연하게 그 사람과 다툴 일을 허하지 않는다.

당신이 상대의 부하이든가 마침 그 자리에 동석한 누군가에게 사양하지 않으면 안 될 이유가 그것을 방해하고 있음이다. 그런 사정 가운데 다음 말을 투덜대 보라. "개새끼!" "개새끼! 뭣 하는 거야!"

어느 여자가 당신의 증오심을 불태우는 듯한 행위를 당신 면전에서 했다고 상상해 보라. 이 경우도 당신이 평소 반감을 가진 실재 인물이 좋다. 그리고 다음 말을 해 보라. "심술 굿군!" "화냥년!" "지긋지긋한 여자다!"

당신이 아주 싫어하는 사람을 떠 올리고 다음과 같이 말해 보라. "저런 사람, 아주 싫어해" "아주 싫어해 저런 놈" "정말, 개 새끼야! 사람도 죽이고 감옥에 갈 놈이야 정말이지!"

성적 충동에 대하여

주림이나 잠의 경우처럼 성적 충동의 경우도 생리적 상태와 밀접하게 연결되어 있다. 주림은 식량을 찾고, 잠은 안식을 찾으며, 성욕은 배우자를 찾는 충동이다. 이 충동을 만족시키는 대상을 찾는 것이 그 준비 과정이며 그것을 찾은 후, 그 충동을 만족시키는 과정이 이어진다.

이 충동이 그 상대를 찾고 싶다고 하는 것은 그 빛나는 눈빛에 나타난다. 이 순간은 얼굴 표정이 지배적이다.

다음은 상대의 주의를 끌고자 하는 시도가 있고, 여러 가지 형태의 자기 표시가 행해진다. 이 자기 표시는 자기를 가능한 대로 유리하게 상대에게 알리고자 하는 것을 목적으로 하고, 부추기고 유혹하는 여러 가지 아첨 떠는 모양을 보인다.

상대에게도 기분이 통한다는 뜻이 명료해지면, 앞에서 다룬 것처럼 똑같은 여러 가지 유희 충동이 함께 일어난다. 이때도 역시 기쁨의 경우처럼 생활 에너지의 왕성한 여러 가지의 연애 유희를 생기게 한다. 이 유희 가운데는 물론 전쟁놀이, 적진 공격의 놀이도 포함된다. 쫓고 쫓기는 놀이라 할 수 있다.

배우의 연기수업

상대 기분에 들기 바라는 태도나 정복하려는 태도는 줄어들고 어떤 안심의 이완된 어른다운 영합과 같은 것이 나타난다.

그런가 하면 갑자기 상대를 거부하는 태도를 취한다.

양쪽 모두 기분이 상승하므로 상대 태도를 본정신으로 알든가, 자기 역시 그 기분이 되어 가다가 싸움이 된다. 하지만 곧 또 정상으로 회복된다. 그리고 양 쪽이 기꺼이 상대에게 몸을 맡김으로써 이 유희는 끝나고 만다.

이 성적 충동에 기생하는 정서는 앞에서 말한 반감의 경우처럼 명료하지는 않다. 그러나 인간의 모든 본능 생활이 이 성적 충동에 의해 본색을 잃는다고 보아도 틀림없을 정도로 그것은 큰 확장을 가지고 있다. 이 점으로 보면, 반감 등은 도저히 맞겨룸이 되지 않는다.

성적 충동과 공감이 연결되는 이른바 연애의 경우는 상대에게 봉사하고자 하는 애정과 상대를 정복하고자 하는 성적 충동이 세간에서 흔히 말하는 아낌없이 주고자 하는 것과 아낌없이 앗으려고 하는 것이 서로 경쟁해서 여러 가지 번민을 일으키는 원인이 된다. 또 질투라는 것이 이 성적 충동과 얽히는 경우는 참으로 질 나쁜 대용품이 된다.

성적 충동의 연습

> **예제 1**
> 아가씨가 애인이 기다리고 있는 쪽으로 오솔길을 서둘러 온다.

무서워 떨며 모험할 때의 벌벌 떠는 상태에 있다. 오솔길에서 내려와 나무 그늘에 주저하며 서 있는 채 애인이 자기 쪽을 보아주기를 기다리고 있다. 남자가 일부러 모른 체하고 있기 때문에 그 쪽에서 소리를 내지 않으면 안 된다. "디크"

예제 2

아가씨가 감정을 상해 막 떠나려 할 때, 놀라 아가씨 손목을 잡고 말린다. 남자 "앗 가지 마! 제발 좀. 나는 그런 까닭으로 말한 게 아니야. 그대 편지 받고 나 얼마나 기뻤는지 몰라……" 아가씨는 행복한 듯이 놀라고 하지만, 이번은 자기가 선수 친 것을 알고 즉시 상대를 용서하지 않고, "그런 일을 믿을 수 없어요" 남자 "난 거짓 말 할 줄 몰라" 아가씨 "맹세하지 않으면" 남자 "맹세할 게 나" 아가씨 "그럼 좋아요. 당신을 믿어요."

예제 3

남자는 애정을 담아 그녀 얼굴을 바라본다. 그 소리는 받드는 자세가 담겨 있다. "정말이지 오늘 밤 그대는 예쁘구나! 요전에 만나고 오래 만나지 못한 것 같아, 아아! 또다시 그대와 만날 수 있으니 참으로 놀라워!" 서툴게 갑자기 아가씨 한 손을 잡고 안는다. 아가씨는 부끄럽다는 듯이 "나 기뻐요. 당신을 행복하게 하면 나 역시 행복해요." 남자 "어때, 나 키스해 주지 않겠어 정말? 부탁이야!" 얼굴을 그녀 얼굴에 댄다. 아가씨는 얼굴을 뜻밖에 피하고 겁먹은 듯, "안 돼요. 그런 것." 남자 "왜 안 된다는 거야 아무래도 나에게 키스할 수 없다는 거야" 아가씨 "아니요, 가까운 시

배우의 연기수업

일 안에" 남자 "언제?" 아가씨 "좋은 때 봐서" 남자 "오늘 밤 어
어?" 아가씨 (수줍어 하며) "그래요" 남자 "약속하지?" 아가씨 "약
속해요. 정말" 남자 "좋아, 좋지 약속했어요"

예제 4

남자 "이리 와요, 왜 오지 않지" 아가씨 (수줍어 하며) "늦었어요"
남자 "이제 겨우 9시 반밖에 안 됐네" 아가씨 (돌아와서 부끄러운 듯
이 그의 옆 자리에 앉는다.) "에에 그래도 곧 가지 않으면 안 되어요,
디크" 그는 한 손으로 그녀를 안는다. 그녀는 그에게 바싹 다가
간다. "미안해요. 손을 입에 대고 해서" 남자 "아무것도 아니야,
아주 좋은 기분이야, 그대에게 물린 것만으로" 그녀는 충동적으
로 그의 손을 잡고 입을 댄다. "어어! 이걸로 잘 되네요" (자기의 대
담성에 매우 당황한다) 남자 "안돼 손만 가지고 과분한 게 아닌가 (그
리고 떨면서) 그대가 말했지 내게 해 달라고" 아가씨 "……" 남자
"내가 바라는 것 알지 않아" 아가씨 "그러면 저 사람 키스를 깨끗
이 씻고 잊어버릴 수가 있어, 영구히?" 남자 "할 수 있지. 나는 결
코 생각하지 않아, 그대 외에는, 결코 그대밖에 찾지 않아 두 번
다시" 아가씨 부끄럽다는 듯이 입술을 주면서 "그럼 좋아요." 그
는 떨며 그녀에게 키스한다. 잠시 두 사람 입술은 합쳐진 채로 있
다. 그리고 그녀는 머리를 그의 어깨에 얹고 조용히 한숨을 쉰다.
"달빛이 곱구나"

4) 복합적 정서

여러 가지 기본적 정서와 본능에 따라 합성된다고 간주할 수 있는 복잡한 정서를 저자는 잠정적으로 복합적 정서라고 부르도록 한다.

이를테면, 시기라고 부르는 정서 바닥에는 고통과 반감과 투쟁 본능과 소유 충동과 자기 보존 충동이 한데 어울려 있다. 결국 시기하는 사람은 소유하고 싶어 탐욕을 바라고 있음에도 불구하고 그것을 소유할 수 없음에 대하여 기분 나빠 하며 고통 받고 있는 것이다

그리고 여기서 더 나아가 자기가 바라지만 얻지 못해 괴로워하는 것을 소유한 인간에 대해 반감이 더해진다. 자기가 소유할 것을 상대에게 빼앗긴 듯한 기분이 들어 크게 기분이 나쁜 것이다.

이것은 분명 자기 보존의 충동이고, 그리고 이것도 소유욕과 같이 투쟁 본능으로 돌려야 할 것이다.

이렇게 생각한다면 시기(猜忌)라는 정서는 앞에 말한 여러 가지 정서나 충동에 의해 합성된 것이지만 그 가운데 가장 주도적인 정서요, 그 토대가 되는 본능 가운데는 투쟁 본능이 지배적이라고 말할 수 있다.

또 애정은 기쁨과 슬픔의 복합, 용기와 성공의 기쁨과 난국에 대한 발분(發憤)의 교착(交錯), 존경은 찬양의 기쁨과 공구(恐懼)와의 교착으로 간주할 수 있다.

정서의 복합은 한 정서에서 다른 정서로 중첩되어 이동하는 형태로 생기는 일도 있다. 그리고 이 경우, 선행 정서의 한 성분이 다

배우의 연기수업

음 단계를 지배하는 일이 많다. 이 이행은 사고의 작용에 의해 일어나지만 사고 자체는 또 여러 가지 외적 상태의 영향을 받는다.

이렇게 해서 사람 마음의 쉼 없는 파형(波形)이 만들어져 정서의 그 복잡한 모습이 생기는 것이다.

이런 형태의 복합적인 정서의 예로서 질투라는 계열을 생각해 본다. 질투라는 것은 모든 형태의 애정 가운데 생기는 시기(猜忌)로 성립된다. 그리고 이 사랑이 성적인 성질의 것이라면 질투는 성적 충동과 성남과 공감의 세 가지 충동으로 합성되고 세 가지 에네르기의 긴장을 그 가운데 포함한다.

여기에 상대 마음을 읽어 내려는 사고 적용이 덧붙여지면 이 계열의 둘째 모습인 의심 품은 짐작이 생기게 된다. 이 의심 품은 짐작이 여기에 여러 가지 불안이나 슬픔을 심어 놓는다. 투쟁적인 사고방식이나 비관적인 사고방식이 교대하고, 그 결과, 화나는 충동이 지배적으로 되고, 고통의 충동이 지배적으로 된다. 그러면 이 계열 제3의 모습인 분격(憤激)이 생긴다. 또 이 분격이 낫지 않는 경우, 복수의 생각이 일어난다.

그리고 질투 계열의 이 제4의 모습에서 지금까지 존재해 온 성남이 주도적으로 되어 경우에 따라 폭력 사태도 야기할 수 있다.

이처럼 사고 작용이 이 계열을 시기(猜忌), 사추(邪推), 분격(憤激), 복수(復讐)라는 4단계로 나누게 된다. 물론 이것은 매우 넉넉한 분류에 지나지 않는다.

질투의 실제 심리적 발전 과정에서 이 네 단계는 다시 몇 개 국면으로 나뉠 것이다.

이와 같이 복합적인 정서 계열의 형성, 여러 가지 정서의 교대, 이에 맞춰 사고라는 것이 크나큰 역할을 다하는 것이지만, 이때 작용하는 것은 이른바 논리적인 사고가 아니다. 그것은 좀더 다른 형태의 사고, 상상의 작용이다. 논리적인 사고가 정서의 세계에 들어와 그것을 수정하려는 경우에는 그 집중적 목적 의식적 작용에 의해 정서적 계열을 해체해 버리려 할 것이다.

상상이 정서 이행을 유도하는 방식은 두 가지가 있다. 하나는 정서의 이행이 그 정도의 차이로 나타나는 경우, 결국 기쁨이 환희로 격상되고, 또 단지 쾌적한 기분으로 옮겨 간다는 식으로, 같은 선을 상승 또는 하강하는 경우로써 이런 정서 계열은 강(强) 정도 계열이라 말한다.

이 계열은 앞에서 기본적 정서에 대해 말할 때, 각각의 정서와 관련해 보인 바 있다.

또 하나의 방식은 상상이 정서의 모든 연합 계열을 형성하는 일로써 이 경우는 단지 강한 정도가 차이를 보일 뿐 아니라, 새로운 다른 충동을 덧붙이든가 지금까지 별로 중요하지 않던 요소를 내밀든가 함으로써 정서 계열의 질적인 전환이 일어나는 것이다.

앞에 말한 질투는 이 연합적 계열의 보기이지만, 여기서 또 하나 회한(悔恨)이라는 것을 생각해 본다. 모든 회한 중에는 일상생활에서의 양심이 가책을 받는다. 양심이 거의 없다 하는 경우라도 자기혐오가 크나큰 역할을 하게 된다. 회한에서 우리가 용서를 빌고자 하는 것은 자기 자신이 자기 죄를 용서할 수 없기 때문이다.

우리가 자기 죄를 스스로 용서하는 경우, 남에게 용서를 구할 필요는 없다. 회한의 최초 단계에서 자신의 상실, 의기 저상(沮喪)에서 생기는 불안의 증대가 중심이 되고, 가슴을 덮쳐누르는 불안에서부터, 꼼짝할 수 없는 불안에, 어찌 해도 이 불안에서 벗어나야 하겠다는 초조함에 약간의 변화를 보인다.

그리고 이어서 연합 작용에 의한 죄 의식이 생긴다. 이것은 질적인 전환인 것이다. 사고가 고통과 불안의 원인을 겨우 밝힌 것이다. 다음은 양심의 작용이 점차 그 힘을 증가시켜 간다. 따라서 여기 보이는 것은 정도의 차이이다. 점차 증가해 가는 죄 의식이 죄의 고백으로 나아가고 여기서 또 용서를 빌려는 마음이 높아져 간다는 의미이다.

그러나 회한의 본질인 진정할 수 없는 양심의 가책이 영원히 이 죄를 씻지 못한다. 일생 동안 이 고통을 지고 살지 않으면 안 된다는 생각을 하게 된다. 이 상상이 이 계열 속에 남모르는 고통의 요소를 북돋운다. 그리고 절망으로 몰아간다.

따라서 이 전환은 연합에 의해 생긴다고 말한다. 같은 사실이 회한의 최후 단계에 대해서도 말할 수 있다. 여기서도 역시 절망한 마음은 죄의 해소나 자기와의 절연을 계속 생각한다. 그리고 이것이 회한을 그 최극단인 자기 증오로 끌고 간다.

복합적인 정서의 형성에 작용하는 상상의 힘은 대체 이상과 같은 것이지만, 이 영향은 상호적인 것이다. 요컨대, 비교적 많은 충동이 작용하는 경우에 상상의 능동성이 뚜렷하게 높아지고, 동시에 이 능동성의 증대가 충동의 묶음을 또 크게 하고, 이 과정의 진행과 함께 다시 많은 복합적 정서가 생겨나게 되는 것이다.

그리고 때로 어느 강렬한 충동이 상상을 완전히 지배하고, 다른 충동을 두려움이든가 성냄이든가 하는 본래 매우 강력한 정서까지도 지배하고, 이를 자기에게 예속시키든가 그 정서 계열 밖으로 추출해 버리는 것이다.

다음에, 복합적인 정서 계열의 형성에 영향을 주는 다른 힘을 생각해 보기로 한다.

일반적으로 말해, 본능이나 정서가 있는 저항을 만날 경우, 결국 그 충동이 만족되지 않을 경우에 드디어 완고하게 될 경향을 띤다. 이 방해는 외부 영향으로 생기는 경우도 있고 이에 따라 도리어 정서는 충동적 긴장을 띠고 에너지를 증가해 간다.

가령, 호기심이라는 것은 억압되면 될수록 그 강도를 더해 가는 것은 누구나 잘 아는 사실이다. 이 같은 정도의 변화만 아니라, 어느 충동에 대한 저항이 다시 강해지는 경우, 이에 새로운 충동이 생기고 이에 따라 정서적 긴장이 점점 높아진다.

이럴 경우, 저항은 먼저 성남을 환기한다. 두려움이나 괴로움을 생기게 하는 경우도 있다. 그리고 이들 요소가 이전의 정서와 섞여 포개지는 경우도 있고, 뒤에 생긴 정서가 우세를 보일 때도 있고, 그것이 다른 모든 정서를 삼키고 마는 경우도 있다. 이 같은 저항은 복합적 정서 계열의 생성에 대해 중요한 의미를 갖는 것이다.

다음은 여러 가지 형태의 정서에 대한 영합, 결국 어떤 충동에 좋은 기분이 되어 응석부리게 된다. 스스로 그것을 부추기든가,

남의 부추김을 받는 것도 정서 계열의 발전을 형편 좋게 만든다.

정서 계열의 발전을 자극하는 또 하나의 중요한 힘은 불안정성이라는 것이다. 단지 눌리는 것도 단지 부추겨 지는 것도 아니고, 초조해지는 것이다. 그것이 정서의 표출 운동을 높이고 그의 동경을 다시 강화한다.

또 정서적 경험의 일반적 경향으로 어떤 대비의 법칙, 결국, 폭풍우의 밤, 기분 좋은 방에 느긋하게 앉아 있으면 점점 기분이 좋아지고, 조용한 방에서 폭풍우 속으로 밖에 나가면, 그 불쾌감이 점점 강하게 느껴지든가, 굶주림 끝에 한 공기 밥이 특히 좋다고 하는 식으로, 어느 쾌적한 감정이 불쾌한 감정과 대비돼, 동시에 종종의 감정이 일어나는 경우에는 우세한 것이 지배하고, 전체가 그 상태를 띠게 된다고 하는 법칙이 여기서도 작용한다는 의미이다.

다음 이 같은 것의 복합적인 정서의 신체적 표현이지만, 그것을 일일이 말할 여유는 도저히 여기에 없다. 그것에 관해서는 다만 여러분 일상생활의 구체적 경우에 대한 관찰, 연구에 기대할 밖에 없다.

다만 일반적으로 말할 수 있는 것은 우리 근육의 여러 가지 짜맞춤의 가능성이라는 것은 하나하나의 정서적 변화에 상응할 수 있는 정도로 많지는 않다. 이미 기본적 정서의 신체적 표현에 있어서조차 마음 고통의 표출은 신체적 고통의 표현과 같다는 사실을 보아 왔다.

손에 화상을 입은 때의 첫 동작은 불행한 과보를 받은 때와 똑같은 안면 표정과 뒷걸음치기이고, 정신적이든 신체적이든 투쟁할 때는 항상 이마에 주름살이 잡힌다는 상황이다.

복합적인 정서의 표현에서도 그로 인해 특수 근육의 움직임은 따로 없다고 해도 과언이 아니다. 그것을 합성하는 여러 가지 기본 정서의 신체적 표출이 여러모로 조합되고, 여러모로 교대되며, 보이는 데 지나지 않는다.

그러므로 용기의 몸짓과 동작은 분노의 그것과 기쁨의 그것이 뒤섞이고, 존경의 신체적 표현은 두려움 및 기쁨의 표정을 섞여 보인다. 그 섞임, 그 어울림의 방식이 개개의 경우에 여러 가지 형편이나 상황이나 배열을 표현하는데 불과하다.

복합적 정서의 연습

> **예제 1**　시샘
>
> 당신 집 뜰에 감나무가 하나 있는데 어쩐 일인지 올에는 한 개도 열리지 않았다. 문득 담 너머 저쪽을 보니 이웃집 감나무에는 가지도 휠 정도로 맛있어 보이는 열매가 매 달려 있다. "저쪽은 많이 열려 있어 좋지 않구나……"
>
> 오랜 기차 여행으로 당신이 만원 3등 열차에서 지루하게 서서 가는데 문득 옆 칸 문이 열려 있어 텅 빈 2등칸이 눈에 들어온다. "쯧, 잘한다. 이 거 뭐 야!"
>
> 연출 회의 석상, 이번 연극의 배역이 발표된다. "왜 저런 자는 시키고 나는 시켜주지 않는 거람"(극본 읽기가 진행중, 좋은 역을 할당받은 경쟁 상대의 배우 또는 연출자에 대한 반응을 보인다.)

아침, 신문을 읽자 그 경쟁 상대 배역의 연기에 대한 칭찬이 길게 이어진다. "응! 당연한 일이지 배역이 좋거든"(신문 기사를 읽는 동안 여러 가지 마음의 반응을 보인다.)

예제 2 질투

댄스 파티에서 당신이 지금 왈츠를 함께 춘 여인이 크게 당신 마음을 끈다. 거친 춤 사위의 움직임에 따라 흥분하고, 당신은 타오르는 듯한 눈으로 여인을 본다. 여인도 당신 시선을 받고, 그다지 싫지 않다는 듯이 당신이 생각한다. 그리고 한동안 당신은 그녀로부터 눈길을 떼지 못한다. 그러나 여인은 인기가 있어 여기저기서 끌자 차례대로 돌아가며 다른 남자와 춤 춘다. 지금 그녀는 쾌활해 보이는 대학생과 춤 추고 있다. 그리고 쉬는 동안에도 그 대학생은 여인 곁을 떠나지 않는다.

"저렇게 웃고 있네 바보스럽게 이야기가 들떠 있네."

하지만 당신과 그녀 사이에 어떻든 한 약속이 이루어진다. 당신들은 어느 역에서 만난다. 그리고 서너 차례 산책했다고 생각할 때, 여인의 이야기로 연적의 일이 마음에 떠오른다. "그렇지! 그 남자와 어디서 랑데부 한 적이 있구먼……"(이번은 앞서보다 기분이 좀더 덧난다.)

다음은 거리에서 그 대학생과 여인이 열심히 이야기하는 것을 본다. 당신이 짐짓 과장되게 인사하기까지 두 사람 모두 당신이 지나가는 것을 모른다. 대학생은 가버렸지만 당신에게 두 사람이 헤어질 때, 친밀하게 눈짓한 것으로 느낀다. "말해 두지만, 나는 그대가 다른 어떤 남자와 어떤 눈짓을 하든 별로 딴 생각은 없지만……"

질투

여인이 남편을 찾기라도 하듯 그 사무실로 들어온다. 남편이 없
는데 놀란다. 돌아오기를 기다리고 소파에 걸터앉는다. 문득 어
떤 냄새가 그녀의 코를 자극한다. 자기가 모르는 향수의 냄새다.
콧방울을 들어 여기저기 냄새를 맡는다. 그리고 소파 구석에서
베일을 발견한다. 본 적이 없는 것이다. 그것을 냄새 맡는다. 아
까 맡은 냄새는 여기서 퍼진 것이다. 그리고 그녀는 데스크 쪽으
로 간다. 그 위에 또 아직 뜯지 않은 편지를 발견한다.

그것을 집어 든다. 베일과 같은 향기가 여기서 풍긴다. 그녀는 편
지와 베일을 번갈아 가며 코에 가져다 댄다. 베일을 책상 위에 던
져 두고 잠깐 생각한 뒤, 급히 편지를 개봉한다.

그 안에는 부실의 증거가 밀회의 약속이 써 있다. 훌쩍거리며 그
녀는 데스크 의자에 펄썩 주저앉아 얼굴을 두 손으로 가린다. 그
리고 일어나서 무엇을 찾듯이 주위를 살피더니 편지를 집어 들
고 다시 한번 읽어본다.

악의에 찬 미소가 그녀 얼굴에 뜬다. 시계를 본다. 바로 그 여자
가 여기 온다는 약속을 한 시간이다. 그녀는 편지에 지정한 대로
초에 불을 켜고 그것을 창가에 놓는다. 그리고 출입구에 살며시
다가가 귀를 기울인다. 발소리가 들려온다. 그녀는 일어나 연적
(戀敵)을 만나기 위해 준비하고 기다린다.

예제 4 회한

어제 저녁은 지칠 정도로 늦게까지 놀다가 오늘 아침도 늦잠을 잤
다. 조연출의 전화를 받고 일어났다. 벌써 한 시간이나 모두 손을

놓고 내가 오기를 기다리고 있다고 한다. 이것이 벌써 세 번째다. 당황해 가지고 자리에서 일어나 준비하고 전철을 타고 촬영장에 도착, 연출자 앞에 나가 사과하기까지 양심 있는 배우로서 마음가짐의 움직임, 표정 등을 예를 들어 보라.

당신이 화가 나서 던진 말이 친구를 어이없는 곤경에 빠지게 한 것이다. 친구는 지금 상사에게 불려가서 혼나고 있다. 이제 와서 당신이 무어라 변명해도 소용이 없다. 친구는 회사를 그만두게 할 것이 틀림없다.

당신은 사무실에서 친구가 돌아오기를 기다리고 있다. 친구가 머리를 숙인 채 나왔다. 당신은 그에게 다가간다. 그를 불러세운다. 그에게 사과한다. 그는 잠자코 그냥 가 버린다. 다른 동료들의 미움과 경멸의 시선이 자기를 에워싸고 있다. 당신은 자기 자리에 앉는다.

그 결과, 친구는 절망하고, 끝내 자살하고 말았다. 당신은 집에서 지금 그 소식을 전해 들었다.

5) 정취(기분)와 열정

정취(情趣)이든가 열정이라 하는 것은 앞에서도 말한 것처럼 같은 종류의 정서 조합으로 생긴 지속적인 마음의 상태이다. 일반적으로 정념이라고 하면 한 번 일어나면 어떤 형태로든 지속하려고 하는 경향이 있어 이렇게 생긴 정념의 흐름이 비교적 약하고 또 영속적인 경우가 정취(기분)라 하고, 강렬하고 고집성이 강한 것을 정렬이라 말하는 것이다.

정취라고 하면 "오래 확장된 정서"라 정의할 수 있을지 모르겠다. 그리고 이 확장된 과정에는 반드시 충동력의 감소가 붙어 다닌다. 가령, 절망은 그 충동적 에너지의 결핍이 생긴 경우에는 다만 낙심한 기분으로 옮겨 가고 성적 충동은 그 대상이 눈앞에 없고 그것을 얻을 가망이 없을 경우, 사람 사랑의 기분에 그치고 말 수도 있다.

결국 상상을 자극하는 것이 없기 때문에 사고와 정념 사이의 접촉이 이완되어 정서가 몽롱해지고 만다. 불평이라는 것도 적당한 자극의 부족 때문에 힘이 빠지고 다만 불쾌한 기분으로 지속해 가는 성남에 다름 아니다.

이 정취라는 것도 그 원인인 정서와 마찬가지로 합성된 것이다. 가령, 우울이라는 것은 고뇌가 오래 확장되어 약해진 상태로, 그 속에는 두려움이든가, 원한이나 성냄이나 하는 고뇌를 형성하는 모든 요소를 그 안에 표함 하고 있다.

그리고 이 경우 역시 차례대로 여러 가지 감정의 조합이 생기고, 전체로서 어떤 시간적 형태를 꾸미는 경향을 띠고 있다.

다만 정취라고 하는 마음의 상태는 충동적인 에너지의 감소 결과, 본래는 칙칙한 색으로 칠해진 모든 정서가 반 정도 퇴색해 간다. 그러나 어떤 자극의 결과 이 정취를 합성하고 있는 여러 가지 감정 속에 있는 것이 돌연 감정을 일으켜 강한 충동적 에너지를 뿜어내는 경우도 있다.

따라서 우리의 심리적 경험은 어느 정취로 시작해 정서로 끝남과 동시에 정서에서 비롯해 정서로 끝나는 경우도 있다. 다양한 정취의 물결을 반복하는 일도 있다. 또 어떤 정서가 마침내 완

배우의 연기수업

고 해져 한 열정을 만드는 경우도 있다.

우리가 일반적으로 감정 또는 생활 감정으로 부르는 것의 근본 상태는 정취라고 말할 수 있다.

유쾌한 기분, 불유쾌한 기분, 초조하다, 침착하다, 긴장하다, 이완하다, 경쾌하다, 억제할 수 있는 기분 등등 여러 경우가 있지만 대체로 보아 어떤 정취를 합성하는 감정의 성질과 종류는 서로 비슷하며 기쁨은 불유쾌한 기분에서 생기지 않고, 경건한 기분에서 노여움은 일어나지 않는다.

모든 사물에 대한 정서적 반응은 모두 그 정취나 열정에 의해 채색이 되고 통일되고 만다.

정취이든가 열정의 연구는 배우에게 극의 각 부분 및 전체의 템포나 리듬을 마음으로 느끼고 이해하는 데 매우 중요하다.

🎛 정취의 연습

예제 1 유쾌한 기분

당신이 서재에 앉아 재미있는 책을 읽고 있다고 가정해 보라. 여기에 당신이 매우 좋아하는 꽃으로 엮어진 꽃다발이 선물로 들어와 탁상에 놓여 있다. 그 꽃을 바라보고 그 색깔과 향기에 황홀해하고 있을 때, 전보가 도착해 뜻밖에 낭보가 전해왔다.

예제 2 초조한 기분

당신이 수면 부족으로 몸 상태가 나쁘다고 가정하라. 아침 식탁에 앉는다. 조금도 밥맛이 없다. 아이가 들어와 떠든다. 당신은 짜증을 내고 호통치며 "조용하지 못해!" 아이가 운다. 아무리 달래고 성 내도 울기를 멈추지 않는다. 당신은 참을 수 없어 자리에서 일어나 방에서 나간다.

예제 3

불경기로 회사가 벽에 부딪쳐 주문을 받으려고 지방을 돌아봤지만 어디를 가도 허사였다. 돌아오는 열차는 만원으로 밤새도록 서서 오느라 한숨도 못 잤다. 그럼에도 회사 일이 궁금해 역에서 곧장 사무실에 들르니 9시가 되었는데 말단 사원마저 나오지 않는다.

방 안은 어수선하고 사무실 어느 집기에도 먼지가 뽀얗다. 가까스로 책상 한 구석을 의지해 허리를 걸치고 잠깐 쉰다. 잠이 부족한 머리가 잇달아 아프다. 집에 전화를 걸려고 하지만 몇 번 걸어도 통하지가 않는다. 이때 집 전화가 요금 미불로 통화가 중지된 사실을 알았다.

포기하고 장부를 들여다본다. 계산이 맞지 않는다. 뿐만 아니라 이상한 거짓 꾸민 부분을 발견한다. 이제 더 참을 수가 없다. 회계 담당을 부른다. 당신은 장부를 집어 들고 사무실로 통하는 문을 연다. 아직 아무도 나와 있지 않다. 장부를 책상 위에 던지고 몹시 거칠게 의자에 앉아 초조하게 기다린다.

예제 4

그녀는 무용 발표회에서 돌아온다. 그때의 인상 때문에 아직도 흥분을 가라앉히지 못하고 있다. 외투를 벗고 꽃다발을 책상 위에 놓는다. 기분 좋다는 듯이 기지개를 편다. 꽃을 잡는다. 그것은 그 남자가 보내온 것이다. 그녀는 애정을 담아 그 꽃을 바라보고 그 꽃이 풍기는 향기에 취한다. 그리고 갑자기 생각한 듯이 꽃 잎 하나를 떼어 내 잡는다. "좋아! 싫어! 좋아!" 그리고 자기를 비웃는다. "바보지!"

그때 이웃에서 피아노 소리가 들려온다. 왈츠다. 그 선율이 그녀의 피곤한 몸에 스며든다. 처음은 박자에 맞춰 몸을 움직일 뿐이었는데 끝내는 빙빙 돌며 왈츠를 추기 시작한다. 피아노 소리가 그친다. "아쉽다" 그러나 그녀도 매우 피로한 형편이다. 팔꿈치 의자에 앉아 쉬며 눈을 감는다. 갑자기 일어난다. 작은 돌덩이가 창가에 떨어진 것이다. 그녀는 귀를 진정시킨다.

또 하나 그녀는 조심스럽게 창가로 다가간다. 유리 창 너머 바깥을 본다. 그이가 아래에 서 있다. 기쁜 흥분과 가벼운 떨림. 어둠을 향해 키스를 던지고 이어서 급히 창의 커튼을 닫는다.

그밖에 우리 5감의 작용과 직접 연관 지어 일어나는 감성적 감정, 우리 자신의 생활 상태, 자기 마음과 몸의 상태와 관계되는 비율로 독립적으로 일어나는 생활 감정, 비교적 복잡한 정신의 작용 특히 지성의 작용에 따라 일어나는 조용하고 고상한 지적 감정이라는 것이 있어 이 최후의 것은 다시 논리적 감정, 도덕적 감정, 종교적 감정, 심미적 감정 등으로 나누어지지만, 그에 따라 상세히 말할 것은 본서의 범위를 넘을 것이다.

이따금 말한 것처럼 인간의 정념을 그 사람의 개성, 성격, 나이, 교양, 사회적 지위 등에서 떼어서 추상적으로 문제 삼는 것은 우리 배우에게 별로 의미가 없다.

정념적 동작에 대해 앞에 말한 사실은 약간 그 폐단에 빠진 거리낌은 있지만 문제를 일반적으로 다루지 않으면 안 되는 이상, 도리가 없었다.

이것은 다만 당신들이 정념의 세계 연구로 들어가기 위해 약간의 참고에 불과하다고 알아주면 좋겠다.

3. 의지적 동작의 연구

1) 의지적 동작의 특색

앞에서 말한 것처럼 의지적 동작이라는 것은 앞서 한 동작의 기억이 남아 있어 그것을 어떤 목적을 수행하기 위해 다시 한번 반복해 신체를 그것처럼 의식적으로 조절하면서 실시하는 동작이다.

그러나 이처럼 의식적으로 소리를 내든가 손발을 움직이든가 하는 것은 그 때문에 사용해야 하는 근육 감각이 일단 기억되어 있어 비로소 가능한 것이다. 이처럼 기억에 남은 운동 감각이 '목적 관념'이 되어 우리는 그것을 목표로 동작을 조절해 가고 그 운동의 결과로 자신이든 남이든 물건이든 일이든 상태의 변화가 일어나는 것이다.

이를테면, 손을 움직여 눈앞에 있는 물품을 파악하고 이것을 들어 올리려 한다. 이 동작의 최종 목적은 눈앞의 물품을 손으로 들어 올리는 일이다. 이로써 이 의지 동작을 행하려면 먼저 마음 속으로 물품이 손에 들어온 때의 일을 상상한다.

이것이 최종의 '목적 관념'이다. 그러므로 이 목적 관념을 실현하려면, 먼저 손을 물건이 있는 데까지 움직이는 일이 필요하다는 사실을 우리는 알고 있다. 여기서 손 근육의 운동 관념, 손이 순조롭게 물건 쪽으로 움직인 때의 위치의 관념이 바로 아래의 '목적 관념'이 된다.

그리고 이 바로 아래의 목적(손을 움직이다)을 첫째로 하고, 최종 목적(물건을 집어 든다)을 둘째로 임시 이름을 붙이면 먼저 손을 움직여 첫째 목적을 실현하고, 그리고 이에 따라 둘째 목적을 달성한다.

결국, 첫째 행동 손을 움직이는 것은 둘째 목적을 이루기 위한 수단이 된다는 의미다. 그러나 우리 일상 행동 가운데는 하나나 두 개의 동작을 겹치는 것만 가지고 끝이지 않는 것이 매우 많다.

가령, 친구 집에 돈을 빌리러 가려고 한다. 그리고 먼저 친구가 내준 돈을 손에 쥔 경우를 예상한다. 이것이 이 경우의 최종 목적 관념이다. 하지만 이를 실현하기 위해 먼저 자기가 앉아 있는 데서 일어서지 않으면 안 된다. 이어 옷을 바꿔 입지 않으면 안 된다. 이어 방을 나간다. 현관을 나간다. 문을 나간다. 길을 걷는다. 전철을 탄다. 전철에서 내린다. 등등 많은 행동을 차례대로 하지 않으면 안 된다.

그리고 각 단 각 단의 행동은 하나하나 각각의 부분적 목적 관념을 만들고, 이를 실현해 가는 행동이다. 이렇게 해서 첫째 행동은 둘째 행동의 수단이 되고, 둘째 행동은 셋째 행동의 수단이 된다. 이렇게 해서 각각의 행동은 순차로 다음 행동의 수단이 되고, 모든 것을 합친 것이 최종 목적의 수단이 된다는 의미다.

이로써 알게 되는 것과 같이 의지적 동작의 특징이라는 것은 그것이 자기를 조정하고 통일해 가면서 하나의 같은 목표를 향해 곧 최종 목적을 향해 나아간다는 점에 있다. 생각을 한데 모으든가 주의하든가 자제하든가 인내하든가 하는 모든 의지 작용과 같이 의지 동작에서도 우리 모두의 신체 기능을 가장 목적에 따르도록 통일하고자 하는 집중 능력이야말로 그 근본적인 특색인 것이다.

가령, 앞에 말한 "무엇을 들어올린다"고 하는 의지 동작을 할 경우의 첫 행동(물건에 손을 댄다)에서 우리 손은 그 현재의 위치와 잡고자 하는 물건과를 이어주는 최단거리를 가려고 한다.

물론 최단거리라 해도 인간의 신체 행동이라는 것은 몇 개의 관절과 길고 짧은 몇 개 뼈의 움직임으로 합성되는 것이므로 그것은 반드시 직선으로 나타내지 않지만 어떻든 그것에 접근하는 데 가장 탈 없이 가장 목적에 맞는 길을 가고자 한다.

이 상상의 선은 '집중선'이라 부르고 있고, 의지 동작을 표현하는 경우, 이것이 항상 중요한 의미를 가지고 있다. 신체 동작이 이 집중선을 실현하고자 하는 노력 가운데 의지 작용이 직관적으로 파악되어지는 것이다.

배우의 연기수업

물론, 이 집중선상에 어떤 장애가 있다든가, 또 사람의 눈을 속이든가, 특별 의식을 보이는 동작을 해야 할 경우 등에는, 이 집중선에서 벗어나는 일도 있지만, 그것은 이 장애가 피하는 쪽이 목적 수행에 보다 목적에 부합하기 때문이고, 또 '물건을 들어 올린다'는 일과 동시에 '남의 눈을 피한다'든가, '남에게 장엄한 느낌을 주고자 한다'든가, 또 하나의 부차적인 목적에, 동시에 도달하려 하기 때문이다.

이 두 가지 목표에 견인되어 집중선이 어느 특별 커브를 그릴 뿐이다.

또 의지 동작은 잘 연습해 습관화될수록 마침내 빠르고 부드럽게 무리 없이 이 집중선 위를 간다.

또 의지 동작 목표의 선택이 애매하든가, 수단의 선택에 일일이 헤매든가, 시간이 걸리든가 하는 경우는 집중선 상을 스무드하게 진행할 수 없게 되어, 여기서부터 불거지든가 왔다 갔다 하든가, 여러 가지 분절이 생기게 된다.

잡을까 말까 하고 손을 내밀든가 빼든가, 어떻게 잡을까 하고 그 물건 주위를 빙빙 돌든가, 젓가락으로 잡는 것이 좋을까 수저로 뜨는 것이 좋을까 하고 내민 손이 몇 차례 도중에서 멈추고 만다는 뜻이다.

그밖에 작업처럼 긴 시간이 걸리는 의지 동작의 형태는 그 시간적인 경로상, 마음에 내켜 하든가, 기세 부리든가, 피로가 겹쳐 오든가 하는 것도 미리 생각해 두지 않으면 안 된다.

그러나 또 중요한 것은 의지 동작의 형태라는 것이 그 배경에 있는 충동, 욕망, 정서, 표상(表象) 등의 성질에 따라 또 철저하게 규정된다고 하는 것이다. 또 그것을 행하는 사람의 성격도 큰 영향을 가지고 있다.

이 의지 동작을 하는 사람이 그 결과에 대해서 어느 만큼이나 열의를 가지고 있는가, 결국, 이 의지 동작이 어떤 충동에 의해 일어났는가, 어떤 충동에 의해 부추겨졌는가 등이 그 의지 동작의 형식, 정도, 속도, 정력 등을 결정한다. 무서워서 부르짖는가, 기뻐서 소리치는가, 음악을 듣고 있는가, 꾸중을 듣고 있는가에 따라 당연 그 신체적 표현도 달라진다는 뜻이다.

의지 동작은 필경 이 충동력의 질서 세워진 형태에 지나지 않는다. 꽃을 움켜쥔다는 의지 동작은 그 꽃에 대한 우리의 애착, 그것을 독점하고 싶은 우리 충동의 만족을, 가장 목적에 알맞고, 질서 있게, 집중하는 방식으로 행하는 일에 다름 아니다.

2) 집중선(集中線)의 실현

앞에서 말한 것처럼 의지적 동작을 정념적 동작과 구별하는 근본적 특징은 그것이 일정한 목적을 가지고 거기 이르는 최단거리를 통해 당도한다는 경향을 갖는다고 할 수 있다. 그리고 이 목적을 이루기 위한 수단으로 우리가 쓰는 신체 부분이 현재 위치에서 그 대상에 이르는 상상 위의 선을 '집중선'이라고 한다.

이 선을 우리 신체 운동에 의해 가장 정확하게 실현하는 일, 그 선에 따라 우리 얼굴이나 몸이나 손발을 움직이는 것이 의지적 동작의 연습의 기초인 것이다. 이 선의 실현은 약간의 예외를 제외하고 여러 가지 속도로 이것을 할 수 있다.

예외라고 하는 것은 움직이고 있는 것을 잡는다든가, 물건을 던진다든가, 때리든가, 차든가, 밟아버린다든가 하는 한마디로 말해, 어떤 속도로 운동하지 않으면 그 목적을 달성할 수 없는 모든 동작을 가리킨다.

이 같은 예외를 빼고 의지적 동작의 최초 연습에 당해 짐짓 동작의 속도를 늦추고 그 위에 더욱 엄밀하게 집중선을 따라 중단 없이 균등한 긴장도를 유지하며 동작을 할 필요가 있다. 이런 연습은 의지적 동작의 적확성을 획득하는 데 크게 도움이 될 것이다.

이 집중선의 신체적 실현을 위한 연습, 결국 물건을 만지든가, 가벼운 물건을 들어 올리든가, 지시하든가, 앉든가, 눕든가, 일어서든가, 걷든가, 소리를 듣든가, 바라보든가, 냄새를 맡든가 하는 의지적 동작의 경우이다.

물건을 들어 올리는 동작에 대해서는 앞에서 말했기 때문에 여기서는 먼저 사물을 유의적(有意的)으로 지시하는 동작과 듣는 동작을 예로 들어 설명한다. 먼저 중요한 것은 집중선을 엄밀하게 규정하는 일이지만 거기에는 이 동작 내용, 그 동기와 목표, 동작하는 사람의 성격이나 이 동작이 행해지는 국면을 먼저 명료하게 파악하지 않으면 안 된다.

그러므로 무엇인가 지시하는 동작은 그 무엇이 있는 방향으로 대개 검지를 가리키는 동작에 의해 만든다. 실제로 그 목표를 접촉해 보이는 대신 상대 시선을 그 방향으로 유도하는 것이다.

그러므로 이 경우 집중선의 출발점은 이 동작에 들어가는 순간의 손가락의 위치이다. 그리고 여기서 출발해 지시하려는 목적물에 손가락이 실제로 닿기까지 통하지 않으면 안 되는 선상의 어느 점과 그 손가락 본래 위치를 연결하는 선이 이 경우의 집중선이다.

이 경우의 동작은 손가락 관절을 굽히는 것만으로 끝나는 일도 있고, 어깨 관절 부위에서 팔 전체로 그 방향으로 향하는 일도 있다. 그러나 그것은 이 경우, 딴 문제는 없다.

무엇을 듣는다는 일은 소리를 듣겠다는 일과 그 뜻을 알고자 하는 일의 두 가지 노력을 내용으로 한다. 무엇을 듣는 모습을 낳는 머리의 움직임은 듣고자 하는 말이나 음향이 나오는 점, 또는 방향과 우리 청각 기관을 이어주는 선을 따라 움직인다.

어떤 소리에 놀라는 경우에 우리는 생각지 않게 그쪽으로 눈을 돌린다. 그러나 이것은 정념적인 반응이고 의식적으로 무엇을 듣고 구별하는 동작은 반드시 앞에 말한 집중선에 따라 움직이는 것이다.

다음은 지구적(持久的)인 동작의 연습이다.

여기서 지구적인 동작이라 하는 것은 집중선을 따라 움직이는 경우, 이때의 저항에 이겨내지 않으면 안 되는 동작을 말한다. 결국, 무거운 물건을 들어 올리든가, 밀든가, 끌어당기든가 하는 동작이다. 그러나 이것은 정신적 저항을 무찌르는 동작, 이를테면, 간청이든가, 거부이든가, 절망 등의 동작에도 말할 수 있다.

이 같은 경우는 어느 내적인 지구력, 어느 추상적인 저항의 극복에 중점이 놓인다는 의미이다.

이 저항을 물리치고 집중선을 실현하기 위한 근육의 긴장, 합리적 손발의 움직이기, 힘주는 방법, 신체 무게 중심을 붙박는 법 등은 하나하나의 경우에 당해 충분하고 구체적인 연구가 있어야 한다.

그것은 각자의 연구에 맡기는 것으로 하고, 여기서는 간청, 거부, 절망의 몸짓, 설명을 하기로 한다.

간청의 몸짓은 어떤 무거운 것을 들어 올리는 동작과 공통한다. 간청이라는 것은 말하자면 자기의 무거운 소망을 그 실현의 키를 가지고 있는 사람이 앉아 있는 높은 데까지 가져다 올리는 것, 담당해 가져가는 것이다.

그러므로 그 몸짓은 문자대로 물건을 가져다 올리는 동작의 경우와 같이, 그 집중선의 출발점은 간청자의 양쪽 손 안의 본래 위치이고, 그 종말점은 간청 대상인 상대이다.

거부의 몸짓은 무엇인가를 밀어주는 방어 동작과 일치하고 있다. 따라서 이 경우도 집중선의 출발점은 거부자의 양손이고, 그 종말점은 거부자가 자기 안전을 담보하기 위해 꼭 확보해야 한다는 상상권 위의 일점이다

절망은 무엇인가를 내 소유로 하고 싶다는 충동이고, 그 몸짓은 절망의 대상을 자기 쪽으로 끌어당기고자 하는 동작을 상징하고 있다. 이 몸짓의 집중선은 역시 양손에서 출발, 가슴부위에서 끝난다고 생각된다.

이것은 마치 "이것은 내 것이다."고 하는 의미를 한 동작으로 표현하는 경우의 움직임과 같다. 그리고 이 가슴의 일 점은 "자기"라 하는 사실을 항상 상징하고, "자아 점"이라 부르고 있다.

그러므로 무엇인가를 자기 쪽으로 끌어 붙이려고 하려면, 먼저 그쪽에 손을 뻗지 않으면 안 된다. 하지만 이 첫 동작은 준비적인 성질의 것으로, 그 후, 끌어당기는 동작 중에 비로소 소유 충동의 본질이 나타나는 것이다.

이처럼 절망의 동작은 하나의 준비 운동과, 절망의 본질적인 것을 표현하는 운동으로 성립하는 것이고, 그 집중선은 우회로를 통해 종말점에 이른다는 뜻이다.

다음은 앞에서 말한 일정 속도를 필요로 하는 동작의 연습이다. 이 부류에 속하는 모든 몸짓과 동작은 모두 던져버리는 동작과 어느 정도의 유사성을 가지고 있다. 무엇인가를 잡고자 하고 쥐고자 하는 손은 그 대상을 향해 내던져지고 위협하는 주먹도 함께 높게 올라간다. 명령하는 자세에 앞서 손이나 머리의 움직임도 역시 내던지듯이 움직이지 않으면 안 된다.

이어서 조금 이 "명령"과 "포착"과 "협박"의 동작을 연구해 보기로 한다.

명령의 동작은 명령적으로 지시하는 일이다. 이 명령적 지시는 어떤 명령을 생생한 템포로 하는 경우와 같이 어떤 템포를 필요로 한다. "저쪽에 가라"든가, "이쪽에 오라"고 하는 명령은 방향을 가리키는 동작과 짝이 되지만, 이 자태 그 자체는 단지 명령 내용을 그 사람이 가야 할 방향을 표시할 뿐으로 그것이 명령임

배우의 연기수업

을 나타내는 것은 그 동작의 속도에 있다. 복종을 강요하는 동작의 강도에 있다.

또는 여기 따르는 얼굴 표정에 있다. 이 얼굴 표정 여하로 명령 지시의 템포가 어느 정도 이완돼 지는 경우도 있다.

포착이라는 것은 모든 맹수가 가지는 저 덤벼드는 동작인 것이다. 따라서 그것은 매우 투쟁적인 몸짓으로 투쟁 본능으로 돌려야 할 여러 가지 충동(소유욕, 잔인성, 자기 보존의 충동)은 모두 이 동작에 의해 표현된다. 그 응용 범위는 매우 광범위해서 "덤벼드는 일"은 인색한 사람이나 먹보나 살인자, 굶주린 사람 특유의 동작임과 동시에 의지처를 찾는 절망자나 놀란 인간의 특징적인 동작이기도 하다.

의지적 동작이라 함은 그것은 항상 무엇을 빨리 잡든가, 빼앗으려고 하는 의도와 연결되어 있다. 무엇인가 잡고자 하는 경우, 맹수는 먼저 잽싸게 먹이에 접근하려고 한다. 그렇다고 해서 붙잡는 일은 내던지는 동작을 전제로 할 필요는 없다는 등으로 말하는 결론을 내는 것은 잘못이다.

물론 주의 깊이 조용한 운동으로 준비하는 일도 있을 수 있지만 그러나 마침내 상대를 잡는 순간은 동작의 속도가 비약이나 투척의 동작이 무조건으로 필요한 것이다.

협박의 동작도 똑같이 투쟁적 성질을 갖는 것이다. 그리고 그것이 협박의 의도를 덧붙이기 위해 곧바로 달려들 듯한 기세를 상대에게 보이지 않으면 안 된다. 따라서 동작의 템포가 여기서도 불가결의 조건인 것이다.

실제 공격의 경우에 주먹이나 지팡이가 상대가 모르게 천천히 갑자기 태세를 갖추는 일도 있지만 이것은 협박의 경우 부적당한 것이다.

🎭 단순한 의지 동작의 연습

예제 1

- **물건에 손을 댄다**: 다리미의 열을 확인하기 위해, 손을 차게 하기 위해 얼음을, 아기의 열을 보기 위해 이마를, 애인의 볼을, 책상 나무의 굳기를 살피기 위해, 미끄러짐을 알아보기 위해 등.
- **물건을 집어 든다**: 사람에게 보이기 위해, 예의 바르게, 정중하게, 점잔 빼며, 물품에 흠 가지 않게, 떨어트리지 않게, 풀어내기 위해, 조사하기 위해, 먹기 위해, 감추기 위해.
- **앉는다**: 피곤해 쉬기 위해, 남에게 인사하기 위해, 책상에 앉아 책을 읽기 위해, 화로 불을 쬐기 위해, 차려진 식사를 먹기 위해, 향을 사르기 위해, 기분을 진정하기 위해, 배가 아파서 웅크리다 등.
- **잔다**: 수면을 취하기 위해, 잡지를 읽기 위해, 적으로부터 모습을 감추기 위해, 의사의 진찰을 받기 위해, 피곤해 쉬기 위해, 기절하다 등.
- **일어서다**: 인사를 하기 위해, 내걸기 위해, 물건을 보기 위해, 놀라서 뜻밖에 서다 등.
- **걷다**: 올바른 걸음걸이 아름다운 걸음걸이를 연습하기 위해,

하나하나의 움직임에 중심을 두는 식으로 의식하며 걷는다.

- 올바른 걸음걸이: 신체가 복사뼈에서 약간 앞으로 기울고, 바로 평형을 잃을 것 같은 순간에 대퇴부에서 가볍게 다리를 옮긴다. 결코 필요 이상으로 무릎을 똑바로 뻗든가 구부리든가 하면 안 된다. 발이 마루에 닿는 때는 거의 평면이다.

곧 걸을 때, 발 앞을 올리고 앞에서 발 뒤가 보이게 해서 안 된다. 처음 지면에 닿는 것은 발뒤꿈치이고, 중앙선에서 약간 바깥쪽이다. 그리고 몸이 앞으로 나감에 따라 몸의 무게가 앞발이 발바닥 장심(掌心)에 있을 때, 뒷발이 바닥을 떠난다. 앞으로 나아가면서 지면을 차는 듯한 기분으로 미묘한 압력을 엄지발가락으로 덧붙인다.

걸음은 직선상을 따라가지 않으면 안 된다. 양 발의 뒤꿈치 안쪽이 이 선에 붙이듯이 마음 갖는 일이 중요하다.

연인에게 오래간만에 찾아준 친우에게 뒹굴며 우는 아기에게 의외로 접근한다. 잔소리가 심한 윗사람 앞을 지나간다. 윗사람에게 물건을 빌리려 간다. 성 내고 누구인가를 꾸짖기 위해 간다. 사람을 놀래 주려고, 물건을 훔치려고, 남이 눈치 채지 못하게 몰래 걷는다. 반들반들해 미끄러지기 쉬운 마루 위나 얼음 위를, 높고 좁은 발판 위를, 달그락달그락 흔들리는 중고 승합차나 배 위를 넘어지지 않게 걷는다. 무엇을 생각하며 걷는다. 책을 읽으면서 주위 경치에 푹 빠지며 수다를 떨며 걷는다. 길 잃은 아이를, 분실한 지갑을 찾으며 걷는다.

그밖에 여러 가지 경우를 가정해 보고 듣고 냄새 맡고 등 의지적 동작을 연습해 본다.

예제 2

각각 여러 가지 모양의 국면, 여러 가지 동기를 스스로 생각해 내고 그 전제 하에 무거운 물건을 들어 올린다. 밀어준다. 잡아당긴다. 무엇인가 간청한다. 거부한다. 갈망한다. 등의 의지적 동작을 연습해 본다.

예제 3

같은 모양으로 내 던진다. 잡는다. 멈추도록 한다. 협박한다. 명령한다 등의 의지적 동작의 여러 가지 장면을 연습해 본다.

예제 4

같은 모양으로 여러 가지 육체적 정신적 작업, 수를 센다. 꿰맨다. 스웨터를 짠다. 글을 쓴다. 글을 읽는다. 무엇을 운반한다. 두드리다. 자르다. 살피다. 먹는다. 마신다. 담배 태우다. 싸우다 등을 연습한다.

작업에 대한 좋고 싫음, 열의, 숙련, 피로의 정도, 그 작업이 이루어지는 국면이 명확히 표시되지 않으면 안 된다.

3) 의지적 동작과 정념적 동작, 사고(思考)와 정념(情念)

살아있는 동작의 흐름이라는 것은 충동적 동작과 조정된 동작, 정념적 동작과 조정된 동작의 복잡하기 그지없는 혼합, 교착(交錯)에 의해 이루어지고 있다. 그리고 이 정념적 동작과 의지적 동작이 또 인간의 정서적 내지 이지적 내지 내면적 과정의 동적인 발전 모습을 반영하고, 각각 특유한 시간적 형상을 가지고 있고, 그것들이 서로 밀어내고, 중첩되고, 표면에 뜨든가 속으로 잠기든가 해서 눈에 보이고 귀에 들리는 동작이나 말의 복잡하기 이를 데 없는 흐름을 구성하고 있는 것이다.

때로 의지적 동작의 선이 겉으로 나타나고, 이 흐름을 어느 공통의 목표로 이끌어 가고자 노력하지만 결코 중단 없이 계속 이어갈 수 없다. 그것은 대개 도막도막 파국이 되고 만다. 정념의 망동이 질서 세우고 질서화하겠다는 의지 기능을 방해하고 의지 동작의 선을 절단해 버리기 때문이다.

의지적 동작이든 정념적 동작이든 결국 인간의 본능이라는 공통의 기반 위에 서 있어 그러기 때문에 항상 손을 서로 맞잡고 있다는 의미이지만 그 추구하는 목표는 반드시 공통적이지 않다.

의지적 동작이 인간의 충동을 만족시키기 위해 일정 목표를 설정하고 그 실현에 한 걸음 한 걸음 나아가려 노력하는 반면, 정념적 동작은 그 찰나 찰나의 표출 충동 그대로 단지 움직이기 위해 움직이는데 불과하다.

우리 의지와 사고는 이 정념의 맹동(盲動)을 억제하고, 견제해서, 최종 목적 실현을 위해 '집중선' 위에 돌려놓고자 하는 필사적 노력이 잘못이다. 때로 정념의 힘에 압도되고, 자기 의도를 전혀 방기(放棄)할 수밖에 없는 사태에 몰리는 경우도 있다.

또 가령, 의지 및 사고의 작용이 정념의 힘을 억제하고 중단시키는 일이 가능하다 해도 그 근본 원인이 극복되지 않는 한, 곧바로 또 머리를 들어 올린다.

앞에 말한 것처럼 이 경우, 억제는 다만 정념의 신체적 표출을 방해했다고 하는 것만으로 그것을 완전히 구축했다고 하는 뜻이 아니기 때문이다. 표출을 막고 의식에 몰아넣음으로써 정념의 충동력은 더욱 강화된다.

그리고 언제인가 또, 의식의 표면에 그 모습을 나타내고 우리 행동을 전면적으로 지배하게 되는 것이다.

여기서 나는 사고와 정념의 일반적 관계에 대해 말할까 한다. 우리의 사고 기능이라는 것은 지각이 각 방면에서 우리 마음속으로 몰려온 여러 가지 자료를 분류하고 조합하고 정리해 놓는 작업이다.

그리고 이런 사고 과정 끝에 그 결론으로 도출되는 것이 우리 판단이고, 또 이렇게 정리된, 또는 정리되지 않은 채의 자료를 우리 마음에 기록하고, 또 필요에 따라 이것을 내고 넣는 것이 우리 기억의 기능이다.

그리고 이런 사항이 우리 '이지(理智)'세계를 만들어 나가는 것이지만 우리 마음속에 더 특별한 지혜가 있음이다.

이 지혜는 우리 잠재의식 속에 작용하고 있어 흔히 직관이라 부른다. 이 직관은 의식적인 사고에 따라 만들어지는 것이 아니고 우리 의식에 미치지 않는 하(下) 의식의 세계에서 자연 발생적으로 이루어지고, 어느 날 갑자기 우리 의식 속에 나타나, "이것은 이런 것으로 그밖에 아무것도 아닌 것이다"고 말한다.

사물에 대해 움직일 수 없는 확신이나 전체적 통찰을 거기 심어 놓는 것이다. 직관의 특징은 이처럼 사물을 전체로서 그 각 부분의 상호 관계를 파악함과 동시에 그것을 하나의 통일적인 전체로서 들여다볼 수 있는 점에 있다. 또 직관은 우리의 사고가 우리 마음 한 쪽에 정리되지 않은 상태로 놓여있고, 그리고 우리 의식이 모두 잊혀 져 버린 것의, 또 조금이나마 명료하게 의식되지 않았던 것, 이 같은 뿔뿔이 흩어진 재료로 조립될 때도 있다.

그것들이 한 개로 얽힌 새로운 직접적인 지식으로서 갑자기 우리 의식의 겉으로 나타나는 것이다.

그러므로 이 같은 사고, 기억, 판단, 의지 등이 모두 정념의 발전 과정과 밀접하게 연결되어 있다. 상상이 정서의 강약 계열이나 복합 계열의 형성에 중요 역할을 갖는다는 점에 대해 이미 말한 바 있다. 그러나 상상 만이 아니라 우리 전체 표상 생활이 정념의 가공에 직면 중요한 작용을 한다. 그것이 정념으로 돌리고, 그 형태에 영향을 미치는 것이다.

먼저 우리가 어떤 정념을 명확히 의식한다는 것부터 벌써 우리 표상의 작용인 것이다. 이 사고의 작용에 따라 어떤 감각적인 인상과 이에 대한 정념적 반응 사이에 구별이 생기고, 정념적 반응이라는 것이 어떤 독립성을 차지하는 것이다.

동시에 우리 정념을 불러오는 대상이 우리 판단에 따라 충분히 측정 음미된 후에 정념의 2차적 반응의 형태가 결정되는 것이다. 그리고 복잡한 정념적 경험 속에는 반드시 어떤 사고의 흐름이 더해지고 이것이 그 정념을 채색해서 다양한 모습을 보이는 것이다.

또 일반적으로 쾌적한 감정 정서가 일어나면 사고 능력이 풍부해지고 불쾌한 정서 경험 때에는 사고 능력이 빈약해진다. 가령, 유쾌한 때는 능변이 되고 불유쾌한 때는 입을 닫는다고 하는 경향도 있다.

이래서 사고도 정념도 역시 극히 불가분리의 관계를 가지고 어떤 사고가 주가 되어 이에 따라 정념이 경험되는 경우도 있고, 어떤 정서, 어떤 기분에서 출발해 여러 가지 사고가 떠오르는 경우도 있고, 양손이 손을 마주 잡고 우리 정신생활의 일면을 장식한다는 뜻이다.

4. 동작의 흐름과 그 뒷받침

어떻든 간에 살아있는 동작이라는 것은 이처럼 복잡한 모습을 가지고 있는 것이다. 앞에서 말해 온 사실은 동작에 관한 매우 대략적인 정말로 출입구 정도의 지식에 지나지 않는다. 또 여러 가지 생리적 조건이나 성격, 교양, 습관이나 생활환경 등의 영향이 이에 덧붙여짐으로써 우리 생활 동작이라 하는 것도 구체적인 모습을 처음으로 보이는 것이다.

그리고 살아있는 동작의 이 복잡한 모습, 그 다양한 변화의 저쪽에는 사람 마음의 동적인 발전의 모습이 감춰져 있는 것이다. 사고, 의지, 정념의 혼합이나 교류가 실로 짜여 무늬를 만든다.

배우의 연기수업

우리 내적 경험의 쉴 새 없고 끊임없는 흐름이 있고, 그 하나 하나의 사고 내지 정서가 다시 몇 개의 파동, 독자의 진동을 가진 여러 요소의 혼합, 교착에 따라 모양이 만들어지는 것이다.

1) '변이(變移)'라 하는 것

생생한 동작의 흐름을 낳고 사람 마음의 동적 발전의 모습, 시시각각으로 변해 옮겨져 가는 양상을 저자는 잠정적으로 변이라 부르기로 한다. 몸짓과 표정술이 사람의 사상 감정을 몸동작을 통해 바르게 표현할 수 있게 하기 위해 작가가 주는 대사나 동작 지시 가운데서 이 변이를 정확히 포착할 것, 그것을 명료하게 간파하고 이에 공감할 수 있는 것이 첫째 조건이다.

여기 사람 마음의 작용이나 그 신체적 표현에 대한 기초 지식이나 자기 성찰 그리고 일상적 관찰이 필요한 것은 물론이지만 그 같은 지식을 참되게 살리고 인간의 사상 감정의 미묘한 변이에 세심하게 공감하고 반응할 수 있기까지 가장 중요한 것은 상상력 및 집중력의 기능이다.

그 같은 힘으로 자기 자신을 그 가정(假定)의 경우에 적응할 수 있어야 한다.

물론 이 변이는 단순한 것도 있지만 복잡한 것도 있다. 큰 것, 작은 것, 느린 것, 빠른 것, 완전한 것, 불완전한 것, 그리고 이에 적응하는 신체적 변화도 매우 다종다양하다.

그것은 호흡이나 맥박의 미묘한 변화, 몸 떨림 정도의 움직임도 있고, 무대 전체를 뛰어다니는 큰 동작의 경우도 있다.

하지만 그 같은 외형을 면밀히 검토하고 이것을 흉내 내는 것만으로 사람 마음의 미묘한 움직임을 표현하는 일은 도저히 상상할 수 없다. 그 가정의 경우에 스스로 들어가 그 떨림을 자기 마음으로 체험하는 길 외에 다른 방법은 없다.

특히 희곡 가운데는 실생활보다 더 많은 변이가 있다. 왜냐하면, 상연 시간에 제한이 있고, 등장인물의 마음의 비밀을 아는데 필요한 사상 및 감정의 변이를 매우 짧은 이 시간 내로 압축해 볼 만한 것으로 남김없이 느끼게 해 주는 일이 작자의 작업이고, 배우도 역시 이 한정된 시간 안에 많은 사고 및 정념을 체험하고 표현하지 않으면 안 된다.

실생활에서는 한 가지 사실을 혼자서 하루 종일 골똘히 생각하고, 몇 시간씩이나 계속 싸우는 경우도 있지만, 무대 위에서는 그런 장면은 수 분간 내에 결말 내지 않으면 안 된다.

또 무대에서는 마음가짐의 변이, 동시에 신체 운동의 변이는 실생활보다 훨씬 정확하고 명료하게 나타내 보이지 않으면 안 된다. 관객의 머리에 혼란을 일으키면 곤란하기 때문이다.

이 변이를 무대의 악조건 속에서 명확하고 정확히 표현하고 그 선명한 음색을 무대 전체로 울리게 하는데 사상 및 감정의 미묘한 변이에 곧바로 반응하고, 잘 훈련되고, 잘 균형 잡힌 육체가 필요한 일은 자주 강조한 터이다.

이와 동시에 변이의 정확한 표현을 위해 특히 주의해야 할 것은 변이 직전에 반드시 놀라움이라는 기본적 감정이 나타난다는 사실이다. 앞서 말한 것처럼 놀라움이라는 것은 우리 의식상에 나타나는 모든 불의의 변화에 대한 가장 민감한 지진계(地震計)이므로 그것이 모든 새로운 상념의 전조(前兆) 역할을 하고, 여기까지 마음가짐의 흐름을 막아 그 방향을 바꾸든가, 또 어떤 감정적 떨림을 불러일으키든가 하는 것이다.

이에 따라 상념과 상념, 정서와 정서 사이에 명료한 구분을 할 수가 있어 변이가 명확히 표현되는 것이다.

그렇다고 해서 놀라움이 독립한 정서로서 명료하게 눈에 띄는 형태로 여기 나타난다는 의미는 아니다. 그것은 다만 차례대로 옮겨 바뀌어 가는 마음가짐의 단락을 묶어 일종의 연결 고리로 감정의 물결을 변화시키는 순간적 섬광(閃光)으로 나타날 뿐이다.

따라서 그것은 결코 연극의 낱알을 세우기 위한 외면적 기교로서 사용할 수 있는 것은 아니다. 그것은 오히려 배우에게, 만들어진 역을 단지 기계적으로 반복할 뿐만 아니라, "연극은 잘 기억하고, 첫날은 잊으면 안 된다." 하는 가르침을 굳게 지키고, 하루하루 새로운 감동을 가지고 배역을 연기할 것, 상대의 대사나 동작에, 또 자기가 연기하는 배역의 마음에 떠오르는 여러 가지 상념에 항상 새롭고 소박한 놀라움을 가지고 반응할 것을 요구하는 것이다.

사람은 성인이 되어감에 따라서 자칫하면 자연 및 인생에 대한 소박한 놀라움을 자기 마음속에 눌러 버린다. 아이의 표정을 그처럼 생생하게 만드는 순진한 호기심이나 놀라움을, 시시한 예의나 아는 척 하기 위해 내리 누른다.

그러나 배우는 결코 이 소박한 놀라움을 잊어버리면 안 된다. 그것만이 모든 미묘한 변이에 명확한 표현을 주는 가장 중요한 자산이기 때문이다.

단순한 변이(變移)의 연습

예제 1

변이의 가장 간단한 형태는 우리 오감을 통해 들어온 새 자극에 대한 반응인 것이다. 가령, 다음 사실을 불의에 자각했다고 가정하고, 이에 대한 반응을 보이라.

번개의 불빛을 본 경우(시각). 누군가의 외침을 듣고(청각) 뜨거운 스토브에 닿아 화상을 당한 경우. 술인 줄 알고 듬뿍 마셨는데 식초였던 경우(미각). 어떤 타는 냄새를 맡은 경우(후각).

그밖에 '놀라움'의 연습에 쓰인 모든 예제가 이 경우에도 도움이 될 것이다.

예제 2

뜰에 나가 아름다운 장미를 본다(무관심 - 놀라움 - 기쁨으로의 변형). 또 뒤돌아보니 한쪽에 무궁화 꽃이 핀 지면을 발견한다(놀라움, 또는 큰 발견의 기쁨). 새 소리가 들린다(새로운 발견의 놀라움). 복숭아가 열린 나무를 발견한다. 접근해서 복숭아를 한 개 딴다. 맛을 보니

배우의 연기수업

그것이 덜 익어 전혀 맛이 없음을 안다(먼저 미각에 의한 즐거움을 기대하고 갖는 기쁨 - 놀라움 - 복숭아가 시어서 맛없음에 대한 불쾌감).

예제 3

편지를 쓰고자 책상에 앉아 종이를 꺼낸다. 펜을 들고 쓰기 시작한다. 펜이 쓰기 어려워 틀렸다. (이것은 틀렸다) 하고, 펜을 놓는다. 다른 펜을 잡는다. 하나를 뽑아 써 본다. 이것도 틀렸다(애태움), 펜을 놓고 또 다른 것을 잡는다. 이것이면 꼭 좋을 것이다. 또 쓰기 시작하지만, 역시 틀렸다. 펜을 빼서 던져 버린다(짜증). 이를 몇 차례 반복하고, 놀라움 - 애태움 - 화를 냄, 점점 성남을 늘려가는 변이를 보인다.

예제 4

신문지를 들고 읽어 나간다. 먼저 재미있는 단편을 읽는다. 처음은 미소, 끝내는 배를 잡고 웃는다. 더욱 더 웃어가며 페이지를 넘기자, 친구 별세의 부음(訃音)이 눈에 띈다. 뛸 듯이 놀라고 비탄에 빠진다.

예제 5

누구인지 모르는 사람과 같이 있는 친구를 만났다고 가정한다. 먼저 그 친구와 인사(아마 동반자를 주목하며). 그리고 동반자를 소개 받는다. 그 사람과 새삼스럽게 인사.
새로 입사한 회사에서 몇몇 사원에게 자기를 소개한다. 상대의 나이, 지위, 인품에 따라 여러 모의 다른 반응, 다른 방식으로 인사 방식이 있다는 의미이다. 최후에 사장에게 인사한다.

파티에 초대받아 먼저 온 여러 사람에게 인사한다. 어느 인사에게도 관심과 친밀감을 가지되 더욱 모르는 사람과 아는 사람의 구별이 분명히 나뉘지 않으면 안 된다.

아이들이 놀고 있다. 잘못 해서 장난감을 망가트렸다. 어른이 아이를 때린다. 이 광경을 보고 당신은 심히 성을 내고 그 어른을 꾸짖는다. "여보시오! 무엇 하는 거예요. 아이가 아니예요!" 그리고 아이에게 접근, 두 팔로 안고 "착한 아이지, 착한 아이지, 울면 안 돼!" 하고 말하며 그 기분을 나타낸다.

2) '뒷받침'이라는 것

저자가 여기서 뒷받침이라 하는 것은 우리가 무대에서 연기하고자 하는 동작이나 언어의 목적 및 동기, 그 뒤에 가려진 마음의 움직임을 찾아내고 그것을 자기 마음에 새기고 동감하는 일이다.

앞에서부터 반복해 강조해 온 것처럼 동작 및 표정술은 어떤 아름다움 내지는 희귀한 외적 동작을 무대에서 해 보이는 것은 아니다. 우리가 무대에서 행하는 연기는 항상 인간의 사상 및 감정의 표현이 아니면 안 된다.

무대에서는 목표 없이 처소를 바꾸든가, 목표 없이 손발을 움직이든가, 다만 산만하게 얼굴을 비뚤어지게 하는 일은 없다. 우리의 연기는 항상 어떤 목적을 가지고 있는 것이다. 또 무대에서는 무심코 질투하든가, 무심코 화를 내든가, 무심코 구애하는 일은 없다. 우리 연극은 항상 이에 앞서는 어떤 일의 필연적 결과이고, 항상 그 내적 동기를 가지고 있다.

그리고 모든 경우, 내적으로 조리가 서고 수미(首尾)가 일관해 있지 않으면 안 된다. 그 연기를 행하는 인간의 성질이나 생활이나 그를 행할 때의 마음가짐이 명료하게 그 동작 가운데 나타나 있지 않으면 안 된다.

무대의 연극이 참으로 진실성을 가지고 관객의 감동을 불러 일으키는 것은 다만 이런 내적 뒷받침의 덕택인 것이다.

무대라는 가공의 현실, 우리를 에워싸고 있는 그림으로 그린 숲이나 집이나 목장, 우리 손으로 잡게 한 물건이나 칼, 꽃이나 기구, 우리 몸에 붙이는 거짓 갑옷이나 투구나 가발이 우리에게 대해서도 관객에게 대해서도 진실성을 가지게 되는 것은 오로지 거기서 움직이고 그것을 손에 잡고 그것을 몸에 걸친 우리 동작의 내적 뒷받침의 진실성이라는 것이 걸려 있는 것이다.

이 내적 뒷받침이야말로 진실하다면 우리는 주먹으로 사람을 때려누이든가, 촛대로 사람을 쳐 숨지게 하는 일도 가능한 것이다.

우리가 동작으로 뒷받침하는 경우, 먼저 다음과 같은 질문을 던지지 않으면 안 된다.

그 동작은 누가 하는가?
어떤 상황 하에서 그 동작은 행해지는가?
무엇 때문에 어떤 동기로 그 동작은 행해지는가?

이 물음에 대한 답조차 바르게 주어지고, 이 "주어진 경우"에 연기자가 진정으로 실감할 수가 있다고 하면, 그 동작이 눈으로 보이고 귀로 들리는 모양은 자연스럽게 생기는 것이다.

먼저 "누가 하는가?" 하는 질문에 대한 대답으로서, 그 동작을 하는 사람의 성별, 나이, 성질, 풍채, 성장 과정, 교육 정도, 직업, 사회적 지위, 취미, 생활습관, 그가 생존한 시대의 특징 등이 뚜렷이 규정되지 않으면 안 된다.

"어떤 상황에서 행해지는가?" 하는 물음에 대해서 그 동작을 행할 때의 그 인간의 심리 상태, 그 동작이 행해지는 장소, 그 주위의 상황, 그 일시, 계절, 기상, 사회적 분위기 등에 대한 뚜렷한 답이 주어지지 않으면 안 된다. 또 이 동작의 전후 관계, 결국 이 동작이 전체 행동의 어떤 고리를 만들어 나가는가 하는 대답도 여기서 준비되지 않으면 안 된다.

"무엇 때문에, 어떤 목적으로" 하는 질문에 대한 대답으로서 이 동작의 직접의 목적, 또는 이 동작을 불러일으킨 직접 원인이 분명하지 않으면 안 된다. 이 질문에 대한 대답 가운데 이 동작이 전체 행동의 어떤 고리를 형성하고 있는가 하는 것이 여기서 다시 구체적으로 대답할 수 있어야 한다는 뜻이다.

먼저 간단한 예를 들어 이것을 생각해 본다. 먼저 "돈을 센다"고 하는 한 동작부터 해서 그 일을 하는 인물, 그것이 행해지는 상황, 그것을 행하는 목적이나 동기에 따라 여러 가지 형태, 여러 가지 방식으로 행해지게 되는 것이다.

첫째는 돈을 모아 저축하고, 돈 세는 일을 인생 유일의 낙으로 삼는 수전노가, 심야, 그밖에 아무도 없는 자기 방에서, 돈을 세며 즐기기 위해 돈을 세는 경우. (동작에 따르는 상념의 뒷받침: 모두 잠에 들었기 때문에 아주 좋다. 음음음, 돈이라는 놈은 언제 만져 보아도 기분이 좋다!)

둘째는, 푹 빠진 여자의 환심을 사고자 정신없는 젊은 남자가, 그 여자를 방문하고자 할 때, 번화가에 있는 어느 귀금속상 쇼윈도에서 여자가 기뻐할 반지를 찾아보고, 이것이면 충분할까 어떠할까를 따지기 위해 돈을 세어보는 경우, (동작에 따르는 상념의 뒷받침—저 반지라면 매우 좋아할 것이 틀림없다—좋아하면 좋을 텐데……).

셋째는, 어제부터 식사가 변변치 않은 가난한 남자가 하루 종일 일을 찾았지만 소용이 닿지 않아 피로에 지쳐 집으로 돌아가는 도중, 간이식당 간판을 보고 갑자기 견딜 수가 없어 내가 가진 돈을 여기서 세어 보아도 좋을까 하며 돈을 세어 본다.(동작에 따르는 상념의 뒷받침, 더 참을 수 없다. 하지만, 이제 얼마나 남을 것인가, 지금 여기서 써 버리면 내일부터 어떻게 한담……)

이것은 매우 대충 하는 해답에 지나지 않지만 상상력 및 추리를 작용해 앞의 의문에 좀더 세밀하게 좀더 철저하게 답하면 할수록 그 만큼 각각의 동작이 구체적 형태로 점차 뚜렷이 이미지로 떠오르게 된다.

하지만 동작의 참된 뒷받침을 하려면 그렇게 해서 그 인물이나, 그 상황이나, 그 동작의 자세한 이미지를 자기 몸 밖으로 객관적으로 그려 내는 일은 아직 부족하다. "상상의 연습" 항목에서 말한 것처럼 "만약"이란 작용에 따라 자기를 그 인물로 가정하고, 그 "주어진 경우" 가운데로 자기를 놓고, 그 목적 내지 동기를 자기 것으로 느낄 수 있도록 되지 않으면 동작 본래의 뒷받침은 불가능하다.

이래서 "주어진 경우" 속으로 우리 자신이 머물러 있음으로써 그 상황이 점차 줄어들고 그 목적 및 동기가 드디어 흔들림 없이 우리 소유가 되고, 마침내 절실하게 우리 마음을 들쑤시고 그리고 그때 비로소 자연스럽게 가장 진실하고, 가장 필연적인 상념 및 동작이 생기게 되는 것이다.

저자가 여기서 뒷받침이라 부르는 일은 세간에서 흔히 말하는 '해석'과는 거의 인연이 먼 것이다. 배역 동작의 뒷받침이라는 것은 사회학, 심리학, 생리학, 역사학, 고고학의 참고문헌을 산처럼 쌓아 놓고 그 공식에 기초를 두고 희곡의 시대적 배경을 밝히고, 작중 인물의 세계관의 분석이나 계급성의 지적을 시도하고, 성격 해부 및 정신 분석을 하는 것은 아니다.

그런 방식으로 배역에서 무미건조한 논문을 작성, 연구실의 정리 추출 속으로 빠져 드는 것, 시시한 것들을 한데 뭉쳐 박제해서 표본실 테이블 위에 올려놓는 일은 아닌 것이다

동작을 뒷받침한다는 것은 우리가 그 동작을 하는 인물의 마음을 내 것으로 하고, 그 경우의 속에 자기를 놓고 그 인물과 같은 기분으로 동작의 목적을 추구하고, 그 동기를 나누어 갖는 것이다.

> **예제 1**
>
> 다음의 여러 가지 동작이나 대사의 뒷받침을 해서 이때 생기는 동작의 방식, 이에 따르는 상념(想念)의 차이를 표현한다. 이 경우, 인물은 당신 자신이라고 생각해도 좋다.

동작의 뒷받침

테이블을 주먹으로 친다: 참석자에게 정숙을 요구하기 위해. 테이블의 견고성을 확인하기 위해. 테이블에 의지해서 선잠 자는 친구를 깨우기 위해. 짜증이 난 때문에.

남의 어깨를 친다: 주의를 주기 위해. 위협하기 위해. 위로하기 위해. 사랑의 정을 보이기 위해. 여러 가지 경우, 여러 상대를 가정해 방식을 바꾼다.

사람의 손을 잡는다: 인사하기 위해. 감사의 뜻을 표하기 위해. 애정의 발로로. 상대를 만류하기 위해. 소매치기를 잡기 위해.

사람에게 다가선다: 인사를 위해. 꾸짖기 위해. 물건을 주기 위해. 남에게 물건을 빌리기 위해. 사람을 위로하기 위해. 사람을 잡기 위해.

의자에 한 사람이 앉아 있다: 피로에 지쳐 쉬는 경우. 무엇인가를 몽상하고 있는 경우. 어려운 문제를 풀려고 하는 경우. 사람을 기다리고 있는 경우. 일어나서 밖에 나가고자 하지만 아버지의 눈빛이 뜻밖에 빛나는 경우.

대사의 뒷받침

"에에 좋아요" 하고, 대답한다: 상대가 참으로 좋아하는 경우. 실은 상대를 경멸하고 있지만 도리 없이. 별로 좋아하지 않지만 상대가 나를 좋아하는 것은 왠지 기쁘다. 상대 질문이 "고양이 좋아해요?" 또는 "영화 좋아해요?" 하는 경우. 자기에게 빠진 사람이 달리 누군가를 좋아하지 않느냐고 물어온 경우.

"이쪽으로 오세요"라고 말한다: 아름다운 일몰의 광경을 보고 친구들에게 보여주자고 생각하는 경우.

아이를 부를 경우: 과자를 주기 위해. 위험한 쪽으로 걸어가는 것을 말리기 위해. 넘어져 우는 아이를 어서 일어나라고 말하는 의미로. 사람을 어느 장소로 안내하는 경우. 사람을 꾸짖기 위해 부르는 경우.

"그럼 내일 또" 하고 말한다: 두 사람 친구가 헤어질 때 말하는 경우. 두 사람 상인이 거래를 중단하고 말하는 경우. 사랑하는 연인이 헤어지기를 말하는 경우. 밤늦게 들어온 자식을 자지 않고 기다리던 아버지가 일단 나무라고 나서 내일 아침에 또 꾸짖겠다고 하는 경우. 멀리 학교에 간 딸이 내일 귀가한다고 말하는 장거리 전화를 건 엄마가 전화를 끊으며 하는 말의 경우.

그밖에 여러 가지 간단한 동작이나 짧은 어구를 꺼내 그 뒷받침을 해 보라.

3) 목표, 분할, 단위

이상은 간단한 동작이나 언어의 뒷받침에 대해 말했지만, 좀 더 긴 장면, 막(幕) 전체, 희곡 전체를 통한 등장인물의 행동의 뒷받침에 대해서도 대체로 같은 것을 말할 수 있다고 생각한다.

이 경우도 역시 단지 '누가, 언제, 어디서, 무엇 때문에, 어떤 동기로' 하는 질문을 집요하게 다그쳐 물어가며 행동의 형태도 이에 수반하는 사고 및 정념도 자연스럽게 생겨나게 되는 것이다.

어느 정도 어떤 기분이 되어 보자: 화를 내고, 두려워하고, 괴롭고, 기뻐하고 싶어도, 결코 되어지는 것이 아니다. 중요한 것은 우리를 자연스럽게 화나게 하고, 두려워하게 하고, 슬프게 하고, 괴롭게 하고, 기쁘게 할 것 같은 경우로 자신을 밀어 넣는 일이다.

그렇게 말하는 경우를, 창작적 상상력을 충분히 움직여 의식적으로 만들어내는 일이다. 감정 및 정서는 그때 자연스럽게 생겨나게 될 것이다.

그리고 긴 장면의 뒷받침에 당해 특히 주의할 것은 이 장면 전체의 맥락이다. 하나하나의 동작이 정확해야 할 뿐 아니라, 그것이 전체의 일부로서 움직일 수 없는 정확한 장소에 놓이고, 그것이 그 전후의 동작과 필연적인 관계를 유지하고, 올바른 균형을 유지할 수 있을 것, 이 장면 전체 흐름의 한 물결로 바른 힘, 속도, 크기를 가지고 있어야 한다고 할 것이다.

여기에는 이 장면, 이 막, 또 이 희곡 전체를 통해 그 인물이 추구해 가는 '최종 목표', 그 목표를 생기게 한 이 인물의 내적 충동, 이 목표에 대한 열의와 욕구라 하는 것이 먼저 명료하게 포착되지 않으면 안 된다.

그것이 이 국면에서 그 인물의 모든 행동의 진로를 보여주고, 그것들을 하나로 정리해 가기 때문이다. 이 장면의 여러 가지 동작은 이 최종 목표에 도달하기 위한 수단이요 과정인 것이다. 앞서 의지적 동작 항목에서 말한 것처럼 이 최종 목표에 이르기 위해 그 과정으로서 여러 가지 작은 목표가 차례로 세워지고, 순서대로 그것을 정복해 나가는 것이다.

그 과정에 있어 여러 가지 장애에 부딪히든가 그것을 잘 극복해 나감으로써 그때그때의 정서가 생기게 되는 것이다.

물론, 이 최종 목표는 단번에 도달할 수 있는 것이 아니다. 특히 연극의 재미라고 하는 것은 이 최종 목표에 다다르기 위한 파란곡절의 재미인 것이다. 따라서 우리는 희곡 전체의 진행을 몇개 단락으로 분할하지 않으면 안 된다.

먼저 최종 역에 이르기 위해 아무래도 열차를 바꿔 타야 할 큰 역들을 연구하고, 다음에 한 선에서 신문 및 도시락을 사야 할 주된 정차 역을 조사하고, 또 그 사이 달리는 열차 속에서 일어날지도 모르는 일을 생각한다는 식으로 큰 단위에서 작은 단위로 세밀하게 분할해 갈 필요가 있다

이 분할의 기술은 간단하다. 먼저 "이 희곡의 핵심, 그것이 없다면 이 각본이 성립되지 않는 것은 무엇일까" 하는 것을 생각하

배우의 연기수업

고, 여기서부터 희곡의 급소와 급소를 밟아 나간다. 그리고 희곡을 먼저 큰 삽화(揷話)로 분할한다.

다음에, 이 큰 단위의 하나하나의 본질적인 내용을 끌어내고, 그 목표를 정한다. 이에 따라 희곡의 대체적인 골격이 만들어진다. 다음에 같은 방식으로 이 큰 단위를 중 단위로 나눈다. 또 같은 절차로 이것을 작은 단위로 쪼개 나간다. 그래도 또 단조롭다고 하면 좀더 세밀하게 나누어 나간다.

하지만 이렇게 작은 단위로 만들어 나가는 것은 관객이 "너무 지루하다"고 할 정도로 잔재주를 만들어 내기 위함이 아니다. 이 세밀한 디테일 가운데 잠겨 있는 그 사람의 본심, 감춰진 동기를 찾아내기 위함일 뿐 아니라, 그 가운데 있는 작자의 창조 의도를 찾아내기 위함이다.

세밀하게 분할해 갈수록 배역의 본질이나 희곡의 주제가 분명해져 가는 것이다. 개개의 단위는 전체의 유기적인 한 부분이고, 그것 없이는 그 전체가 성립될 수 없는 중요한 요소이다. '잔재주'로 관객을 기쁘게 하려는 배우나, '신 해석'에 따라 관객을 기쁘게 하려는 배우나, '신 해석'을 가지고 관객의 간담을 서늘하게 하려는 연출자가 흔히 하듯이, 각본과 유기적 관계가 없는 단위이든가 밖에서 가져온 목표를 희곡에 밀어 넣는 일은 잘못인 것이다.

왜냐하면, 희곡이라는 것은 예술인 한, 항상 한 개 전체의 뭉치를 가지고 시종 일관된 흐름을 만들어 나가지 않으면 안 되기 때문이다.

분할은 방편인 것이다. 배역의 행동을 세밀하게 쪼개 나가는 것은 그것을 또 하나의 전체로 조립하기 위한 준비에 지나지 않는다. 세밀한 디테일에 유혹 받고, 전체를 관통하는 최종 목표, 근본적 충동력을 상실하면 안 된다. 빈틈없이 손을 보고 전체 구석까지 그 인물의 성격이나 작자의 의도를 넘치게 함과 동시에 이에 따라 옆길로 나가든가, 평판으로 흐르지 않도록 희곡이나 그 가운데 각 성격의 크나큰 넘실거림을, 크나큰 테두리를 살려 나가지 않으면 안 된다.

이 문제에 대해서는 '역의 창조' 항목에서 다시 한 번 상세히 다룰 예정이지만 몸짓과 표정 연습으로서, 어떤 작은 장면을 연출하는 경우에도 항상 이 점을 주의하지 않으면 안 된다.

이렇게 해서 어느 장면의 행동을 최종 목표를 향해 나아가는 몇몇 단위로 분할해 나갈 때, 중요한 것은 그 각 단계에 있어 의지적 요소와 정념적 요소의 어느 것이 지배적인가를 찾아보는 것이다.

물론 인간의 행동을 의지적 단계와 정념적 단계로 확실히 구별할 수 없다. 하지만 의식적인 목표에 대해 자기를 집중하고 조정하며 나아가는 선(線)과, 정념의 맹목적인 움직임에 따라 여기서 벗어나려는 선(線)을 명료하게 구분하고, 이를 명확히 조립해 나가는 일은 사람 속으로 잠겨 드는 드라마를 표현하는 데에는 매우 중요한 것이다

다음으로 2개의 예를 들어, 이것을 당신들에게 연기해 보라고 하면서 이 의지적 계기와 정념적 계기를 혼합하고 교착(交錯)하는

　　　　　　　　　　　　　　　배우의 연기수업

뒷받침을 연구하고자 한다.

예제 "인동(忍冬)".

팔베개를 하고, 한 소녀가 풀밭에 누워 꿈꾸듯이 한곳을 바라보고 있다. 소녀는 여러 가지 풀이랑 꽃향기 넘치는 공기를 가슴 가득 들이마신다. 이 여러 가지 향기 가운데 어느 하나의 특별한 향기가 있다. 그 향기가 소녀의 몽상(夢想)을 끌어 낸다.

소녀는 몸을 일으켜 주의 깊게 기분 좋은 듯이 그 특별한 향기를 맡는다. 찾아낼 듯이 주위를 둘러본다. 자기를 홀리는 향이 어디에서 오는가 하고 알고 싶어 한다. 그러나 그 장소를 찾아 낼 수가 없다. 무엇인지 모르는 향기가 소녀의 상상 가운데서 마침내 강해져 가는 느낌이 든다.

소녀는 일어나 찾아보느라 이쪽저쪽을 걸어 본다. 우연히 소녀의 시선이 인동 덩굴로 옮겨간다. 기뻐하며 소녀는 꽃을 가리킨다. 자기를 사로잡은 향기가 무엇인가를 드디어 풀었기 때문이다. 탐내듯이 손을 뻗어 향이 좋은 가지를 하나 꺾어 탐내듯 코끝으로 가져간다.

먼저 이 장면을 상상해 보라. 그리고 이 장면 소녀의 신체 운동 가운데서 의지적 요소와 정념적 요소를 뽑아 나누어 보라.

의지적 요소: 소녀가 몸을 일으킨다. 주의 깊이 향을 맡는다. 찾아 낼 듯이 주위를 살핀다. 일어선다. 찾아내느라 이쪽저쪽을

둘러본다. 향내가 나는 장소를 찾아낸다. 발끝으로 선다. 키 높이를 올린다. 그것을 탐내듯이 자기 코에 가져다 댄다.

　정념적 요소: 당면한 소녀의 몽상적인 기분. 은은히 풍겨 오는 향내에서 받는 쾌감. 소녀의 상상 가운데서 점점 더해져 가는 향내. 기뻐 놀라며 인동 초를 가리킨다. 탐내듯이 숲으로 다가간다.

　다음은 이런 신체 동작을 의미 있게 동기 부여하는 소녀 마음의 움직임을 그중에서 의지적 모멘트와 정념적 모멘트에 주의하며 순서대로 설명해 보라.

　뒷받침: 이 장면은 먼저 정서적으로 시작한다. 소녀는 꿈꾸듯이 한 군데를 물끄러미 바라본다. 소녀 눈의, 꿈꾸듯 한 느낌은 어떤 부드러운 무엇에 홀린 듯한 기분을 전제로 한다. 소녀가 경험하는 감각은 유쾌한 성질의 것이다. 소녀를 에워싼 부드러운 자연이 그 감각을 어루만진다. 이 상쾌한 자극이 소녀가 즐기는 몽상을 점점 높여준다.

　이 즐거운 기분은 주로 소녀 얼굴의 표정으로 나타난다. 그것은 어떤 부드러움과 동시에 무엇인가에 빠져드는 모양을 보인다. 무엇으로 빠져들기 때문에 얼굴 표정은 조금도 움직이지 않는다. 소녀의 쾌감은 그 자세에도 나타난다.

　그러나 신체도 똑같이 정지(靜止) 상태를 유지한다. 그렇지 않은 기분에 빠진 것 같지는 않다.

　어느 정도에 이르면 감각이 몽상보다 강해진다. 저 한때의 강한 특수한 향이 소녀를 그 몽상에서 유혹한 것이다.

소녀가 이 특수 향을 상쾌하게 느끼는 것은 어느 미세한 신체 운동으로 암시된다. 이 운동이 첫째 '정념적 단계'의 끝을 장식한다. 이와 동시에 소녀가 그 향을 뚜렷이 의식한 사실을 보이는, 몸을 일으키고, 주의 깊이 맡아 보고 하는 의지 동작에 이르는 과도적 부분을 형성한다.

제2의 정념적 단계에서는 주의 깊이 냄새 맡은 사실로 생긴 쾌감이 일시 지배적으로 된다. 그러나 이 향에는 어떤 유혹적인 것이 있어 그것이 소녀를 재촉해 제3의 의지 동작, 곧 찾느라고 주위를 살피게 된다.

그러나 향이 좋은 식물의 숨겨진 장소를 찾는 것도, 그 향이 무엇인가를 생각하는 일도, 불가능하다. 그 때문에 이 향이 드디어 소녀의 상상을 지배하고, 그 결과, 전보다 한층 더 강하게 된 기분이 드는 것이다. 이 기분이 제3의 정념적 단계를 뒷받침한다.

소녀는 이번에 아무리 해도 어떤 향이 확인하지 않으면 안 되게 한다. 제4 일어나다 제5 찾아보며 이쪽저쪽을 헤맨다는 의지 동작이 확인하고자 하는 의욕을 보인다.

이 찾는 동작의 결과로서 제4의 정념적 동작이 나타난다. 꽃이 달린 인동의 발견은 소녀의 시점(視点)이 우연히 인동 숲속에 있는 그 꽃에 부딪는 것으로 생긴 것이므로 소녀에게는 뜻밖의 느낌을 준다. 이 뜻밖이라 생각할 수 없다는 감정은 어떤 짐작하지 못한 것에 돌연히 직면한 일을 의미하고 따라서 놀라움의 요소를 그 가운데 포함한다.

따라서 이 소녀의 의외성은 머리 또는 상반신을 급히 뒤로 빼고, 놀라움에 특유의 신체 운동에 의해 나타난다. 그러나 그것과 동시에 소녀는 예상 못한 이 기쁨을 느꼈기 때문에 예제에도 적어 놓은 것처럼 꽃을 가리키는 것이다.

이 일은 "무어야! 그런 곳에 있었으니!" 하고 말하는 식으로 반쯤 승리의 개가를 울리면서 대상을 가리키는 동작에 의해 보여 주는 것이다. 이 기쁜 발견에 곧 이어, "그렇군, 무엇인가 했더니 인동 초의 내음 이군" 하고 말하는 생각이 일어난다.

결국, 소녀는 자기를 끌어들이고 놓지 않았던 것의 정체를 확인한다. 이 확인이라는 심리적인 작용이 제6의 의지 동작, 곧 향내가 오는 장소를 찾아낸다. 하는 것을 뒷받침한다.

소녀는 꽃을 발견하고, 확인할 것이냐 여부를, 또 그것을 손으로 꺾으려 한다. 이 의욕은 처음 충동적으로 나타난다. 하지만 여기에는 어떤 곤란을 극복하지 않으면 안 된다 하는 것, 결국 가시 붙은 일년초로 상처 입지 않도록 주의해 꽃을 꺾지 않으면 안 된다는 생각이 들어, 이에 따라 비로소 의지 작용이 일어난다.

그러므로 소녀가 인동을 꺾을 때까지의 신체 운동은 처음 정념적 동작을 나타내고, 그것이 점차 의지적 동작으로 바뀌어 간다. 결국, 처음은 먼저 소유 충동에 감기어 제5의 정념적 단계, 탐내듯이 숲에 접근, 소녀는 예제에 보인 것처럼 탐내듯이 양손을 앞으로 뻗어 덮어놓고 가시덤불 쪽으로 뛰어간다.

그러나 숲에 이르느냐 여부, 소녀의 소유 충동은 의지에 따라 목적에 맞게 질서가 잡힌다. 네 가지 다른 신체 운동이 이 최후의 의지적 단계를 형성한다(제7, 제8, 제9, 제10의 의지 동작).

꽃이 달린 가지를 탐내듯이 코에 가져다 댄다는 마지막 몸짓의 '탐내듯이'라는 말은 확실히 정념적 요소를 암시하지만, 이 경우는 충동적인 '소유의 욕망'보다도 다듬어진 소유 의지가 지배적이므로 의지 동작으로 표현된다. 함부로 꽃을 코에 갖다 대지 않고 향을 맡는데 가장 합리적인 방식으로 꽃을 코에 가져가는 것이다.

예제 '원고'

방 한가운데 남자 한 사람이 서 있다. 이 남자는 친구가 고심해써 놓은 원고를 소멸시키고자 여기에 들어온 것이다. 이 남자 행위의 충동력은 복수이다. 그 원고가 방 중앙에 있는 책상 서랍에 들어 있는 것을 이 남자는 알고 있다. 남자는 먼저 복도로 통하는 문 쪽으로 가서 긴장한 채 귀를 세운다. 그리고 벽 쪽으로 달려가 옆방에 아무도 없는가를 확인한다. 주위에 사람의 인기척은 없다. 다시 한 번 발끝으로 가까이 걸어가 소리 내지 않고 조용히 문의 걸쇠를 내린다.

그리고 조용히 책상 쪽으로 살며시 다가가 그것을 열고 원고가 들어있는 서랍을 조용히 연다. 빠르게 원고를 꺼내 난로 불 쪽으로 접근해 잠깐 원고가 틀리지 않았는가를 확인한다. 이어서 원고를 정중히 찢어 그 종이조각을 불 속으로 던진다. 그리고 우쭐한 기분으로 불꽃을 바라본다.

먼저, 앞서처럼 이 장면을 자기 생각대로 해 보라. 다음, 이 남자 행동 가운데 의지 동작에 속하는 것과 정념 동작으로 보이는 것을 뽑아 본다.

의지적 요소: 남자가 긴장해서 귀를 세운다. 벽 쪽에서 같은 동작을 한다. 다시 문 쪽으로 간다. 문의 걸쇠를 내린다. 책상으로 다가간다. 책상을 연다. 서랍을 연다. 원고를 꺼낸다. 난로 쪽으로 간다. 원고를 찢는다. 그 종이 조각을 불 속으로 던진다.

정념적 요소: 남자가 방 가운데 혼자 서 있다. 문에서 벽 쪽으로 뛰어간다. 주위는 사람의 인기척이 없다. 원고가 들어있는 서랍 쪽으로 탐내듯이 손을 내 민다. 원고에 잘못이 없는지 확인한다. 우쭐한 기분으로 불꽃을 바라본다.

다음에 이 전체 장면, 남자 동작의 심리적 뒷받침을 해 본다.

이 장면 최초의 단계는 방 한가운데 한 사람 서 있는 복수심 강한 남자의, 상대의 고통을 즐기는 마음, 드디어 좋은 기회를 만났다고 하는 만족감을 내용으로 하고 있다.

이에 이어지는 제1의 의지적 동작, 문 있는 데서 긴장하고 귀를 기울인다. 여기 자기의 기도가 도중에서 무너지지 않게 하는 보장을 확보하려는 의지의 작용이 명료하게 인정된다.

문 쪽에서 귀를 기울인 것만으로 이미 누구도 주위에 있지 않다는 것을 알았기 때문에 그 기쁨이 문에서 벽 쪽으로 가는 동작을 제대로 신이 나서 하는 것이다.(제2의 정념적 단계)

그러나 벽 쪽에서 귀를 맑게 하는 경우에는 역시 본 정신에 주의를 집중한다.(제2의 의지적 동작)

그 다음에 오는 것은 제2 정념적 단계의 반복이요, 확대인 것이다. 주위의 죽은듯한 고요함이 드디어 복수를 단행할 기회가 성숙된 사실을 이 남자에게 확신시킨다. 그 기쁨이 마침내 복수욕을 돋운다.(제3의 정념적 단계)

행동의 충동이 또다시 찾아온다. 네 개 의지적 동작이 이어받아 일어난다(제3, 제4, 제5, 제6의 의지적 단계). 결국, 한층 더 조심하기 위해 발끝으로 걸어 문에 접근하고 빗장 걸쇠를 소리 나지 않게 걸어 둔다.

이어서 조용히 책상으로 다가가 책상의 덮개를 연다.

원고가 들어있는 서랍을 보는 순간, 복수의 즐거움이 다시 지배적으로 된다. 이 제4의 정념적 요소는 예제에는 지적되어 있지 않지만, 그래도 명료하게 관찰된다. 그리고 이 기분은 남자가 서랍을 빼려고 손을 뻗는다, 탐욕으로 잔인한 몸짓으로 나타나 있다.

하지만, 이런 비겁한 복수를 기도하는 음험한 인간만이, 이 남자는 심하게 자제심이 발달해 있기 때문에 복수욕으로 마음이 설레는 것은 빼내기 위해 손을 대기까지의 준비 운동에 한정된다. 빼내는 그 동작은 잘 조정된 의지적 동작으로 예제에도 써 있는 것처럼 '조심스럽게' 하게 된다.

이 동작과 여기 이어지는 결연히 원고를 집어내는 동작과 같은 모양으로 결연히 불쪽으로 다가가는 걸음걸이가 제7, 제8, 제9의 의지적 동작의 연쇄를 형성하고 있다.

이 세 개의 의지적 동작의 연속이 제5의 정념적 단계에 의해 저지되는 것은 마침내 원고 소각이라는 결정적 행동으로 옮기려는 순간에 이 남자 마음에 일어난 일시적 혼란의 결과이다. 결국 남자는 "순간 원고가 틀리지 않았는가 여부를 확인한다"인 것이다. 이것은 잘못을 피하기 위한 주의 깊은 검사가 아니라, 오히려 신경을 무마하는 일이다.

그러나 곧 안정을 되찾고 이 남자의 최종 목표를 향해 간다. 원고를 정중히 잡아 찢고 그 종이조각을 불 속으로 던지는 동작이 제10과, 제11의 의지적 단계를 형성한다.

이 장면 최후의 단계, 결국 "의기양양한 기분으로 불꽃을 바라본다" 하는 동작은 지나치게 흥분하는 것이면 안 된다. 왜냐하면, 이 남자의 정력은 이미 다 써버렸기 때문이라고 생각하기 때문이다.

그러므로 "의기양양한 기분"이라 해도, 이 남자의 모습에는 제2나 제3의 정념적 단계에 나타난 넘치는 기쁨은 느껴지지 않고, 그것은 오히려 냉정하고 잔인한 승리감을 나타내고 있다.

뒷받침의 연습

예제 1

인물은 당신 자신. 장소는 허름한 아파트의 옥상의 한 방. 상황은 며칠째 일을 찾고 있지만 찾지 못하고 있다. 배가 고파서 지쳐 있다.

배우의 연기수업

동작. 방에 들어간다. 문을 닫고 선 채로 문에 기댄다. 의자 위에 모자를 던져 놓는다. 서슴없이 앞으로 나아가 탁자 앞의 의자에 걸터앉는다. 잠시 후에 전화벨이 울린다. 전화 수화기를 들고 귀에 댄다. 당신에게 일이 있다. 곧 오지 않겠는가, 하고 알려준다. 수화기를 놓는다. 머리를 매만지고 모자를 쓴 채 급하게 밖으로 나간다.

당신들이 생각하는 대로 이 동작의 뒷받침을 해 보라. 예를 들면, 집에 돌아간들 먹을 것도 없지만 위안거리도 없다. 아아 지쳤다. 배가 고프다. 에이 할 수 없군! 거참 눌려 짜그라지는 구나! 어쩌면 좋단 말인가. 또 빚 독촉이 오겠구나. "예, 날 말이죠? 일입니까? 예, 곧 가죠" 만세! 이로써 만사가 풀리는구나! 빨리 가자! 빨리 가자! 모자 쓸 겨를도 없구나! 하는 식으로.

예제 2

인물, 당신 자신. 장소, 당신의 방. 시간, 밤 늦게. 정황, 혼자 책을 읽고 있자 하니 어디서인가 알 수 없는 소리가 들려온다. 동작, 오른 손으로 귀를 만진다. 위 층 쪽으로 귀를 기울인다. 무릎을 대고 마루 밑쪽으로 귀를 기울인다. 출입구로 달려가 귀를 기울인다. 조심스럽게 문을 연다. 개를 발견한다.

이것도 생각한 대로 뒷받침해 보라. 예를 들면, 무슨 소리일까가 보기로 하자, 이쪽일까, 아니야 이쪽이 아니야. 어디일까 저쪽일까, 아니야. 별일이다, 2층일까, 아니야 2층도 아니야. 거 이상하다 누가 마루 밑에 있을지 모르지 아무도 없다. 아아 알았다, 문 있는 쪽이다, 무어야 지금, 그렇다. 역시 여기다, 열어도 좋겠나. 어라 열어 주자. 뭐 야? 개 야! 하고 말하는 식으로.

> **예제 3**
>
> 인물, 당신 자신. 장소, 서울 교외 한 동네. 골목 헌 집 2층 셋방. 시기, 어느 가을 저녁. 장면, 아침 볼품없는 아내가 "가라구" 하고 말하자 직장에 나가 하루 종일 일하고 귀가한 때. 동작, 미닫이를 연다. 선 채로 방을 본다. 바깥을 본다. 또 방안을 돌며 어슬렁댄다. 모자를 쓴다. 가방을 놓는다. 전열기에 불을 붙인다. 뽀로통하게 책상 앞에 앉는다. 갑자기 일어나더니 벽에 걸린 여자 옷을 떼어 둘둘 말아 서랍장에 넣는다. 주위를 살피더니 여자 용품을 하나하나 서랍에 집어넣는다. 생각에 잠긴 듯이 선체로 창밖을 내다본다. 갑자기 휘파람을 불며 책상 앞에 앉는다. 손바닥으로 볼을 괴고 무언가 생각에 잠긴다. 드디어 식사를 한다. 마침내 일어나 전등을 끈다.

당신을 이 장면에 놓고, 자기 나름대로 그 뒷받침을 해 보라.

6장

인생의 연구,
관찰과 모방

1. 실생활의 관찰

인간 짧은 일생의 개인적 체험이라는 것은 결국 충분히 한정되어 있는 것이다. 특히 모조할 수 없는 연극인의 생활은 한 번이 길에 들어서면 마지막, 집에서 연극 연습장에서 무대 뒤로의 넓은 것 같지만 매우 협소한 세계로 우리를 가두어 놓는 것이다. 그리고 그것이 우리의 두뇌나 심장의 기능을 매우 둔하게 하고 정도가 깊지 않게 한다.

더욱 우리가 무대에서 연기해야 하는 성격의 가짓수는 한없이 많다. 그 같은 다종다양한 성격을 이해 공감하고 이에 상응한 표현을 하기 위해 우리의 한정된 개인적 체험에서는 매우 적정한 것이 아니다.

상상력만 풍부하면 어떤 성격의 속까지도 들어갈 수 있다. 하고, 사람은 말한다. 그러나 우리 상상력에도 스스로 한계가 있다. 이에 재료를 제공하는 것은 앞에서도 말한 것처럼 역시 우리 기억에 새겨진 과거 지식이나 체험에 다름이 아닌 것이다.

결국, 우리 체험을 풍부히 해 갈 것, 우리 생활의 한정과 단조로움과의, 부단하게 싸워 나가는 일이 모든 역(성격)의 요구에 답할 수 있기 위한 유일한 보증인 것이다.

그러나 생활의 단조화, 협소화와 싸운다고 해도 우리는 그와 같은 무턱대고 하는 인생의 모험에 몸을 맡겨 뛰어든다는 의미는 아니다. 우리 직업에 책임을 지고 수행해, 우리 기술을 하루하루 연마해 나간다고 하면 배우의 생활 규율을 어지럽히는 일은 가능한 대로 멀리 할 수밖에 없는 것이다.

그럼 무엇으로 우리의 체험을 넓고 풍부히 해야 좋을까. 모든 형식의 예술 감상이나 독서도 그 때문에 자못 유익할 것이다. 그러나 무엇보다 중요한 것은 인생 연구이다.

배우의 인생 연구라는 것은 먼저 직접으로 모든 계급, 모든 직업, 모든 나이, 모든 성격의 인간, 일상적인 신체 반응의 특질을 관찰하고, 그것을 자기 몸이나 신체에 기록하는 것이다.

우리 귀와 눈이 이 관찰을 하는 도구요, 우리 신체와 이 관찰 결과를 기록하는 수첩인 것이다. 이 인생 관찰의 연습에 따라 배우는 신체적 동작의 새로운 습관을 얻음과 동시에 창작적인 상상력의 재료를 풍부히 하고 모든 인간에 대한 이해력 및 공감력을 깊이 해 인생을 참된 비중으로 볼 수 있게 되는 것이다.

그러나 우리 인생 관찰은 단지 여러 가지 유형 인간의 외적 동작을 정밀하게 관찰한다는 것에 머물지 않아야 한다. 우리의 인생연구는 그 외형을 통해 그 사람 마음까지 들어가 보지 않으면 안 된다.

곧 그 사람의 목소리 및 그 동작의 연구에서 출발해 그것들을

배우의 연기수업

뒷받침하는 성격, 사상, 생활 등에 미치는 것이다. 앞에서도 말한 것처럼 모든 인간상을 그 안쪽에서 만들어 나가기보다 기술이 없는 배우의 창조에 있어서 단지 외형이라는 것은 그렇게 참고는 되지 않는 것이다.

그 같은 외형을 글로써 여러모로 기술하든가 묘사하든가 해 수첩에 적어 놓는 배우도 있지만 그것은 단지 암기 이상으로 도움이 되지 않는다.

2. 모방의 역할

그럼 외적인 동작의 관찰을 통해 상대 마음에 먹혀들어 가려면 어떻게 하면 좋을 것인가. 인간의 동작 표정에 대한 지식이나 긴 세월의 경험을 참고로 해서 상대 마음을 어느 정도 파악할 수 있는 것도 물론 가능할 것이다.

또, 그 동작 자체가 우리에게 주는 공간적 시간적 인상은 상대의 내적 움직임을 직접 우리 마음에 영향을 미칠 수 있다. 그러나 배우에게 또 하나 중요한 것은 그 같은 외적 동작을 자기 신체로 세밀하게 모방해 보는 것이다.

그러므로 이 외적 동작의 세밀한 모방은 '동작 암시'의 작용에 따라 그 같은 동작 자태가 내포하는 내적 체험을 우리 마음에 환기하는 힘을 가지고 있다. 심리학자들도 우리가 상대를 완전히 모방할 수 있지 않으면 상대 마음을 결코 공감할 수 없다고 말한다.

이처럼 일상생활에서 관찰한 새로운 신체 동작을 자기 신체로 완전 모방하고 이에 익숙하면 동시에 우리는 새로운 내적 경험도 획득할 수 있다는 뜻이다.

우리 신체에는 여러 가지 새로운 습관이나 연합의 형성을 돕는 많은 신경 군(群)이 있다. 또 우리는 마음의 기억과 함께 신체 기억을 가지고 있다. 우리 음성 기관도 손발도 말하자면 그 자신의 기억을 가지고 있어 남의 일상 동작의 모방을 반복해서 그것을 마음과 몸으로 동시에 기억해 두는 일이 가능하다. 이에 따라 비로소 관찰의 결과를 참되게 우리 연기(演技)로 이용할 수 있다.

이 책 속에서 저자가 다소 의붓자식 취급을 한 경향이 있는 모방의 진가가 여기에 이르러 처음으로 발휘되는 것이다.

배우에게 있어 모방의 능력이 결코 외견상의 사실(寫實)주의 때문만은 아니다. 그것은 남의 신체 운동을 정확히 자기 신체로 옮기는 일로써 같은 몸 떨림을 마음에 전하고 상대 마음을 움직여 상대의 정서, 상대의 기분을 공감하기 위해 필요한 것이다. 이같이 해, 비로소 우리가 모방한 것이 우리의 창조적 소재가 될 수 있는 것이다.

이렇게 해서 우리 배우는 자기 주위의 모든 종류의 인간, 거리에서 만나는 사람, 전철이나 버스에서 함께 승차한 사람, 커피숍이나 극장 복도에서 얼굴을 마주친 사람 등에, 항상 예리한 귀와 눈을 고루 보내지 않으면 안 된다.

직업이 허락하는 한, 모든 직업, 모든 지위, 모든 계급의 사람들과 교제해 보지 않으면 안 된다. 또 최근은 지방의 농촌 어촌에의 이동 연극 활동의 적극화나 농민 근로자 학생 등의 아마추어 연극 활동의 발전, 관객조직의 증가 등에 따라, 배우와 일반 사회인과의 접촉 기회가 점점 많아지고 있다.

배우는 인생 연구를 위한 이 같은 기회를 크게 이용하지 않으면 안 된다.

3. 관찰할 때 주의해야 할 것

관찰할 때 주의할 것은 처음은 먼저 가능한 대로 상대에게 접근하고, 그 자태나 말 상태를 동작과 함께 주된 특징을 정확히 포착하고 기억하고 또 생생하게 인상을 남긴 가운데 반복 모방해 보는 것이다.

관찰할 때, 너무 오래 보면 상대가 이상하게 느끼기 쉬우므로 눈은 빠른 촬영처럼 상대의 특징을 빠르게 포착하지 않으면 안 된다. 동시에 이것을 나중에 곧 생각해 낼 수 있도록 확실하게 마음에 새겨 놓지 않으면 안 된다.

이 일을 가능하게 하려면 주의 집중이 절대적인 역할을 하게 된다. 배우는 무대만이 아니라 실생활에 있어서도 주의가 깊지 않으면 안 된다. 자기가 관찰하고자 하는 것에 온몸을 기울여 주의를 집중하는 것이다.

이와 동시에 상대의 말이나 동작 가운데 가장 의미 깊은, 색채가 명료한 전형적인 것을 뽑아내는 기술을 알고 있어야 한다. 이에는 인간의 살아있는 동작에 관한 지식과 함께 풍부한 경험이 필요하다.

그리고 경험을 풍부히 하려면 결국 관찰을 거듭하는 일밖에 딴 도리가 없다.

또 관찰한 것의 인상을 우리 기억에 정확하게 담기 위해 관찰 대상에 대해 깊은 흥미를 갖지 않으면 안 된다. 이에 대해 깊게 감동하지 않으면 안 된다. 우리는 항상 아이들 같은 호기심과 놀라움을 또 인생의 모든 사건에 대해 갖지 않으면 안 된다.

이와 동시에 우리가 관찰하는 대상의 한순간의 특징을 포착, 즉각 저쪽의 속으로 파고드는 것, 그것을 다만 외형만을 취하지 않고, 그 속에 잠긴 마음의 움직임을 포착해, 여기에 자기 마음을 반응시키는 일도, 외적인 신체 동작의 인상을 내 기억에 분명히 새기는데 큰 구실을 할 것이다.

그러나 처음에는 몇 주 전도 몇 달 전도 전에 본 것까지 기억하려고 노력하지 않아도 좋다. 매일 관찰한 것을 매일 연구하고 연습해 자기 몸에 기록하면 좋다. 그리고 모든 기회에 끊임없이 인간을 관찰하는 습관을 자기에게 심어 놓는 일이 중요하다. 그것이 점차 집중력이나 비교 판별력(判別力), 기억력도 증진시켜 갈 것이다.

관찰력 강화를 위한 연습

연습 1 자태의 관찰
서 있는 사람 또는 앉아 있는 사람의 자태를 관찰하고 그것을 세밀히 모방하고 그 자세를 수 초간 유지한다.

배우의 연기수업

꼼짝 않고 정지한 채, 한 성격을 유지하는 연습은 배우에게 매우 중요하다.

처음은 극단적인 것을 관찰 모방하고 다음은 좀더 미묘한 쪽으로 향한다.

특히 다리에 주의한다. 대체적으로 인간은 신체 하부에 대해 부주의하므로 몸이나 머리 쪽을 연구하기보다 하반신을 관찰하는 편이 상대 본질을 파악할 수 있게 한다.

관찰의 목표

앉아 있는 사람, 양쪽 다리를 벌리고 양손을 무릎에 놓고 양 팔꿈치를 뻗고 앉아 있다. 가정에서 이런 모습을 하고 있는 것은 어느 쪽인가 하면 완고하고 둔중한 인간이다. 이것이 혼잡한 전철 안이었다면 이기적이므로 뻔뻔한 인간일 것이다.

앉아 있는 사람, 두 다리를 앞으로 축 늘어뜨리고 한쪽 발 위에 다른 쪽 발을 포개고, 두 팔은 축 늘어뜨려 머리는 멍청히 의자 등받이에 대고 있다. 게으르고 무관심하다. 피로하기 때문에 같은 모양을 하고 있는 인간의 경우는 두 다리와 발의 위치 상태가 좀더 다를 것이다.

서 있는 사람, 앉아 있는 사람, 두 발을 정확히 모으고, 두 무릎을 밀착시키고, 두 팔꿈치를 몸에 붙이고 등줄기를 곧추 세우고 두 손을 잡고 있다. 꼼꼼하고 세심해서 어느 쪽인가 하면 소심한 것이다.

서 있는 사람, 두 다리를 벌리고 두 발에 중심을 두고 있다. 완고하고 오만해서 어쩌면 거칠어지기 쉬운 사람이다.

연습 2 자태의 관찰

구별하기 어려운 '자부(自負)'와 '오만'을 인간의 태도로 관찰하고 그것을 구체적으로 모방해 본다.

자부심은 뛰어난 성질의 하나로 자기 인격에 대한 확신과 솔직함과 자신에게 값없는 행위의 거부를 의미하지만, 오만은 마음의 편협함과 무식함의 증명이다. 자기 천성과 무관한 성질을 가진 것일 뿐이다.

관찰의 목표

자부(自負), 남자, 몸도 머리도 깨끗하고 중심을 무리 없이 한쪽 다리에 놓고 있다. 곧바로 상대를 보고 두려워하든가, 올찬 데가 없는 모습도 아니다. 여자, 남자 모습과 같지만 신체의 선이나 움직임이 왠지 모르게 부드럽다. 등등.

오만(傲慢), 남자, 가슴을 내밀고 뽐내듯이 큰 걸음으로 걷는다. 조끼나 바지 주머니에 손을 넣고 싶지만 예의를 생각 무리하게 뽐내는 모습. 어딘지 자신이 없고 항상 경쟁의식을 가지고 있다. 여자, 거만스러운 거동으로 머리를 한 쪽으로 갸웃하고 턱을 내밀며 상대가 누구인들 상관없이 위에서 아래로 내려보듯이 한다.

배우의 연기수업

등등.

연습 3 보행의 관찰

사람 통행이 많은 거리 한 모퉁이에 서서 걸어가는 사람들의 걸음걸이를 관찰하고 이것을 모방해 보라.

보행은 성격, 체질, 나이, 직업, 생활습관, 그때마다의 정서나 기분을 실로 잘 표현하고 있다.

걸음걸이만 아니라, 걸을 때의 자세, 머리와 몸의 움직임, 손흔드는 법, 눈 시선 등을 세밀하게 관찰하지 않으면 안 된다.

사람은 누구라도 무의식으로 걸을 때는 발을 발꿈치부터 딛고 걷는다. 그것을 의식하고 걷는 경우는 발가락이 먼저 내려온다. 발꿈치-발가락, 발가락- 발꿈치 하는 식으로 이 둘의 걸음걸이는 멈추는 상태가 다르다. 발 착실하게 정면을 보고 꿈치부터 먼저 내리는 걸음걸이는 갑자기 멈출 수가 없지만 발가락부터 내딛는 걸음걸이는 항상 쫙 하고 몸을 멈출 수가 있다.

그러므로 당신들이 관찰한 특징적인 보행의 몇몇을 뽑아서 이번은 그런 식으로 걷는 사람은 물건을 살 때는, 식탁에 앉을 때는, 어떤 태도를 취하는가 하는 식으로 다른 장면에서의 그 인물을 상상하고 이것을 연습해 본다.

관찰의 목표

① 소녀가 걷고 있다, 이 사람은 하루 대부분을 바깥 운동에 시간을 보내고 있음이다. 남자를 의식하고 가슴을 편 채 어깨와 가슴을 매우 심하게 휘두르고 큰 걸음으로 활보한다. 걸으면서 돌 같은 것을 발로 찬다. 기운이 넘치고 마음도 활달하지만 제멋대로 굴어 감수성에는 흠이 있다.

② 이십 세 전후의 아가씨가 길을 걷고 있다. 활보라 할 수 없지만 매우 폭 넓은 빠른 걸음으로 두 팔을 자유로 흔들어댄다. 바로 정면을 보고 발꿈치로 걷는다. 막 직업 전선에 들어선 탓으로 일하는 여성의 씩씩한 기세를 모든 사람에게 보이려 한다.

③ 중년의 사나이가 걸어온다. 약간 무릎을 구부리고 조심스럽게 앞으로 내미는 다리. 발끝으로 발을 디뎌 발꿈치는 거의 지면에 닿지 않는다. 어둠을 걷는 습관이 있는 것처럼 그 발은 보통 사람과 같은 촉각을 가지고 있다. 남이 눈치채지 않게 시종 주위를 살피고 있는 눈. 소지품 주의!

④ 남자가 걸어온다. 팔꿈치를 겨드랑이에 붙이고 등판은 긴장해 굳어지고 걸음은 짧고 빠르며 무릎은 곧장 섰다. 이것이 이 남자가 믿는 가장 스마트한 걸음걸이인가 보다. 모든 쇼윈도에 주의를 돌리지만 이것은 물건을 탐내서가 아니라, 그 유리에 비치는 자기 모습을 음미하고, 모자가 비뚤지 않은가, 넥타이는 좋은가 일일이 확인하기 위해서이다.

　또 그런 모양을 바로잡는 자기 태도를 남이 눈치 채지

않게 전전긍긍한다. 신경질적으로 자기의식이 강한 사람
이다.

⑤ 다른 남자가 걸어온다, 머리를 들고 어깨 및 가슴을 펴고,
다리는 가볍게, 보조(步調)는 길다. 솔직하고 명랑하며 생활
을 기뻐하며 인간을 신용한다는 증명일 것이다.

⑥ 그밖에 발끝으로 종종걸음으로 걷는 남자는 기가 약하고
머리가 굳은 것 같다. 뒤꿈치로 끄는 듯이 발을 옮기는 여
자는 일을 아무렇게 하는 무신경 같다. 물결처럼 발을 옮기
고 흔들흔들 몸을 움직이는 남자. 선량하고 온후하고 남의
일을 잘 보아준다. 등등.

연습 4　보행의 관찰
나이 차이에서 오는 보행의 차이를 관찰하고 이것을 모방해 보라.

관찰의 목표

① 어린이 시절, 8, 9살이 되기까지 어린이는 무의식으로 걷는
다. 근육은 유연하고 관절은 자유이며 아직도 자기를 명료
하게 의식하지 못한다. 이 시기에 부모, 그밖에 주위 어른
들이 아이의 예절을 고쳐주려 노력한다.

일일이 꾸짖고 웃고 칭찬해 주는 가운데 아이들은 어
른의 뜻을 받아들이기 위해 자기 일거일동에 자의식을 가
지게 된다. 따라서 보행도 점점 자기 의식적이 된다.

② 스무 살을 넘길 때, 고교 졸업 무렵이면, 지성의 작용이 발달하고 자아의식이 강해지며 대부분 어른보다 자기 자신이 잘난 듯한 기분이 들게 된다. 그리고 보행을 시작으로 모든 동작이 하나하나 자기 우월성을 온 천하에 들어내는 식으로 보인다.

　　이것은 반 활보를 특징으로 하는 자기 의식적 보행이라 팔꿈치를 충분히 펴고 머리를 조금 앞으로 내민다.

③ 30세를 넘긴 때쯤, 세상만사의 사항에 대한 자기 존재의 중요성과 책임을 느끼게 된다. 적어도 아내나 아이나 부모는 자기가 있지 않으면 거리에 나설 것이 틀림없다. 이 시대의 보행은 대개 성급하고 신경질 적이다. 자기가 목표로 하는 큰 사업을 완성하는 데는 인생이 매우 짧다고 생각, 초조하게 군다.

④ 40세를 넘긴 때쯤, 이때쯤 되면 보행은 침착해지고 완만해진다. 이 나이의 남녀는 길고 괴로운 인생 경험을 겪어온 탓에 자만은 줄어들고, 내면적 자부심이 강해지기 때문이다. 그 보행이나 태도에 "인생의 무거운 짐은 혼자서 짊어질 일이 아니다"고 하는 기분이 스며 나온다.

⑤ 60세를 넘긴 때쯤, 이때쯤 되면 자기가 할 수 있는 일과 할 수 없는 일을 알게 된다. 죽음과 가까워져 이제 더할 수가 없는 것이다. 만일 그 생애가 먼저 성공이라 할 수 있다면, 그 보행도 확실하고, 자신에 차며, 완전히 침착하고 안심에 차 있다.

만약 생애가 실패한 경우라면 보행도 뒤뚝거리고, 멍하니 침착하지 못하고, 일보 일보가 패잔의 자각과 변명을 나타낸다. 노쇠에 따른 여러 가지 생리적 이상이 보행에 나타나는 것도 이 무렵이 된다.

이상은 매우 상식적인 관찰에 불과하지만 나이에서 생기는 보행의 차이는 대체로 표준이 될 것이다. 그리고 사람마다의 개성적인 성격, 경우에 따라 여러모로 차이가 있을 것이다.

> **연습 5** 손가락, 손, 팔, 팔꿈치, 어깨의 관찰
> 팔의 각 부분이 어떤 상태로 놓여 있는가, 어떻게 움직이는가를 자세히 관찰하고 그 모방을 해 보라.

이 경우에 이것들을 떼어놓고 관찰하는 것만으로 족하지 않다. 각 부분을 상세하고도 전체와의 관련에 있어서도 연구하는 것이다.

같은 모양의 손이라도 그것이 신체의 어느 부위에 닿는가에 따라서 그 의미는 전혀 다르게 되는 것이다. 머리에 놓였는가, 가슴에 놓였는가, 넓적다리 위에 있는가 아래 있는가 등등.

관찰의 목표

위를 향한 손바닥, 개방, 솔직을 의미함과 동시에 애원이나 폭

로도 나타낸다. 시종 손바닥을 위로 향하는 사람이 있다면 그것은 개방적인 성격이라 보는 것이 타당하다.

신경질적인 손, 굳게 쥐든가 계속 움직인다. 흔히 손바닥은 아래를 향한다. 이것은 은폐를 의미한다.

침착한 손, 부드럽고, 거의 움직이지 않는다.

공격적인 손, 넓적다리 위부분으로 항상 날릴 것 같은 태세를 취한다.

태 부림, 모델 인형의 자세에 흔히 있는 것처럼 두 손을 넓적다리 아래쪽에 놓는다.

감수성의 결핍, 양손을 한 덩어리로 쓴다. 거의 손가락을 표현적으로 사용한다는 사실을 모른다.

지루함, 함부로 손을 흔들흔들 움직인다. 이것은 마음의 공허함을 나타내는 경우도 있다.

쥐어진 주먹, 결단을 나타낸다. 그것을 앞으로 내밀면 협박을 의미하는 것이 된다. 때로 쥐어진 주먹은 자기 통제의 노력을 의미하는 일도 있다.

손가락의 표정, 엄지손가락, 둔중한 마음 작용이 느린 감수성이 빈약한 사람은 대화 중에도 사람을 부르든가 가리키든가 하는 경우에도 이 손가락을 쓴다. 엄지손가락을 손바닥으로 구부리면 은폐, 겁이 많거나, 부정직한 인상을 주고, 겉으로 펴면 개방이나 결단을, 그리고 생활의 기쁨을 나타낸다.

검지, 생각하든가 명령하든가 하는 일에 익숙한 사람은 이 손가락을 쓰고 싶어 한다. 중지, 이것을 사용하는 사람은 그렇게 많지 않지만 매우 감정적인 사람에게 중지를 잘 쓰는 경우가 있다. 다른 손가락은 구부리고 중지만으로 무엇인가 가리키기도 한다.

새끼손가락, 젠 체하는 사람, 귀찮은 사람이 잘 쓴다. 남자의 습관으로 이것을 잘 쓰는 것은 유약한 인상을 준다. 등등.

또 여러 가지 손가락이나 손가락 형태가 일종 동작어로서 어떤 의미를 갖는 경우도 있다. 새끼손가락이 아내 또는 애인. 엄지가 남편 또는 아버지를 나타내고, 집게손가락을 곧장 세우면 주의 내지 정숙, 이것을 구부리면 도둑을 의미하는 것이다.

또 팔의 각 부분의 여러 움직임에 손 움직임을 많이 쓰는가 여부 등에 의해 국적 또는 국민성의 구별을 명백히 할 수 있다. 어깨를 움츠리는 동작 하나만 보아도 프랑스 인은 보통 한 쪽 어깨를 원형으로 그려 곧추세우지만 유태 사람은 팔꿈치를 펴고 양 어깨를 움츠리듯 올리고 이태리 사람은 팔꿈치를 굽히지 않고 두 팔을 몸에서 떼고 양 어깨를 세운다는 상태이다.

연습 6 안면 표정의 관찰
여러 가지 인간의 얼굴 및 그 변화를 관찰하고 이것을 모방해 보라.

관찰의 목적, 처음은 고정된 주름의 특징을 연구한다. 얼굴의 골격이든가, 근육의 모양이든가, 코, 눈, 귀의 위치 형태 크기라는 것은 그 사람 고유의 외모의 의미가 있다. 그것은 사자를 생각하

게 하고, 독수리를 생각하게 하고, 돼지를 생각하게 하고, 학을 생각하게 하고, 여러 가지 연상(聯想)에 따라 그 사람 내면생활의 판단과 연결되기 쉽지만 그 사람 내적 성질과는 원래 그렇게 관계가 없는 것이다.

이와 반대로 얼굴의 주름, 어떤 감정 정서 또는 노력 표출의 일정한 안면 근육의 긴장이, 이따금 반복하기 때문에 생긴 것이기에 그 사람의 기질 또는 성격의 역사를 아는데 큰 믿음을 가지게 된다.

다음에 그 사람 태어날 때의 인상에 좌우되지 않으면서 여러 감정 변화나 의지적 노력에 따르는 안면 근육의 움직임을 관찰한다.

안면 표정을 관찰하는 경우, 특히 주의할 것은 눈의 움직임과 이마의 근육, 코 양쪽의 근육, 입 안쪽 근육, 입 양쪽 근육의 움직임이다.

양쪽 눈썹을 붙이고 이마에 세로 주름이나 홈이 생기는 것은 신체적 또는 정신적 노력, 주의 집중을 나타내고, 눈썹을 올려 이마주름을 만드는 것은 놀라움, 호기심, 솔직함, 우둔함을 나타낸다. 이 경우, 눈꺼풀은 내려오고 눈은 가늘어진다.

눈썹을 여덟 팔 자로 찌푸려 올리고 그 결과 이마에 세로와 가로의 주름이 생기는 것은 신체적 내지 정신적 고통 또는 비애의 표출이다.

양쪽 콧구멍을 올리는 것은 도전, 한 쪽만 올리는 것은 혐오, 양쪽 구멍을 오므리는 것은 불쾌, 벌리는 것은 흥분 또는 비애의 표출이다.

입의 양 끝을 올리는 것은 유쾌한 기분, 한 일 자로 얇고 굳게 다무는 것은 비타협성, 양쪽을 내리는 것은 불쾌, 불만, 한쪽 끝을 내리는 것은 완고함을 표현한다.

이상은, 안면 표정 관찰에 매우 가까운 솜씨에 불과하다. 표정 근육의 수는 많지 않지만 살아있는 구체적 표정의 긴장도나 조합의 변화는 실로 다양하다.

> **연습 7** 온몸의 생활 동작의 관찰
> 앞에서 말한 신체 각 부분의 형태 및 운동 관찰이 익숙해지면, 다음은 실사회에서의 여러 가지 생활 동작을 전체로 관찰하고, 이것을 모방한다.

역사 및 차내에서의 여러 가지 차표를 끊는 법.

식당이나 커피숍에서 여러 사람의 주문 방법, 먹는 법, 마시는 법.

여러 사람이 전철을 타고 찻간에서 자리를 찾는 법.

전시회에 찾아온 여러 사람의 그림 보는 법, 또 하나하나 그림에 대한 반응.

마트에서 판매원이 손님을 응대하는 방법.

병 의원, 관공서, 역 대합실에서 대기하고 있는 사람들의 기다리는 방식.

모든 종류의 직업에 종사하는 사람들의 일하는 모습, 순경, 차장, 사환, 서기, 농부, 목공, 인쇄공 등.

모든 나이의 사람을 면밀하게 관찰한다.

도시 사람과 농어촌 사람을 면밀하게 관찰한다.

각 시민의 대표적 특징을 관찰한다.

연습 8 특이한 국면의 관찰

특히 감동적이었든가, 비극적이었든가, 희극적이었든가 하는 사람의 여러 가지 국면을 빠르게 포착하고 주의 깊게 관찰해 이것을 모방한다. 예를 들면,

자동차 왕래가 복잡한 거리를 횡단하려는 노인.

어떤 견딜 수 없는 일로 짜증을 내는 사람. 단추를 떨어뜨리고 초조한 사람, 아이가 심술부리는 것을 보고 짜증을 내는 중년 신사. 배달 온 음식이 싫다 하고 배달꾼에게 타박을 주는 부인.

연습 9 반응의 관찰

무엇인가를 보든가 듣든가 하는 사람의 수동적인 반응을 세밀히 관찰하고 이를 모방한다.

어떤 센세이셔널한 사건을 목격하든가, 아주 좋아하는 음악을 듣든가, 재미있는 이야기에 귀를 기울이든가, 설교를 귀담아 듣든가, 정치 연설을 듣든가, 아이의 놀이를 지켜보든가 하며 여러 인간의 자태 및 감정 반응을 관찰하는 것이다.

보든가 듣든가 하지 않고, 다만 어떤 사람이 주변에서 생기는 태도와 마음의 움직임의 변화를 여러 가지 경우, 여러 인간에 대

배우의 연기수업

해 관찰하는 것도, 여기서 해 놓지 않으면 안 된다. 가령, 옆에 애인이 있든가, 아버지가 강경히 버티든가, 선생이 있든가, 경쟁 상대가 있든가 하는 경우의 무언의 반응, 부동의 반응을 세밀히 관찰하고 이것을 감득(感得)하는 일이다.

연습 10 상호 반응의 관찰
특히 다양한 인간이 사람과 응대하는 경우의 상호 반응을 세밀히 관찰하고 이를 모방한다. 극(劇)은 항상 이런 사람과 사람의 응대에서 구성 조립되는 것이므로 이 연습은 특히 중요하다.

이 경우에는 혼자서만 관찰하지 말고, 동료와 두 사람이 관찰하고, 후에 두 사람이 모방하고 연습해 보는 것이 중요하다.

후에 재현해 보고, 이 응대하는 두 사람의 관계(성격 및 신분의 차이, 친밀의 정도, 이해나 입장의 차이)가 명료하게 나오도록, 또 양자의 기분의 교류 내지는 불 교류가 명료히 느껴지도록 잘 관찰하지 않으면 안 된다.

연습 11 소리의 관찰
다음 단계는 인간이 내는 여러 가지 소리를 듣고 연구해 이것을 모방하는 것이다.

인간이 내는 소리의 주요한 것은 말이지만, 그 연구는 '화법'에서 상세히 다루기로 하고 여기서는 그 밖의 것을 관찰하기로 한다.

한숨, 피곤한 경우, 슬픈 경우, 기뻐서 어쩔 줄 모르는 경우, 병증의 경우.

재채기, 기침, 하품, 말더듬이, 이 같은 그치지 않는 생리적 현상이 사람에 따라, 국면에 따라 어떻게 처리되는가를 세밀히 관찰하고 모방하는 것.

외치는 소리, 여러 사람 여러 국면의 웃음소리, 울음소리를 연구한다. 자연의 모양, 억제된 모양, 만든 모양을 민감하게 판단하지 않으면 안 된다.

여러 가지 웃음소리를 얼굴 표정 또는 성격과의 관련으로 연구해 보라. 웃음소리의 모음이 그 성격을 암시한다. 한결같은 웃음은 그 사람이 아무런 혼도 마음도 가지고 있지 않음을 보인다. 그렇지 않다면 서투른 만든 웃음의 경우이다.

점점 오르든가 내려가는 '아'의 웃음은 교양 있는 사람 같고, 길게 늘이는 '에'의 웃음은 정신 능력의 협소를, 짧은 '에'의 웃음은 몰인정과 인색함을, 끌어가는 '오'의 웃음은 열심과 시끄러움을 느끼게 한다.

배우의 연기수업

7장

--- ✦ ---

음성 표현의
연기

John stole my watch.

이 단순한 문장에서도 음성 표현에 따라서는 그 전달되는 의미가 달라진다.

John에 강세를 줄 때
stole에 강세를 줄 때
my에 강세를 줄 때
watch에 강세를 줄 때

모두 그 의미가 달라진다. 도둑이 지적되고, 행위를 말하고, 소유자에 대한 주의가 환기되고, 훔쳐진 물건이 명시된다.

이처럼 한 단순한 문장이지만 이 문장은 4개의 아이디어를 포함한다. 그러나 화자에게 맨 먼저 떠오른 넷 중의 하나를 청자에게 말하게 된다.

뿐만 아니라 하나의 단순한 말(word)도 다양한 음성의 억양

(inflection)에 의해 각각 다른 의미가 전달되기도 한다.

Tom을 다음의 몇몇 정황에 따라 나누어 본다.

Tom(질문으로)= You are Tom. are'nt You?

Tom(명령으로)= Stop that!

Tom(주의 환기로)= Listen a minute.

Tom(절규로)= Come here quickly!

이밖에도 여러 각도에 따라 더 많이 나누어 생각할 수 있다.

다양한 음성은 화자가 말하는 바의 구체적이고 지적인 의미보다 더 많은 표현을 가능하게 한다. 즉, 지적 의미의 뒤에 있는 화자의 깊은 정감조차도 청중에게 전달할 수 있게 한다.

음성 표현은 이렇게 다양하고 섬세하기까지 하다. 그러므로 문자로만 표시된 것만으로는 충분하게 그 의도를 나타낼 수 없다. 문자는 다양한 음성 중에서 다만 대표적인 것을 하나 기록한 데 지나지 않는다. 음성 언어가 구체적인 것이라면 문자 언어는 개념적이고 추상적인 것이라 할 수 있다.

문자 언어는 하나로 표시되지만 음성언어는 여러 갈래로 표시되고 의미도 각기 다르게 표현되는 예는 얼마든지 있다.

The Word	The Meaning
Yes.	Of course.
Yes.	No!

배우의 연기수업

Yes.	Well maybe.
Yes.	Really? I don't believe it.
Yes.	Now are you satisfied?
Yes.	I'm not sure.
Yes.	…and what are you going to do about it?
Yes.	….now leave me alone!
Yes.	Oh! What an idiot you are!
Yes.	Will….this…...never….end!

여기 보인 예는 극소의 것이지만 하나의 말이 지니는 그 의미는 이렇게 여러 갈래가 된다. 앞에서 설명한 말의 의미도 되겠지만 그것은 앞뒤의 문맥에서 정해지고 이것은 음성 표현으로 그 뜻이 설명될 수 있다는 점이다.

제아무리 우수한 표음문자라 하더라도 소리 남을 소리 나는 대로 빈틈없이 기록하기란 매우 어려운 노릇이다. 이런 까닭으로 해서 음성 표현의 수단으로서 화자와 청자 사이를 잇는 커뮤니케이션이 한층 분명해질 수 있다.

음성 표현이 다양하면 다양할수록 화자의 말은 그만큼 활기차고 다채로울 것이다.

이 음성 표현을 물리학에서는 음파의 주파수와 진폭 그리고 에너지의 분류를 그 대상으로 하고, 심리학에서는 청자로서 듣는 바 음성의 감(感)을 그 대상으로 하며 대부분의 작품에서는 이밖에 force와 rate를 첨가한다.

quality는 tone의 공명 형이고, rate는 발언 속도이고, force는 발언의 크기이고, pitch는 음계상 소리의 위치이다. 이 같은 음성 표현의 기교는 자연스럽고 무의식적으로 쉽게 변화되어야 말에 어세(語勢)가 생기고 전달하고자 하는 의미에 따라서 다양한 멜로디가 발생한다.

1. Rate

몬로(A H Monroe)에 의하면, 미국에서 연사는 1분간에 평균 120 내지 150단어를 말한다고 한다. 그러나 음성 표현의 속도는 그때마다 말할 정황이나 감정에 따라 다르다. 따라서 이렇다 할 확고한 기준이 세워질 수 없다. 다만 적당한 속도가 필요하다.

이 속도는 화자 측 또는 청자 측에서 고려된다. 생리적으로 입이 빠르고 머리 회전이 빠르고 당돌한 성격의 사람은 말의 속도도 빠르다. 그러나 바람직한 것은 상대의 이해와 공감을 먼저 생각하고 말할 내용을 고려한다는 점이다.

상대방을 고려하는 데 따라 전체적인 속도가 정해진다. 상대가 어린이들이나 연상의 어른들일 때는 좀 천천히 예기하게 되지만 상대가 이해 빠른 어른일 때는 비교적 빨라야 한다. 또 말할 내용이 쉽고 어려움에 따라 속도의 지속이 결정됨은 당연한 일이다.

이것은 말의 전체적인 속도이지만 말이 진행되어 나아가는 도중에도 말의 지속(遲速)과 완급(緩急)이 있다. 청자로서 이해하기 힘든 수식이 복잡한 부분과 말의 어떤 내용이 상대에게 중요한 의미를 가질 때 느려야 하고 그렇지 않으면 빨라야 한다.

고유명사나 숫자 등이 나올 때는 느리고, 말의 어느 수식 어구는 되도록 빠르게 표현한다. 부분적인 완급과 전체적인 완급이 잘 조절되면서 청자에게 이쪽 내용이 가장 잘 전달될 수 있으면 적어도 음성 표현상 rate의 기교는 구실을 다하는 셈이지만 이것이 그렇게 간단하지 않다.

부분이든 전체이든 중요 사실이나 복잡한 사실이 보다 느리게 표현되어야 하는 것은 그 청자가 내용을 소화할 시간의 여유를 갖도록 배려하는 이유 때문이다.

흥분한 사람은 빠른 속도로 말한다. 그러나 침착한 사람이나 나른한 사람은 한층 느리게 말한다. 그러나 열렬하면서도 침착한 사람은 속도의 다양성에 따라 그의 열렬하고 침착한 점을 청자에게 알린다.

청중은 다양한 속도로 보여주는 화자의 흥분이나 냉담 그리고 확실한 자제에서 오는 어떤 의미의 변별을 구분하는 데도 물론 민감하다.

속도의 다양성은 단지 말의 빠르고 느린 점만 의미하는 것은 아니고, 좀더 구체적으로 보면, 말의 속도는 두 가지 요소에 의존한다.

2. Quantity

말의 실제적 발언에 쓰인 시간과 pause, 어와 어의 휴지에 쓰인 시간이다. 그러므로 퀀티티와 포즈, 그리고 둘 다 길면 그 말의 전체 속도가 느리고, 반면에 퀀티티와 포즈, 그리고 둘 모두 짧으면 그 말의 전체 속도는 빠르다.

이처럼 전체 속도에 영향을 미치는 작용 외에도 퀀티티와 포즈는 의미 표현에 큰 작용을 가한다.

퀀티티

이 퀀티티는 어떤 무드나 감정에 적합한 기본적인 다양성을 지닌다. 아름다움, 엄숙함, 부드러움은 그 음성 표현상 긴 퀀티티를 요구한다. 한편, 흥분, 기지, 쾌활, 놀라움, 방탕 등은 짧은 퀀티티를 요구한다.

이 퀀티티를 체득하려면 큰 소리로 연습하는 길밖에 없다. 어떤 감정을 전달할 수 있는 일정 형태의 발췌문을 연습하든지 아니면 한 감정을 다른 감정으로 변통(變通)시킬 수 있는 일정 형태의 발췌문을 연습하는 것이 퀀티티의 기교를 몸에 배게 하는 키가 될 것이다.

그리고 한 가지 유의할 것은 발췌문을 읽을 때는 모음이 자음보다는 항상 그 퀀티티가 길다는 사실이다. 발췌문에 표현된 감정에 몰입하고, 그 후, 자신이 자신을 작자의 감정에 접근하도록 시도하면서 큰 소리로 발췌문을 읽음으로써 퀀티티에 대한 같은 감성의 부분을 발전시킬 수 있고, 여기서 음성 표현의 기교가 증진될 수 있다.

배우의 연기수업

3. Pause

음성의 토막에 의해 그 앞뒤가 한정되고, 그 중간에 그 어떤 토막도 포함되지 않는 음성 연속을 호흡단위라고 한다. 음성이 토막 져지는 원인은 여러 가지가 있다.

첫째, 발화는 보통 호기(呼氣)에 의해 폐장 안의 공기를 채우기 위해 들숨을 쉴 때는 발음 운동은 멈춰지는 것이 보통이고, 둘째는 남에게 이쪽 말을 쉽게 이해시키기 위해 적당히 음성의 휴지(休止)를 두는 것이 보통이며 발음을 임의로 굴려 역시 적당한 자리에 음성 휴지를 두는 경우도 적지 않다. 또 말을 더듬거나 말을 잘못 했을 때도 음성이 토막져질 때가 있다.

호흡 단위는 한 개 단음 또는 음절에서 이루어지는 것도 있고 매우 긴 것도 있다. 그래서 그 길이를 규정하는 법칙이 없고, 그 성립 원인은 매우 복잡해 그 모두를 과학적으로 연구하는 것은 거의 불가능하다.

음성의 휴지는 호흡 단위마다 오지만 단음이나 혹은 음절보다 문장의 구나 절에 두는 것을 여기서 다루고자 하는 것이다. 그리고 이 포즈가 쓰이는 세 가지 목적이 있다.

아이디어를 분리하고, 분리된 아이디어를 사고의 단위로 떼어놓기 위해.

주요 아이디어를 들어내 놓기 위해.

사고를 구성하는 화자의 시간을 얻기 위해.

독자를 위해 바른 구두법(句讀法)이 쓰여야 하는 것처럼, 청자를 위해 바른 포즈가 그의 스피치에 포함되어야 한다.

문장을 낭독할 때는 문어와 구어의 구두법은 다르다는 점을 알아야 한다. 모든 온점이 다 포즈를 요구하는 것이 아니고, 또 구두점이 없다고 해서 항상 어떤 포즈도 필요 없다는 것이 아니다. 또 시를 낭송할 때는 항상 시의 행의 끝에만 포즈를 두어서는 안 된다.

물론 시인은 그의 시어(詩語)들을 주어진 운율 형식에 맞춰야 하는 것이 관례이기는 하지만 시인의 사고는 이따금 다음 행(行)으로 이어지는 수가 있는 것이다.

스토리 절정에 앞서 오는 포즈는 때로 서스펜스를 증가시키는 요인이 된다. 더욱이 극적인 포즈는 어떤 어휘의 표현보다 일층 더 강하게 화자의 정감을 나타낼 수 있다. 그럼에도 불구하고 대부분 화자는 휴지(休止)에 주의가 쏠리는 것이 두려운 나머지 휴지 없이 말하는 경우가 많다. 그러므로 그들은 쉼 없이 그들의 말을 이어가든지 또는 사이마다 군말을 섞어가며 말을 이어 나간다.

이따금 포즈는 화자가 스스로 느끼는 것처럼 청자도 길게 느껴질 때가 있다는 것과 어세를 가하든지 사고를 명백히 하기 위해 포즈를 취할 수 있다는 것은 평정과 자제의 한 징후임을 꼭 명심할 필요가 있다. 그러나 불필요한 쉼조차 포즈를 둘 필요는 없고 오직 화자가 강조하는 생각과 느낌에 온 힘을 기울일 것이다.

사고적인 포즈는 동적인 것이지만 공허한 포즈는 아무 의미가 없는 것이다.

배우의 연기수업

퀀티티와 포즈의 뜻 있는 활용을 통한 레이트의 뜻 있는 다양성은 융통성의 표현에 이르는 가장 빠른 지름길이다. 다만 실제적인 연습과 훈련이 요구될 뿐이다.

이를 뒷받침하기 위해 포즈를 요약하면 다음과 같다.

① 원고의 구두점(句讀点)은 참고는 하되 그대로 쓰지 않는다. 특히 문장의 구두점과 음성 표현의 포즈와는 상당한 차이가 있다. 구두점은 센텐스의 끝에 꼭 친다는 기준이 있지만 독점(讀点)은 사람마다 차이가 있다.

　　교과서는 비교적 논리적으로 구두점을 쳐 놓았다. 그러므로 그대로 읽는다면 기계적인 포즈가 오기 때문에 생동하는 느낌이 소실될 염려가 있다. 음성 표현의 포즈는 구두점보다 더 미묘해 말에 대한 센스가 한층 더 필요하다.

② 포즈를 두는 데와 포즈의 길이를 적절히 두어 포즈의 효과를 살리는 일도 중요하다. 짧은 심리적 포즈부터 숨 쉬는 긴 포즈까지 여러 포즈를 쓰게 되지만 이때 주의할 것은 포즈에 의해 호흡 단위가 생기고 또 정리되는 어의 모임이라는 점이다.

　　그리고 말하는 장면이나 화자와 청자 사이에서 심리적 포즈의 위치가 다소 달라질 수도 있다.

③ 구두점이 독점보다 긴 포즈가 되는 것은 확실하지만 구두점과 독점을 둘로 가르는 것은 아니다.

　　화제 및 항목이 바뀌는 데서 비교적 길고 또 다음 아이디어를 기다리게 하는 포즈에서 호흡 단위 및 심리적 포즈에 걸쳐 그 길이는 실로 복잡다단하다. 그러나 문의(文意)를 파악하고 포즈의 위치와 길이를 적절히 두는 일이 중요하다.

④ 원고에 포즈의 기호를 붙여 놓으면 읽고 말할 때 매우 편리하다. 이 기호는 일정치 않으나 소, 중, 대로 임의의 기호를 달면 여유 있고 침착한 낭독 및 대사가 가능하다.

읽을 때나 말할 때나 음성 표현에서 항상 포즈는 필요하다. '화법은 즉 포즈'라는 극언을 한 사람도 있다.

4. Force

어떤 청자라도 화자에 대한 요구 조건은 잘 그리고 쉽게 말을 알아들을 수 있도록 큰 소리로 말하는 것이다. 특히 화자의 신념과 활기는 음성의 힘을 가지고 청자에게 강한 인상을 준다.

그러나 조용 조용히 이야기를 계속하면 그 음성은 화자 자신이 스스로 어떤 신념이 없다고 하거나 아니면 청자가 화자의 이야기를 듣거나 말거나 상관없다고 하는 의사 표시가 될 것이다.

때로는 화자의 바람직한 이야기를 듣도록 또 청중의 호응을 얻도록 하기 위해서 한순간 청중을 긴장시키는 일은 청중의 수동적인 태도를 능동적인 모습으로 바꾸는 방법이 되기도 한다.

그러나 긴장이 너무 오래 지속되면 상대는 지치고 주의가 산만해지고 자리에서 쉴 새 없이 움직이고 그리고 가혹한 긴장이

배우의 연기수업

빨리 지나기를 바라게 된다.

　다른 한편, 화자는 계속 큰 소리로 외치지 않도록 주의해야 한다. 이것이 청중을 지치게 하고 이것이 청중의 주의를 산만하게 하는 것이다.

　사람들은 긴장을 계속 시키는 이야기에도 싫증을 느끼지만 긴장을 안 시키는 이야기가 계속되어도 싫증을 느낀다.

　음성 표현의 속도에 관심을 갖는 만큼 힘에도 관심을 갖고 그것을 염두에 둘 필요가 있다.

　힘은 정도(degree)와 형태(form)로 분류된다.

　정도는 가해진 힘의 양을 대상으로 한다. 그러므로 속삭임이나 낮은 톤은 힘의 정도가 낮게 발언된 것이다. 그러나 외치는 소리는 높은 정도를 포함한다.

　한편 형태는 가해진 힘의 방식을 그 대상으로 한다. 우리는 갑작스럽고 파열적으로 힘을 가할 수 있고 또 우리는 완만하게 힘의 증가를 기할 수도 있다.

　한 단어 중의 여러 음절에 가해진 힘(force)의 상대적인 양을 강세, 스트레스라 한다. 강세의 효과는 때로 피치의 변화에 의해 획득되기도 하고, 또 속도의 변화에 의하기도 하며, 또는 힘에 의해 효과가 획득되기도 한다.

　사실 이 3개 항의 변이성(變異性)은 항상 강세의 음성에 힘을 결합시킨다. 그럼에도 불구하고 한 음에 강세를 주는 것이 그 음을 보다 크게만 내는 것이므로 흔히 강세를 힘의 다양성으로는 제3의 형태로 간주하고 있다.

5. Degree

힘은 주로 강조하는 정도에 따라 그 변화를 나타낸다. 어나 어구의 크기를 증가하기 위해 혹은 그 크기를 감소하기 위해 어나 어구에 밑줄을 그을 수 있다면 화자는 그것을 눈에 띄게 할 수 있을 것이다.

더욱 힘의 정도에 변화를 주면 처진 흥미를 다시 일깨워 주는 한 효과적인 수단이 될 수 있다.

만약에 화자가 재빠르게 힘을 증가하면서 중요한 어나 어구를 발화(發話)한다면 졸린 듯한 청자는 곧 원상으로 돌아갈 것이다. 그러나 그 효과는 가해진 힘의 정도에 의해서가 아니라 가해진 힘의 정도 변화에 의해 발생한다는 점에 유의할 필요가 있다.

힘의 재빠른 감소는 재빠른 증대보다 더 효과적이다. 고요는 시끄러운 방에서 잠자고 있는 사람을 깨울 수도 있다.

화자가 활용하는 힘의 정도에 관한 조정을 꾀할 때 일어나는 화자 음성의 피치와 퀄리티를 잘 파악하게 될 것이다. 발화의 크기를 증대하려면 언제나 그 피치를 올리게 된다는 것은 대부분 화자에게 있는 자연스러운 경향이다.

외칠 때는 대화적인 톤보다 보다 높게 조율된다는 점을 알아야 한다. 이것은 발화 기구를 조종하는 신경들이 그 충동을 그 기구의 전체 근육에 발산하는 경향 때문이다.

일반적으로 긴장하면 그 결과는 좀더 힘차지면서 동시에 높은 피치를 내기가 쉽다. 때로 목이 너무 긴장하면 거친 음이 발생하기도 한다. 그러나 조금만 연습하면 이 현상은 곧 극복할 수 있다.

배우의 연기수업

다른 손가락을 움직이지 않고 한 손가락을 빨리 움직일 수 있는 것처럼, 혹은 다른 눈은 말고 한 쪽 눈으로 윙크할 수 있는 것을 배울 수 있는 것처럼 목 근육을 긴장시키거나 음성 피치를 필요 이상 올리지 않고 호흡 근육의 수축에 의해 힘을 가하는 법을 터득할 수 있다.

예를 들면, "그것은 절대적인 사실이다!"와 같은 한 문장을 반복 발언하면 좋은 방편이 될 것이다.

매우 강한 힘으로 "사실이다!"라고 발언하고 나서 곧 보다 낮은 피치로 발언해 본다. 그리고 그 후에 전체 문장을 점점 크게 말해 본다. 이때 다만 피치가 오르지 않는 한도 내에서 큰 소리로 외칠 수 있을 때까지 외쳐 본다.

톤은 정당하게 유지해야 한다. 보다 긴 퀀티티를 활용하고 공명을 충분히 유지해야 한다.

음성의 힘 정도를 잘 조절하게 되면 발화에 강세를 주게 될 뿐 아니라, 비축된 힘의 인상을 청자에게 나타낼 수 있다.

6. Form

일반적으로 가해지는 힘의 방식이나 혹은 폼은 화자의 근본적인 감정을 들어낸다.

과장된 폼이 더불어 점차적으로 확고하게 힘을 가하면 그 힘은 화자의 감정을 조절할 뿐 아니라, 깊이를 암시하기도 한다. 일반적으로 과장된 폼은 흔히 고귀, 위엄, 존경 등을 나타낸다.

힘이 급하고 격할 뿐 아니라 확고하게 가해지면, 흔히 그 힘을 활기 찬 폼이라고 한다. 이 활기 찬 폼은 결단성, 활력, 진지성 등을 나타낸다. 그리고 돌발적인 폼은 분노, 공포, 또는 우발적인 강한 감정 등과 연결된다.

그러므로 힘의 폼은 구두표현어의 퀀티티나 듀레이션과도 밀접한 관련이 있다. 과장된 폼은 돌발적인 폼보다 긴 퀀티티를 필요로 한다.

이처럼 시간의 퀀티티와 힘의 폼은 결합해서 사람의 감정을 표현한다.

힘의 폼을 통해 감정을 나타내는 기교를 습득하는 가장 좋은 최선의 방법은 이런 감정이 담긴 운문이나 산문을 큰 소리로 읽으면서 연습하는 것이다.

결국, 스피치에서의 폼은 사람의 내부 감정에 대한 자연스러운 반응을 나타내는 힘이다. 다만 부단히 꾸밈없는 훈련만이 충분한 융통성을 기르고 또 감정의 표현을 자유롭고 쉽게 할 수 있다.

7. Stress

한마디 말 가운데 스트레스는 보통 표준 발음법에 따른다. 악센트를 교정하는 일은 상대 이해를 위해 필수 불가결하다. 그러나 우리말에서는 일부 방언을 제외하고 악센트에 따라 의미 차이나 문법의 차이가 고려되지 않으므로 그렇게 중요한 의미는 없지만 다만 표준어로서의 악센트 규정은 필요한 것이면서 아직 그

규정은 없다.

그러나 어와 어가 스피치에서 이어질 때의 스트레스 규칙은 일정하지 않다. 이때에 강조와 대조를 명백히 하기 위해 변화 있는 어의 스트레스를 요구한다. 관습적인 악센트와 강조 및 대조의 조건은 어와 어 가운데서 스트레스의 위치에 영향을 미친다.

스트레스의 효과적인 활용은 명료한 발언, 활기찬 발언, 그리고 생생한 표현을 위한 요소가 된다.

8. Pitch

성악가를 소프라노, 테너 등으로 나누는 것과 같이 사람들은 말할 때, 정상적인 피치에서 변화를 갖는다. 배역으로 인한 성격을 제외하고 보통 정상적인 음역(音域) 안에서 말한다. 그렇지 않으면 기성을 발할 위험이 있다. 그러나 정상적인 음역 안에서는 발성 활동의 여지가 있다.

화자 가운데 몇몇은 피치의 정상적인 음역에서도 발성에 충분한 변화를 갖지만 같은 피치를 발하고 여기에 머무는 경향이 있다.

여기서 논의되는 피치는 키(조율)에 관한 것이 아니고, 피치의 일반적 높이의 한계와 피치의 변화 그리고 스텝이라는 급격한 변화와 완만한 변화의 슬라이드를 모두 포함하는 멜로디 패턴을 뜻한다.

그러므로 피치의 효과적인 변화만큼 스피치에 생기와 활력을 주는 것도 없다.

9. Key

일반적인 피치의 높이나 키는 대인 관계에 따라 변화한다. 그러므로 대부분은 우리가 흔히 생각하는 것보다 더 넓은 피치를 갖는다. 비근한 예로 누구나 한 옥타브는 쉽게 걸칠 수 있고 또 많은 사람은 기성(奇聲)을 발함이 없이 2옥타브 이상에 걸쳐 충분한 변화를 가질 수 있다.

정상적인 발화에서 일반적인 기준 조(調)에 근거를 두는 경향이 있고 발화되는 대부분의 말이 이 기준조의 상하에 변화를 가지면서 음성 표현에 변화를 갖는다.

말하려 할 때의 기준 조는 청자에게 매우 명백한 인상을 남긴다. 관례적으로 보면 올라가는 피치는 취약성, 흥분, 젊음 등이 암시되고, 계속 내려가는 피치는 확신, 안정, 힘 등을 암시한다.

습관적인 피치는 늘 자연스러운 음역의 중간 이하에 오지만 항상 유동적이다.

말하는 힘의 정도를 증가시킬 때, 음성 조절에 특히 주의하고, 또 기성이 발해지기 직전까지 어느 정도 변성이 올 때까지 높이 가져 갈 때는 특히 주의할 필요가 있다.

긴장에 주의가 쏠릴 때는 얼마간의 포즈를 두고, 피치는 낮춰야 한다. 물론 긴장하면 흥분하고 또 흥분된 감정에 따라 음성의 피치도 올라간다. 그러나 다소 억제된 감정은 그렇지 않은 감정

배우의 연기수업

보다 한층 더 청자에게 인상적이다. 그리고 감정이 외부로 모두 노출되지 않는 한, 깊은 정감과 절정에 이르는 흥분이 청자에게 의식된다.

10. Step & Slide

스피치 발화 도중 발생하는 피치 변화의 두 가지 양상이 하나는 스텝이요, 하나는 슬라이드이다. 다만 스텝은 피치의 급격한 변화요, 슬라이드는 피치의 느린 변화를 말한다. 그리고 이 두 변화는 다 같이 임의의 의미에 의해 상하로 진행한다.

슬라이드는 때로 두 가지 경우가 발생한다. 피치가 승강(昇降)하는 경우와 강승(降昇)하는 경우이다.

일반적으로 상승의 스텝이나 슬라이드는 질문, 우유부단, 불확정, 의문 또는 불안이 암시되고, 하강의 스텝이나 슬라이드는 강경성, 결심, 확신, 최후 또는 자신이 암시 된다.

스텝과 슬라이드는 스피치의 감정적 내용보다 사상적 내용을 전달 표현하는데 1차적으로 유용한 것이다. 이것이 숙달되면 전달하고자 하는 의미가 더욱 명백해질 것이다.

화자가 말하기 시작할 때, 미리 상승이나 하강 억양을 정하고, 스텝 또는 슬라이드를 미리 정할 것을 여기서 뜻하는 것은 아니다.

그러므로 스텝이나 슬라이드 기교를 실제 연습하고 직접 체득할 때까지 선택 문장을 큰 소리로 충분히 읽어 보는 것이다.

11. Melody Patterns

모든 종류의 스피치에서 리듬과 어구의 율동 그리고 문장은 스스로 계속 피치 변화의 양식을 꾸며 나간다.

사상이나 감정에 변화가 오면 이 선율적인 양상도 변화한다. 비애나 비통은 빠른 속도로 표현할 수 없고 또 경쾌한 선율이나 어떤 기지에 의해서도 표현될 수 없다.

단조로운 선율의 양상은 조용히 항상 한 키에만 머문다. 단조로운 음성으로 인한 청자의 동요에 주의가 필요하다. 또 미숙한 화자는 문장마다 그 종결 어미를 하강 억양으로 끝내는 경향이 있다. 이는 피할 일이다.

피치 억양에 유연성을 가지려면, 화자의 선율 양상이 표현하고자 하는 사상과 감정에 정상으로 대응해야 할 것이다. 그러나 무슨 말을 하든 부지불식간에 쓰이는 선율 즉, 틀에 박힌 음성 표현은 항상 경계해야 한다.

12. Emphasis

앞에서 강조된 음성 활용의 모든 형태는 그 유용성이 더 없이 명백하다. 그리고 속도나 강세 또는 피치 변화는 어나 어구 문장을 다른 것보다 눈에 띄게 해 준다.

속도와 강세 또는 피치 변화가 강조로 이어진다. 특히 강조는 포즈에 의해 증가한다. 포즈는 화자의 중요 아이디어를 청자가 수용하게 하는 준비이고, 대조는 다른 것과의 비교에서 보이는 변화이다.

강조에 관한 것은 이미 소개했지만 두 가지 유의할 사항이 있다. 첫째, 지나친 강조는 피한다. 둘째, 계속적인 강조도 피한다.

만약 화자가 확실한 가치나 중요성을 지나치게 강조한다면 청자는 화자의 신뢰를 잃을 것이다. 또 화자가 말하는 것을 모두 강조하려고 시도한다면 실제로 강조되는 것은 하나도 없다. 그러므로 화자는 중요한 사실만을 지적하고 의미심장한 발언만 강조한다. 그러므로 강조는 분별 있게 활용할 일이다.

8장

한국어 발음

1988년 1월, 정부가 '한글 맞춤법'과 함께 '표준어 규정'을 고시하자, 1989년 3월부터 이 규정이 우리 국어 생활에 새롭게 적용되기 시작했다. 표준어 규정에 "표준어는 교양 있는 사람들이 두루 쓰는 현대 서울말로 정함을 원칙으로 한다."고 하였다.

　　한편, 표준 발음법에 "표준 발음법은 표준어의 실제 발음을 따르되, 국어의 전통성과 합리성을 고려하여 정함을 원칙으로 한다."고 하였다.

　　방송은 표준어 및 구두 표현어를 구사해야 하므로 방송인은 의당 표준어를 표준 발음법으로 실현하되, 동시에 음성 표현법에 유의해야 한다. 그리고 방송 언어의 이상은 국어의 표준과 모범을 시현하는데 있다.

　　그러나 최근 방송 언어의 발음에 혼란이 야기되는 현상은 그대로 간과할 수 없다. 이를테면 불법(不法)이 [불법]과 [불뻡]으로, 공권력(公權力)이 [공꿘녁]과 [공궐력]으로, 버스가 [뻐스]와 [버스]로, 가스가 [까스]와 [가스]로, 선릉(宣陵)이 [선능]과 [설릉]으로, 불이익(不利益)이 [부리익]과 [불니익]으로, 악영향(惡影響)이

[아경향]과 [앙녕향]으로 모두 다 열거하기 어려울 만큼 발음 혼란 현상이 일어나고 있다.

이것만이 아니다. '고저'와 '장단' 현상이 발음교육을 받지 못한 세대들에게 거의 망각되는 추세마저 보이고 있음은 실로 안타까운 일이 아닐 수 없다.

방송 언어의 발음 문제는 한마디로 심각한 혼란의 양상을 띠고 있음이 어제 오늘의 현실이다. 저자가 문제의 원인을 몇 갈래로 분석해 보면, 첫째는 원칙과 허용 발음의 인정, 둘째는 외국어 및 외래어 발음에서 원지음과 현실음의 대응, 셋째는 한자음에서 복수음의 현상 등을 원인으로 분리 추출할 수 있다. 그리고 한글이 '표음 문자'이므로 표기대로 발음하지 않으면 안 된다는 일반적 인식이 확산되어 발음 문제의 혼란을 더욱 가중시키고 있음을 알게 된다. 저자는 이에 대한 해법으로 '방송 언어'의 발음 실현을 제시한다.

1. 음의 장단(長短)

모음과 자음에 장단음 현상이 있으니 국어는 모음에서 이 현상이 현저하다. 이 점, 모음의 음량을 가리킨다. 모음 장단으로 의미 차이가 나타나므로 음의 장단은 국어 발음에서 중요한 비중을 차지한다.

장단의 차이는 우선 상대적이고 비교적인 기준에 따라 이해해야 한다. 장음은 [:]으로 표시한다. 음의 장단은 고유어와 한자

배우의 연기수업

어에서 볼 수 있는 현상이다. 음절 축약으로 인한 준 말에서 장음 현상이 발견된다.

그리고 일정 모음의 장음에서 음질의 변화를 볼 수 있다. 특히 한자음의 경우, 동일 한자가 장단 양쪽으로 발음되는 경우가 있고, 어두(語頭)에서 장음인 것이 제2 음절 이하에서 단음화되는 경우가 있다. 또 이 같은 경우는 고유어에도 나타난다. 그리고 특정 지역어(地域語)는 표준 발음과 정 반대의 장단음 현상을 보인다.

① 발음 실현

감(가다)[gam]　감(먹다)[ga：m]　　말(타다)[mal]　말(하다)[ma：l]

밤(자다)[bam]　밤(먹다)[ba：m]　　벌(서다)[bəl]　벌(쏘이다)[bʒ：l]

별(별나다)[bjəl]　별(하늘)[bjʒ：l]　　섬(곡식)[səm]　섬(바다)[sʒ：m]

음량과 동시에 음질에도 변화가 있다.

② 발음 실현

그림[gi：rim]　도끼[do：g'i]　　박쥐[ba：kdʒ'wi]　비단[bi：dan]

사람[sa：ram]　시내(개울)[si：nɛ]　안개[a：ngɛ]　　임금[i：mgim]

제비[dʒe：bi]

③ 발음 실현

갈(가을)[ga：l]　개(명멍이)[gɛ：]　김(잡풀)[gi：m]　둘(수사)[du：l]

들(들판)[di：l]　말(마을)[ma：l]　맘(마음)[ma：m]

뱀(동물)[bɛːm]　　새(사이)[sɛː]　　　솜(목화)[soːm]

④ 발음 실현

계시다(있다)[gjeːsida]　　놀다(놀이)[noːlda]　　많다(많음)[maːnta]

살다(삶)[saːlda]　　　　울다(울기)[uːlda]　　　웃다(웃기)[uːddʼa]

잇다(잇기)[iːddʼa]　　　좋다(좋음)[dʒoːta]　　짓다(짓기)[dʒiːddʼa]

⑤ 발음 실현

단음(短音): 강성(强性), 강자(强者), 대구(大邱), 대전(大田), 시험(試驗)

장음(長音): 강제(强制)[gaː-], 강조(强調)[gaː-], 대양(大洋)[dɛː-], 대왕(大王)

　　　　　[dɛː-], 시도(試圖)[siː-]

단음(短音): 고안(考案), 고찰(考察), 화요일(火曜日),

장음(長音): 고고학(考古學)[goː-], 고사(考查)[goː-], 화상(火傷)[hwaː-],

　　　　　화재(火災)[hwaː-]

⑥ 발음 실현

골(골 나다)-골(고을)[goː-]　　　　눈(얼굴)-눈(겨울)[nuː-]

담(담장)-담(가래)[daː-]　　　　　돌(햇수)-돌(모난 돌)[doː-]

발(다리)-발(가리개)[baː-]　　　　배(과일)-배(갑절)[bɛː-]

새(새 것)-새(날짐승)[sɛː-]　　　　손(손바닥)-손(손해)[soː-]

솔(소나무)-솔(브러시)[soː-]　　　종(종소리)-종(노비)[dʒoː-]

줄(선)-줄(연장)[dʒuː-]

2. 음의 고저(高低)

이희승 '국어학 개설'에, 어떤 모음을 연장하여 그 발음을 계속하면 사실상 그 음절이 다소 변하는 것은 생기기 쉬운 일이다. 국어 모음 가운데 이러한 현상이 가장 현저한 것은 /어/의 경우다.

즉, /어/ 모음이 단음(短音)일 경우 [ə]로 표기할 성질의 것이나 장음(長音)인 경우 벌써 [ə]가 아닌 [3:]와 유사한 음으로 변하고 만다. 가령, 단음(短音)인 경우,

얼음(얼다)[ərim]   어른어른(어른거리다)[ərinərin]

업다(등에)[əpd'a]   어부(漁夫)[əbu]

그러나, 장음(長音)일 경우,

어름(경계)[3:rim]   어른(성인)[3:rin]

없다(없음)[3:pd'a]   어사(御使)[3:sa]

두 가지 경우를 대조해 보면, 음의 장단 즉, 음량(音量)뿐만 아니라 음질(音質) 역시 어떤 변화가 생긴 점을 쉽게 알 수 있다.

최현배, '우리 말본'에 /ㅓ/와 /ㅡ/를 가르지 못하는 곳이 있다. /헌법(憲法)/을 [흔법], /성경(聖經)/을 [승경], /전기(電氣)/를 [즌기], /얼마/를 [을마]로 발음하는 곳은 기호지방, 영남지방, 그리고 충청지방이라고 지적했다.

심의린(沈宜麟), '개편 국어 문법'에, 같은 음을 가지고 실제 말

에 있어 길고 짧게 하며, 같은 글자를 가지고 2가지로 발음할 때
가 있으니 이것을 틀림없이 하여야 다른 말에 혼용이 아니 되며
어감이 든 표준어라 할 것이다.

그런데 같은 /어/, /여/의 음을 가지고 말에 따라 /으어/, /
이여/의 합음(合音)과 같이 발음할 때가 있으니 이는 혀를 보통 /
어/, /여/보다 올리는 까닭으로 '고어음(高語音)'이라 부른다고 말
하고, 보통 /어/와 고어음 /어/로 된 말의 보기를 들었다.

보통음	고어음	보통음	고어음
거룻배(작은 배)	거룩하다(위대하다)[g3ː-]	정씨(丁氏)	정씨(鄭氏)[dʒ3ː-]
벌(罰)	벌(곤충)[b3ː-]	경계(境界)	경계(警戒)[gj3ː-]
범인(凡人)	범인(犯人)[b3ː-]	경기(景氣)	경기(競技)gj3ː-]
섬(곡식)	섬(섬마을)[s3ː-]	경비(經費)	경비(警備)gj3ː-]
성인(成人)	성인(聖人)[s3ː-]	병(瓶)	병(病)[bj3ː-]
업다(업기)	없다(없음)[3ː-]	병력(兵力)	병력(病歷)[bj3ː-]
전기(前期)	전기(電氣)[dʒ3ː-]	영감(靈感)	영감(令監)[j3ː-]
전신(全身)	전신(電信)[dʒ3ː-]	영구(靈柩)	영구(永久)[j3ː-]
정기(精氣)	정기(定期)[dʒ3ː-]	연기(煙氣)	연기(演技)[j3ː-]
정당(政黨)	정당(正當)[dʒ3ː-]	현부인(賢夫人)	현부인(現夫人)[hj3ː-]

허웅, '국어 음운론'에 /어/음의 개인차도 심하다. 그는 서울

배우의 연기수업

또는 서울 근처 태생인 사람 6~7인에 대해서 이 음을 들어 보았는데, 어떤 사람은 장음의 /어/를 /으/와 같게 발음하고 있다. 본문의 논술은 전자 즉, [ɜ]와 [ɨ]의 차이가 분명한 사람 발음의 음운 분석이다.

여러 학자에 의해 여러 각도로 설명하고 있는데, 이 '음의 고저'는 '음의 장단'과 동시에 관계되는 것이며 그것도 /어/와 /여/ 또는 /워/모음에 국한된다.

/어/~[ə] 또는 [ɜ:]
/여/~[jə] 또는 [jɜ:]
/워/~[wə] 또는 [wɜ:]

그러나 방송계와 연극계에서 이 현상을 '자고저(字高低)'라 부르며 구전(口傳)하고 있다. 그리고 이 '자고저'를 모든 국어발음의 상징처럼 오해하고 있을 만큼 중시하고 있다.

특기할 사실은 경상방언의 /으/, /어/ 발음이 경우에 따라 표준 발음과 반대 현상을 보인다.

표준음	방언음
[흐르다]	[허르다]
[서울]	[스울]
[걸어가다]	[글어가다]

또 하나, 방송인과 연극인 가운데 일부가 '고어 음'이 아닌 /어/, /여/, /워/ 등을 '고어음'처럼 발음하는 기현상(奇現象)이 벌어지는 과민성마저 빚고 있다. 그것은 '음의 고저'에 지나치게 신경을 쓰는 나머지 발생되는 이상(異常) 현상으로 풀이한다.

3. /의/ 발음

① 발음 실현

단어의 제1음절에서 /의/는 /으/와 /이/의 합음 [ii]로 발음한다.

의견(意見)[으이 : 견], 의논(議論)[으이논], 의당(宜當)[으이당], 의례(儀禮)[으이례], 의무(義務)[으이 : 무], 의사(醫師)[으이사], 의성어(擬聲語)[으이성어], 의심(疑心)[으이심], 의연금(義捐金)[으이 : 연금], 의정부(議政府)[으이정부], 의령(宜寧)[으이령].

② 발음 실현

관형격(冠形格) 조사 위치에 오는 /의/는 발음기호 [e]에 가깝게 발음한다.

고향의 봄[고향에봄], 국민의 의무[궁민에으이 : 무], 나의 살던 고향[나에살 : 던고향], 대통령의 담화[대 : 통녕에담 : 화], 마음의 고향[마음에고향], 민중의 공복[민중에공복], 사랑의 풍토[사랑에풍토].

배우의 연기수업

즐거운 나의 집[즐거운나에집], 천만의 말씀[천마네말ː씀], 망향의 동산
[망향에동산], 고속도로의 휴게소[고속또ː로에휴게소] 등.

③ 발음 실현

단어 제2 음절에 오는 /의/는 발음기호 [i]로 발음한다.

금의환향(錦衣還鄕)[금ː이환향], 전의전동(全義全東)[저니전동], 백의민족
(白衣民族)[배기민족], 문의사항(問議事項)[무ː니사ː항], 대의명분(大義名分)
[대ː이명분], 도의도덕(道義道德)[도ː이도ː덕], 모의재판(模擬裁判)[모이재
판], 민의파악(民意把握)[미니파악]

④ 발음 실현

자음을 동반하는 /의/는 음절 위치에 상관없이 [i]로 발음한다.

희극, 희다, 희랍, 희로애락, 희망, 희미하다, 희박하다, 희방사(喜方寺), 희
비극, 희사금, 희소가치.
흰머리, 흰무리, 긔, 닐리리, 띄어쓰기, 틔다, 유희, 영희, 숙희, 환희, 순
희, 명희, 연희, 은희.

4. 관습 자음(慣習子音)

관습 자음에 소리를 더해 내는 것, 줄여 내는 것, 바꾸어 내는
것, 이 소리 저 소리를 두루 쓰는 것이 있다.

① 발음 실현

밤이슬[밤니슬] 발이랑[반니랑] 백열전[뱅녈쩐]

암여우[암녀우] 앞이[암니] 앞일[암닐]

잣엿[잔ː녇] 저녁연기[저녕년기] 첫여름[천녀름]

② 발음 실현

놓았다[노안따] 심히[시ː미] 조용히[조용이]

좋아한다[조ː아한다] 천하[처나]

③ 발음 실현

겨우살이[겨우사리] 바느질[바느질] 버드나무[버드나무]

보조개[보조개] 소나무[소나무]

④ 발음 실현

시방(十方) 시월(十月) 오뉴월(五六月)[oː-] 오륙도(五六島)[oː-]

유월(六月) 육십육(六十六)[육씸뉵]

5. 의식(意識)과 무의식(無意識) 발음

조음(調音)과 발음 연습이 부족한 사람은 본음을 정확히 내지 못하는 대신, 유사음(類似音) 또는 편음(便音)을 내어 임의로 발음함으로써 표준발음에서 벗어나는 경우가 종종 있다.

자음과 모음의 2갈래로 나누어 생각할 수 있다. 무의식 발음

(careless)을 피하고 의식 발음(careful)을 취한다.

① 발음 실현

[강기]~[감:기] [눙꼽]~[눈꼽] [당군]~[단군] [앙경]~[안:경]

[영구]~[연:구] [창고]~[참고] [항강]~[한:강] [항글]~[한글]

② 발음 실현

[금본]~[근본] [꼽빧]~[꼳빧] [낟마다]~[날마다] [눔뻥]~[눈뻥]

[담풍]~[단풍] [덤문]~[던문] [삼파]~[산:파] [신타]~[실타]

[점무]~[전무] [점문]~[전문] [짐보]~[진:보] [침목]~[친목]

③ 발음 실현

[대리]~[다리] [데게]~[대:개] [비눌]~[비늘] [손툽]~[손톱]

[오눌]~[오늘] [재전거]~[자전거] [주타]~[조:타] [지사]~[제:사]

[하눌]~[하늘] [핵꾜]~[학꾜] [헤방]~[해:방]

6. 받침의 발음

받침이 들어가는 말 가운데 발음상 문제에 직면하는 경우가 있다. 특히 '겹 받침'이 들어가면, 발음이 일층 더 곤란해진다. 국어 음운의 특수한 현상의 하나로 이는 받침이 제 본래의 음가를 충분히 발휘하지 못하고 바뀌는 이유 때문이다.

① 발음 실현

같이[가치]	굳이[구지]	끝이[끄치]
맏이[마지]	밭이[바치]	해돋이[해도지]

② 발음 실현

넋이[넉씨]	넋을[넉쓸]	삯이[삭씨]
삯을[삭쓸]	곬이[골씨]	곬을[골쓸]
값이[갑씨]	값을[갑쓸]	값어치[가버치]
값없다[가법따]		

③ 발음 실현

꽃 아래[꼬다래]	꽃아카시아[꼬다카시아]	꽃양배추[꼰냥배추]
꽃으로[꼬츠로]	꽃의[꼬체]	꽃이[꼬치]
밭 아래[바다래]	밭으로[바트로]	밭의[바테]
밭이다[바치다]	밭이랑[반니랑]	밭일[반닐]
부엌 안[부어간]	부엌으로[부어크로]	부엌의[부어케]
부엌이[부어키]	부엌 일[부엉닐]	옷 안[오단]
옷으로[오스로]	옷의[오세]	옷의 변[오디변]
젖양[전냥]	젖어머니[저더머니]	젖을[저즐]
젖의[저제]	젖이[저지]	
첫아들[처다들]	첫얼음[처더름]	첫이레[천니레] 첫인상[처딘상]
팥알[파달]	팥으로[파트로]	팥의[파테] 팥이[파치]
홑옷[호돋]	홑이불[혼니불]	

④ 발음 실현

늙게[늘께]　늙고[늘꼬]　　늙기[늘끼]　　　늙지[늑찌]

닭병[닥뼝]　닭싸움[닥싸움]　닭유 변[다규변]　닭의장[달게장, 달기장,]

흙덩이[흑떵이]　　　　　흙일[흥닐]

7. 두음 법칙

이 법칙은 이미 인정한 것이므로 발음에서 한층 더 유의하게 된다. 두음 법칙은 첫째, 단어의 제1 음절에 오는 /냐 녀 뇨 뉴 니/가 각각 /야 여 요 유 이/로 변하는 것이고, 둘째, 단어의 제1 음절에 오는 /랴 려 례 료 류 리/가 각각 /야 여 예 요 유 이/로 변하는 것이며, 셋째, /라 래 로 뢰 루 르/가 단어의 제1 음절에 올 때, 각각 /나 내 노 뇌 누 느/로 변하는 것이다.

① 발음 실현

여자(女子)　　영변(寧邊)　　　요소(尿素)　　　이승(尼僧)

② 발음 실현

양심(良心)　　예의(禮儀)[예:이]　　이발(理髮)[이:발]　이화(梨花)[이화]

③ 발음 실현

낙원(樂園)　　노인(老人)[노:인]　뇌성(雷聲)　　　누각(樓閣)

8. 한자음(漢字音)

한자음에서 논의되는 문제는 첫째, 본음(本音)과 속음(俗音)에 관한 것, 둘째, 2개 이상의 음훈(音訓)을 갖는 한자음(漢字音)에 관한 것, 셋째, 음역(音譯)에 관한 것 등이 있다.

'한글 맞춤법 해설'(1988)에 의하면, 제52항에, '한자어(漢字語)에서 본음으로도 나고 속음으로도 나는 것은 각각 그 소리에 따라 적는다.'로 규정해 놓고, 본음과 속음을 구분하였다.

본음(本音)	속음(俗音)
만난(萬難)[만ː난]	곤란(困難)[골ː란] 논란(論難)[놀란]
목재(木材)[목째]	모과(木瓜)[모과]
분노(憤怒)[분ː노]	대로(大怒)[대ː로] 희로애락(喜怒哀樂)[히로애락]
승낙(承諾)[승낙]	수락(受諾)[수락] 쾌락(快樂)[쾌락] 허락(許諾)[허락]
십일(十日)[시빌]	시방정토(十方淨土)[시방정토] 시왕(十王)[시왕] 시월(十月)[시월]
오륙십(五六十)[오ː륙십]	오뉴월(五六月)[오ː뉴월] 유월(六月)[유월]
토론(討論)[토ː론]	의논(議論)[으이논]
팔일(八日)[파릴]	초파일(初八日)[초파일]

속음(俗音)은 세속에서 널리 사용되는 관습음(慣習音)이므로, 속음의 발음을 표준음(標準音)으로 삼은 것이다. 이밖에도,

공포(公布)[공포]　　　　보시(布施)[보시]

단심(丹心)[단심]　　　모란(牡丹)[모란]

당분(糖分)[당분]　　　사탕(砂糖)[사탕]　　　설탕(雪糖)[설탕]

도장(道場)[도ː장]　　　도량(道場)[도ː량]

동굴(洞窟)[동ː굴]　　　통찰(洞察)[통ː찰]

자택(自宅)[자택]　　　본댁(本宅)[본댁]　　　시댁(媤宅)[시댁]

제공(提供)[제공]　　　고양미(供養米)[고양미]

① 발음 실현

계단(契丹)[거란]　금곡(金谷)[금곡]　금구(金溝)[금구]　금릉(金陵)[금능]

금당(金堂)[금당]　금마(金馬)[금마]　금정(金井)[금정]　금천(金川)[금천]

금촌(金村)[금촌]

김성(金城)[김성]　김제(金堤)[김제]　김천(金泉)[김천]　김포(金浦)[김포]

김해(金海)[김해]　김화(金化)[김화]

무령(武寧)[무ː령]　보령(保寧)[보ː령]　의령(宜寧)[으이ː령]

회령(會寧)[회ː령]

합천(陜川)[합천]

② 발음 실현

갱생(更生)[갱생]　경질(更迭)[경질]　경장(更張)[경장]　경정(更正)[경정]

구포(龜浦)[구포]　귀감(龜鑑)[귀감]　균열(龜裂)[규녈]

궁색(窮塞)[궁색]　요새(要塞)[요새]　다례(茶禮)[다례](이충무공)

차례(茶禮)[차례](일반)

독서(讀書)[독서]　이두(吏讀)[이ː두]　반성(反省)[반ː성]　생략(省略)[생냑]

부동(不動)[부동]　　불찰(不察)[불찰]　　복구(復舊)[복꾸]　　부흥(復興)[부흥]

불식(不識)[불씩]　　부지(不知)[부지]　　살상(殺傷)[살쌍]　　쇄도(殺到)[쇄: 도]

상식(常識)[상식]　　표지(標識)[표지]　　설명(說明)[설명]　　유세(遊說)[유세]

악한(惡漢)[아칸]　　오한(惡寒)[오한]　　오열(嗚咽)[오: 열]　　인후(咽喉)[인후]

일절(一切)[일쩔]　　일체(一切)[일체]　　태도(態度)[태: 도]　　탁지(度支)[탁찌]

포악(暴惡)[포악]　　폭풍(暴風)[폭풍]

③ 발음 실현

개괄(槪括)[개: 괄]　　개전(改悛)[개: 전]　　갱도(坑道)[갱도]　　관대(寬大)[관대]

교환(交驩)[교환]　　노후(老朽)[노: 후]　　도전(挑戰)[도전]　　방조(幇助)[방조]

법칙(法則)[법칙]　　병탄(幷呑)[병탄]　　보전(補塡)[보: 전]　　불온(不穩)[부론]

비등(沸騰)[비: 등]　　사주(使嗾)[사: 주]　　살수(撒水)[살쑤]　　세척(洗滌)[세: 척]

신문(訊問)[신: 문]　　알력(軋轢)[알력]　　액사(縊死)[액싸]　　영어(囹圄)[영어]

인멸(湮滅)[인멸]　　주차(駐箚)[주: 차]　　준설(浚渫)[준: 설]　　준수(遵守)[준: 수]

진지(眞摯)[진지]　　진척(進陟)[진: 척]　　질곡(桎梏)[질곡]　　집요(執拗)[지뵤]

취약(脆弱)[취: 약]　　통수(統帥)[통: 수]　　포착(捕捉)[포: 착]　　현란(絢爛)[혈: 란]

효시(嚆矢)[효시]　　후각(嗅覺)[후: 각]

　　한자음에서 또 주의할 것은 음역(音譯)이다. 음역의 의미는 외
국어의 음을 중국 한자의 음을 차용(借用) 나타내는 일이다.
　　예를 들면, 인명인 동시에 지명이기도 한 미국의 /Washington/
을 /화성돈(華盛頓)/으로 표기하는 경우다. 그러나 현재 음역의 의
미는 이에 덧붙여 외국어의 음을 한글로 나타내는 경우가 포함된

다. 오히려 이것이 현대적 의미를 갖는다.

예를 들면, /Washington/을 /워싱턴/으로 표기하는 경우다. 그런데 문제는 중국 한자음 표기에 있다. /화성돈(華盛頓)/의 중국음은 [Huashengdun]이므로 영어음[wəʃiŋtən]에 가깝다. 그러나 이것을 한국 한자음으로 내면 [화성돈]이 된다.

말하자면, 이중 음역이 되어 원음과 약간 동떨어진 결과를 가져온다. 물론 지금에 와서 [화성돈]이라 소리 내는 사람은 거의 없다. 좀더 극단적인 예는 /나파륜(拿破崙)/의 경우로, /Napoleon/의 중국식 음역을 지적할 수 있다. 중국음은 [Napolun]이므로 원음에 가깝다. 그러나 이것을 우리 한자음으로 내면 [나파륜]으로 사뭇 다른 소리가 된다. 이중 음역의 결과다.

그러나 2중 음역이라도 예외가 있다. 가령, /불타(佛陀)/의 경우 범어(梵語)는 [buddha]요, 중국음은 [fotuo], 우리 한자음은 [불타]이니 중국음보다 우리 한자음이 오히려 원음에 가깝다. 최근 한글 표기는 붓다[붇다]로 거의 원음과 같아졌다.

한자 문화권인 동북 아시아 지역에서도 중국에 대해서만 인명과 지명을 우리 한자음으로 발음하는 습관이 남아있다. 가령, [모택동(毛澤東)] [장개석(蔣介石)] 등, 한편, 우리 앞 세대에서 일본 지명과 인명을 우리 한자음으로 발음하는 습관이 있어 가령, [풍신수길(豊臣秀吉)], [소서행장(小西行長)] 등, [동경(東京)] [대판(大阪)] 등으로 발음해 왔으나 현 세대들은 오늘날 거의 원음대로 발음하는 추세다. 그러면 중국의 인명 및 지명도 원음에 충실한 발음이 나타날 것으로 예상된다.

우리 방송에서 중국인 /葉劍英/의 우리말 발음이 쟁점을 보인 적이 있다. 초점은 [섭거명]이냐, [엽거명]이냐, 어느 것이 맞느냐 하는 점이다. /葉/의 우리 음은 [엽]과 [섭]인데, 특히 이 글자가 성씨를 가리킬 때, [섭]으로 쓴다고 이미 나온 모든 한한(漢韓) 사전에 명기돼 있으니, 당연 [섭거명]이 옳다는 주장이요, 또 하나는 /葉/자의 중국음은 [ye]와 [xie]인데 그의 이름에 대한 영자 표기가 'Ye jian-ying'이라 하니, 의당 [엽거명]이 옳다는 주장이다.

결국, 시비가 분명히 가려지지 않은 채, 우리 언론은 종전에 /섭/으로 써 오던 것을 /엽/으로 바꾸어 쓰고 있다. 그러나 우리 관행대로 /섭/으로 쓰는 것이 옳다고 본다. 물론, 중국 신해혁명(1911) 이후의 사람은 원칙으로 중국음의 표기가 인정되지만, 우리 관행을 외면할 수 없을 것이다.

9. 경음화(硬音化) 현상

구강 내부의 기압 및 조음기관의 긴장도가 높아 강하게 파열되는 음을 경음(硬音)이라 한다. '농음(濃音)' 혹은 '된소리'라 하기도 한다. /ㄲ ㄸ ㅃ ㅆ ㅉ/가 이에 속한다. 음성기호는 각각 [k'] [t'] [p'] [s'] [ʤ']로 표기한다.

복합어(합성어, 파생어)에서 뒤에 오는 음절의 첫 소리가 되게 나는 보기가 이에 속한다. 고유어만 아니라 한자어에도 경음화 현상을 찾을 수 있다.

① 발음 실현

길가[길까] 공돈[공똔]   국그릇[국끄를]

꽃다발[꼳따발] 끝사람[끋싸람] 낮잠[낟짬]

논바닥[논빠닥] 돈지갑[돈ː찌갑] 들것[들껃]

들바람[들ː빠람] 들보[들뽀]   등불[등뿔]

떡국[떡꾹] 맏사위[맏싸위] 맞돈[맏똔]

발등[발뜽] 밭고랑[받꼬랑] 봄바람[봄빠람]

부엌간[부억깐] 산골[산꼴]   삼단[삼딴]

상밥집[상빱찝] 손등[손뜽]   숯섬[숟썸]

앞개울[압깨울] 앞바다[압빠다] 앞집[압찝]

옷감[옫깜] 옷솜[옫쏨]   옷장[옫짱]

움집[움ː찝] 일감[일ː깜] 장국[장ː꾹]

집뒤[집뛰] 집주인[집쭈인] 짚신[집씬] 팥밥[팓빱]

② 발음 실현

검다[검ː따] 남다[남ː따] 맛보다[맏뽀다]

신다[신따] 심다[심ː따] 안다(포옹)[안ː따]

③ 발음 실현

감사장(感謝狀)[감ː사짱] 고위급(高位級)[고위끕]

대가(代價)[대ː까]   문제점(問題點)[문ː제쩜]

본격적(本格的)[본격쩍] 사건(事件)[사ː껀]

선거법(選擧法)[선ː거뻡] 시가(時價)[시까]

여권(旅券)[여꿘]　　　　인격(人格)[인격]

인권(人權)[인꿘]　　　　조건(條件)[조껀]

주도권(主導權)[주도꿘]　　주인격(主人格)[주인격]

참가증(參加證)[참가쯩]　　헌법(憲法)[헌ː뻡]

화법(話法)[화뻡]　　　　효과(效果)[효ː꽈]

10. 모음조화(母音調和)

한 단어 안의 모음들 사이에서 나타나는 일종 동화 규칙이다. 모음에 양성, 음성, 중성 모음이 있어 동성끼리 조화하는데 중성 모음은 양성과 음성 모음에 다 조화된다. 15세기 자료에서 자세히 관찰할 수 있으며 현대 국어에 잔영(殘影)이 조금 남아 있을 뿐이다. 특히 의성어, 의태어에서 찾아볼 수 있고, 어미에서는 겨우 '-아/-어'의 교체가 남아있다.

① 발음 실현

보아라, 보아서, 보아야

주어라, 주어서, 주어야

찾아라, 찾아서, 찾아야

② 발음 실현

달랑달랑, 덜렁덜렁, 졸졸, 좔좔

짤랑짤랑, 쩔렁쩔렁, 탕탕, 퉁퉁

팡팡, 풍풍

③ 발음 실현

깜박깜박, 껌벅껌벅, 모락모락, 무럭무럭

발랑발랑, 벌렁벌렁, 아장아장, 어정어정

11. 자음동화(子音同化)

한 단어 또는 복합어(합성어, 파생어)에서 2자음이 충돌할 때, 일어나는 동화 현상이다.

(1) /ㄱ,ㅋ,ㄲ/이 /ㄴ,ㄹ,ㅁ/ 위에서 [ㅇ]소리로 바뀐다.

(2) /ㅂ,ㅍ/이 /ㄴ,ㅁ/ 위에서 [ㅁ]소리로 바뀐다.

(3) /ㄷ, ㅅ, ㅆ, ㅈ, ㅊ, ㅌ/이 /ㄴ,ㄹ,ㅁ/위에서 [ㄴ]소리로 바뀐다.

(4) /ㄴ/이 /ㄹ/ 위나 아래에서 [ㄹ]소리로 바뀐다.

(5) /ㄹ/이 /ㄱ,ㅁ,ㅂ,ㅇ,ㅊ/ 아래에서 [ㄴ]소리로 바뀐다.

① 발음 실현

국물[궁물]　　먹는다[멍는다]　　백리[뱅니]　　박물관[방물관]

② 발음 실현

밥맛[밤맏]　　앞마을[암마을]　　입맛[임맏]　　잡념[잠념]

③ 발음 실현

맏며느리[만며느리]   맛나다[만나다]   몇리[면니]   빛나다[빈나다]

④ 발음 실현

신라(新羅)[실라]   천리(千里)[철리]   칼날[칼랄]   편리(便利)[펼리]

⑤ 발음 실현

갈현리(葛峴里)[갈현니]   공군력(空軍力)[공군녁]

공권력(公權力)[공꿘녁]

구근류(球根類)[구근뉴]   당인리(唐人里)[당인니]

동원령(動員令)[동 : 원녕]

상견례(相見禮)[상견녜]   생산량(生産量)[생산냥]   선릉(宣陵)[선능]

신문로(新門路)[신문노]   신탄리(新灘里)[신탄니]

융건릉(隆健陵)[융 : 건능]

의견란(意見欄)[으이 : 견난]   이원론(二元論)[이 : 원논]

임진란(壬辰亂)[임 : 진난]

입원료(入院料)[이붠뇨]   전량(全量)[전냥]

횡단로(橫斷路)[횡단노]

⑥ 발음 실현

국립(國立)[궁닙] 금리(金利)[금니]   섭리(攝理)[섬니]   종로(鍾路)[종노]

배우의 연기수업

12. 구개음화(口蓋音化)

설면(舌面)과 구개(口蓋)와의 사이에서 조음(調音)되는 음이 구개음이다. 이때, 전설면(前舌面)과 구개와의 사이에서 조음 되는 음이 경구개음, 후설면과 연구개와의 사이에서 조음 되는 음이 연구개음인데 경구개음을 흔히 구개음이라 한다.

구개음화는 어떤 음을 조음할 때, 동시 조음으로 전설면과 경구개 사이가 좁혀지는 경우를 말한다. 국어 /갸 냐 댜 려 며 벼/ 등의 초성(初聲) /ㄱ ㄴ ㄷ ㄹ ㅁ ㅂ/ 등이 이에 속한다. 흔히 경구개음이 아닌 /ㄷ ㅌ ㄱ ㅎ/ 등이 [i] 나 [j] 앞에서 구개 파찰음(破擦音) [ㅈ ㅊ] 혹은 마찰음(摩擦音) [ㅅ]으로 발음되는 것을 가리킨다.

① 발음 실현

같이[가치]　　　굳이[구지]　　　밭이[바치]　　　해돋이[해도지]

② 발음 실현

걷히다[거치다]　닫히다[다치다]　묻히다[무치다]　핥이다[할치다]

13. 비음화(鼻音化)

비음 앞에 폐쇄음(閉鎖音)이 오면, 그 폐쇄음은 비음의 영향을 받아 비음으로 바뀐다. 이처럼 폐쇄음이 후행(後行)하는 비음에 동화되어 비음으로 바뀌는 동화가 비음화다.

① 발음 실현

먹는다[멍는다]　믿는다[민는다]　　　업는다[엄는다]

② 발음 실현

겉문[건문]　　　부엌문[부엉문]　　　앞문[암문]

③ 발음 실현

독립(獨立)[동닙]　십리(十里)[심니]

14. 설측음화(舌側音化)

[ㄹ]과 [ㄴ]이 만날 때, [ㄹ]의 영향으로 [ㄴ]이 [ㄹ]로 바뀌는 현상이다. 절대 동화요, 인접 동화다. 역행 동화가 주종이나 순행 동화도 이루어진다.

① 발음 실현

논리[놀리]　　진리[질리]　　천리[철리]　　편리[펼리]

② 발음 실현

불능[불릉]　　실낱[실ː랃]　　찰나[찰라]　　칼날[칼랄]

15. 절음현상(絶音現象, close juncture)

주로 합성어(合成語)에서 일어나는 현상이다. 이것은 합성된 2
말의 의미를 다 같이 전달하고자 하는 의도에서 발생한다. 그러
므로 중간이 절음(絶音)되고 중간 소리가 들어가거나 아니면 다음
소리가 경음화 되는 등으로 변화한다.

① 발음 실현

냇가[낻ː까]　　　담뱃대[담ː밷때]　　　동짓달[동짇딸]

못자리[몯짜리]　　벼룻집[벼룯찝]

② 발음 실현

글방[글빵]　　　물약[물략]　　　발등[발뜽]　　　상밥[상빱]

속잎[송ː닙]　　손등[손뜽]　　솔잎[솔립]　　앞일[암닐]

좀약[좀냑]　　풀잎[풀립]　　학여울[항녀울]

영어는 정서법(正書法)에 구애됨이 없이 발언(utterance)을 중
심으로 하여 때로는 단어, 때로는 어구를 대상으로 연접(連接,
juncture)의 연구가 시작되었으나 아직 깊은 경지에 이르지 못하고
있다.

연음(連音, compound sound)에 관해 가장 중요한 것이 바로 언어
표현상의 언어음 단속(斷續)이다. 프랑스어의 'liaison' 현상과 영
어의 'linking' 현상도 이에 포함된다.

국어의 /바둑아/[바두가]는 발음이 연음 현상으로 설명되나

또 하나 'lexical situation'에 대하여, 'syntactic situation'으로 설명할 수 있다.

16. 연음현상(連音現象, open juncture)

2음절이 서로 연접할 때, 첫 음절 종성이 다음 이어지는 음절로 옮겨져 발음함을 이른다. 이 경우는 둘이 있는데 하나는 모음과 연접할 때, 첫 음절 종성이 이어지는 음절 초성으로 되는 것이고, 또 하나는 같은 자음과 연접할 때, 첫 음절 종성이 이어지는 음절 초성을 경음화하는 현상이다.

① 발음 실현

높아서[노파서]   먹어라[머거라]   받으니[바드니]   밥이[바비]
있으니[이쓰니]   핥으니[할트니]

② 발음 실현

듣더니[듣떠니]   맞절[맏쩔]   먹고[먹꼬]   톱밥[톱빱]

17. 외래어 및 외국어 발음

흔히 국어가 빌려 쓰고 있는 다른 언어의 단어를 말한다. 차용어(借用語)라고도 한다. 외래어는 사회적인 허용을 전제로 하는데,

배우의 연기수업

그 허용의 정도에 여러 단계적 차이가 있어 이중 국적의 성질을 띤 것도 있다.

외래어와 외국어의 차이는 이론상으로 소속된 언어 체계에서의 사회적 허용 여부로 결정되나 실제 사용자의 국어 의식에 따라 주관적으로 결정된다.

보통 서구어인 외래어는 외국어 의식이 농후하나 한자어(漢字語)는 외래어라는 느낌이 없기 때문에 외래어와 외국어의 경계선을 명확히 긋기 어렵다.

대체로 자기 나라 말에서 관용적으로 쓰이는 정도에 따라 3갈래로 구분한다.

(1) 완전히 고유어에 동화된 귀화어(歸化語) '고무(gomu, 네덜란드어)', '붓(筆, 중국어)', '구두(クツ, 일본어)'

(2) 외국어 의식이 조금 남아 있는 차용어(借用語) '쓰봉(jupon, 프랑스어)', '타이어(tire, 영어)'

(3) 국적이 생소한 외래어 '커피(koffī, 네덜란드어)', '카스텔라(castella, 포르투갈어)', '킬로그램(kilogramme, 프랑스어)', '아르바이트(arbeit, 독일어)', '템포(tempo, 이탈리아어)', '스시(スシ, 일본어)', '아이스크림(ice cream, 영어)'.

외래어는 일단 차용되면, 국어의 고유한 음운, 문법, 어휘, 체계가 반영되어 변형하는 것이 보통이다. 외래어는 본래 외국어이던 것이 우리에게 전해져 점차 사용되는 중에 국어로 굳어진 것을 말한다.

대체로 명사에 외래어가 많다. 우리 순수한 말로 대치할 말이 없을 때, 그 외래어는 자리를 굳힌다.

가십, 난센스, 노이로제, 뉘앙스, 디자인, 라디오, 라이벌, 랑데부, 러시아워, 레크리에이션, 로맨스, 리뷰, 마이크로폰, 매너, 매스컴, 메뉴, 바캉스, 비즈니스, 살롱, 세미나, 스케줄, 스튜디오, 스트레스, 시나리오, 아르바이트, 아마추어, 아이디어, 앙케트, 앙코르, 에티켓, 와이셔츠, 위트, 유머, 인터뷰, 잉크, 제스처, 카니발, 칵테일, 클라이맥스, 타이틀, 테마, 텔레비전, 템포, 트로피, 프로듀서, 피아노, 하이라이트, 히트 등은 모두 우리가 흔히 쓰는 외래어다.

국어 생활 중 포함되는 외국어 발음이나 외래어 발음은 너무 지나치게 원음을 고집할 때, 상대에게 주제넘다는 인상을 주기 쉽다. 그러므로 국어 생활에 알맞은 발음이 좋다.

또, 외래어 및 외국어는 자칫 남용하기 쉽다. 대체로 자기가 쓰는 말 가운데 이들 말을 많이 섞어 쓰면 식자(識者) 인상을 준다고 해서, 자기를 과시하는 수단으로 삼는 사람이 더러 있다.

국명, 지명, 인명 등의 고유명사도 그 발음을 원칙적으로 그 나라 말 발음에 따라야 하지만, 실제 문제로 엄밀히 따르는 것이 어려우므로 다만 대체로 그 나라 말 발음에 따르게 된다. 이 가운데, 국어 식 발음도 없지 않다. 역시 이 경우, 관행을 따르면 좋다.

방송 언어 가운데도 외래어 및 외국어 영향이 해마다 증가 추세에 있다. 세계화된 정보화 사회라는 시각에서 볼 때, 방송 언어

배우의 연기수업

가운데 외래어 및 외국어가 사용되는 것이 오히려 당연하다 할지 모른다.

그러나 다른 한편, 방송 매체가 한국 내에서 정보 전달을 정확히 하는 것이 사명이라 생각하면, 외래어 및 외국어 사용 방법에 일정한 제한을 둘 필요가 있다.

국어 사용으로 가능한 것을 일부러 외국어로 표현할 필요가 없다는 의견도 있다. 어떻든 방송의 폭넓은 시청자를 대상으로 고려할 경우, 외래어 및 외국어 사용에 신중을 기할 필요가 있다.

외래어 및 외국어를 구별하는 자체가 그다지 필요한 일이 아니라 할 수 있으나 한국어에 융합된 방식을 살펴보면 구별이 가능해지기도 한다.

외래어는 주로 유럽 언어 가운데서 전부터 한국어에 융합되어 발음이 한국화 하여 외국어에서 차용한 것이라는 의식이 희박한 것이라 할 때, 외국어는 아직 한국어로 정착하지 못한 말로 사람에 따라 외래어로 느낄지 모르나 전체적으로 외국어라는 사람이 더 많은 것이라 할 수 있다.

여기서 외래어 및 외국어 발음 원칙을 설정해 보면,

① 기본적으로 원지 음(原地音)에 가깝게 발음한다.
② 원지음과 어느 정도 차이가 나나 관용의 발음으로 익은 말은 그 관용을 고려한다.
③ 단어 억양은 한국어 가운데서 자연스러운 범위 안에서 원지 음 억양을 살린다.

④ 중국어 및 일본어 발음은 별도로 고려한다.

① 발음 실현

가스[까스]　　가운[까운]　　검[껌]　　댐[땜]

버스[뻐스]　　서비스[써비스]　세미나[쎄미나]

② 발음 실현

달러[딸러]　　댄스[땐스]　　사이렌[싸이렌]

사이즈[싸이즈]　사인[싸인]　　센터[쎈터]

18. 수 관형사(數冠形詞)

사물의 수나 양을 나타내어 체언(體言)을 꾸미는 것이 수 관형사인데 /한 개/, /두 사람/에서 /한/, /두/ 따위다.

수 관형사 /석/은 /세/가 /냥, 달, 대, 동, 섬, 장, 줄, 집/ 등의 의존명사 앞에 쓰일 때의 변이 형태(變異形態)다. 그러므로 /석 냥/ /석 달/ /석 대/ /석 동/ /석 삼/ /석 장/ /석 줄/ /석 집/ 따위로 말한다.

수 관형사 /넉/은 /네/가 /냥/ /달/ /대/ /섬/ /자/와 같이 단위를 나타내는 의존 명사 앞에 쓰일 때, 변이 형태다. 그러므로 /넉 냥/ /넉 달/ /넉 대/ /넉 섬/ /넉 자/ 따위로 말한다.

그리고 백(百) 이상의 숫자를 말할 때, 첫 숫자 /백/, /천/, /만/, 단위가 1로 될 때, 1은 발음하지 않고, /백/, /천/, /만/으로 시작한다.

19. 구어(口語) 현상

'구두 표현어'는 구현어(口現語)로, 다시 구어로 줄고, 이것은 '문장 표현어'와 대조 된다. 문어(文語)는 정서법 테두리를 벗어나는 일이 없으나 구어, 입말은 이와 달리 정서법 테두리를 벗어나는 일이 있다.

표기는 하나의 사회적 규약이므로 좀처럼 개정하기 어려우나 현실 발음은 비교적 변화가 빠르므로 쉽다. 적어도 변화에서 발음은 표기에 선행한다.

사회생활의 여러 현상이 복잡할수록 언어의 발음 현상이 단하고 촉하고 격하고 경하게 일어남이 뚜렷하고, 먼저 이 경향이 구어에서 나타난다.

신문 문장은 문어 문장이고, 방송 문장은 구어 문장인데, 주목할 사실은 신문 기사 역시 근래에 와서 점차 구어로 바뀌는 현상이 나타나고 있음이다.

문어로, /상오/, /하오/가 아직 쓰이지만, 구어에서 거의 안 쓰이고, 반드시 /오전/, /오후/로 쓰이고 있다. 극본(劇本) 대사는 물론, 소설 대화 체도 모두 구어로 쓰인다.

구어는 문어와 다른 일반적 특성이 있다. 구어는 간결하다. 구어는 주어, 목적어, 보어 그리고 조사를 생략하는 경우가 있다. 구어는 어휘 구사에서 문어와 다른 어순(語順)을 보일 경우가 있다.

구어는 발음 실현에서 문어와 다른 군말 쓰기의 특성을 갖는다.

① 발음 실현

고이다[괴:다]　　　되었다[됃:다]　사이(間)[새:]

신사(紳士)이다[신사다]　이야기[얘:기]　하였다[핻:다]

② 발음 실현

그리고[그리구]　너도[너두]　서울로[서울루]　자고[자구]

자기로[자기루]　자도[자두]　하고[하구, 허구]　하기로[하기루, 허기루]

20. 표기와 발음

표음 문자는 언어음을 정확히 전사(轉寫)한다고 하나, 반드시 발음대로 표기되지 않을 때가 있고, 언어음 또한 시대에 따라 변하므로 표기대로 발음되지 않을 때가 있다. 그러므로 비록 표음 문자라 해도 '표기법'과 '발음법'이 꼭 일정하게 상응하지 않음을 알 수 있다.

/선릉(宣陵)/은 자음동화에 따라, /ㄴ/은 /ㄹ/ 앞에서 [ㄹ]로 발음한다는 표준 발음법 제20항에 따라 [설릉]으로 발음할 것 같으나, 동 항목 단서에 보이는 것같이 /ㄴ/ 다음 /ㄹ/을 [ㄴ]으로 발음할 때가 있으므로, [선능]으로 실현해야 한다. /융건릉(隆健陵)/의 경우도 동일하여 [융건능]으로 발음한다.

/공권력(公權力)/을 [공궐력]으로 발음하지 않고, [공꿘녁]으로

발음하는 이유도 단서에서 그 근거를 찾을 수 있다.

자음 동화 현상이라면 모든 경우를 이 한 가지 기준에 맞춰 적용하려는 관점(觀点)이 얼마나 부적절한가. 실제로 현장 국어를 사실대로 기술하여 일정 현상을 발견하고, 이 기준에 따라 표준 발음법을 설정하더라도 단서(但書)를 붙여 예외규정을 두는 현재 기준이 매우 신축성 있어 보인다. 그러므로 단순 사고와 단순 시각으로 발음 문제 해법을 찾으려는 시도는 옳지 못하다.

'표준 발음법'에 원칙 발음과 허용 발음이 있음도 같은 맥락에서 배경을 찾게 된다. 발음에 이상과 현실이 있다고 할 때, 현실음을 인정한 것이 바로 허용 발음이다.

/불이익(不利益)/을 [부리익] 또는 [불니익], /불이행(不履行)/을 [부리행] 또는 [불리행]으로 발음하는 경향이 현실에 보이지만, '연접(連接), juncture'에서 원인을 찾게 된다. 정확한 발음은 [부리익], [부리행]이다. /악영향(惡影響)/도 동일하게 [아경향]으로 발음한다.

/불법(不法)/은 아직 [불법]이다. /탈법(脫法)/이 [탈뻡]으로 될 것 같아 [불뻡]의 가능성이 있지만 [불법]으로 발음한다. /탈법/역시 [탈법]이다. 소리로 /법/의 뜻이 살아야 한다.

/가스/ /가운/ /버스/ /서비스/ 등의 외래어는 이미 [까스], [까운], [뻐스], [써비스] 등으로 굳어졌다고 본다. 다만 신 세대들이 영어에 익숙해 있어 영어로 발음하는 의도적 노력이 있지만 소수에 불과하다.

그들에게 발음상 주의를 환기하고자 하는 부분은 우리말 '장단'과 '고저'의 발음이다. 그들이 일상 영어 발음에 기울이는 성의만큼 우리말 발음에도 기울였으면 하는 바람이다.

언어 현실에 충실하면, 어법(語法)이 혼란해지고, 어법에 충실하면, 언어 현실과 괴리 현상이 일어난다. 어떻든 언어는 변한다. 따라서 세대 간에 발음 차이가 나타난다. 한편, 사람의 교양 정도에 따라 발음 차이를 볼 수 있고, 표준어 사용여부에 따라 발음 차이를 볼 수 있다.

말에 소리가 있고 뜻이 있으므로, 뜻이 효과적으로 소통할 수 있게 누구나 올바른 발음을 익히고 써야 할 것이다. 요컨대, 우리말 '표준 발음법'에 준거하여 방송언어의 발음 문제를 해결해 나가야 할 줄로 안다.

21. 억양 문제

영어의 억양은 강약이요, 우리말 억양은 고저로 알려져 있다. 말의 억양에 따라 의미가 바뀌는 것은 당연하다. 따라서 억양 문제를 다루지 않을 수 없다. 그러나 우리말 억양은 의미 변화에 별 영향을 미치지 않기 때문에 이 부분에 대한 우리 연구가 소홀했음은 물론이다.

우리말 억양은 고저라고 확실하게 주장한 분은 정인섭 님이다. 그러나 어떻든 단어의 억양에 대한 논의가 별 진전이 없는 것은 이것이 우리말 연구에 그다지 영향하는 바 없기 때문일 것이다.

낱말의 억양은 그렇다 하지만 accent가 아니고 intonation일

배우의 연기수업

경우, 문제는 다르다. 이것도 억양이라 하지만 어절과, 어구, 문장에서, 이 문제는 영어나 우리말이 똑같이 주요 문제로 등장한다. 이 억양은 동서가 없다. 따라서 수평일 때 상승일 때 하강일 때 등 미치는 영향이 다양하고 분명하다.

또 하나, inflection이 있다. 이것도 억양이지만 음성을 조절하고 억양을 붙이는 것인데 사람, 직업, 습관, 정황에 따라 다를 수 있어 특색을 가질 수 있다. 연출가, 배우가 다 같이 그때마다 유념할 가치가 충분히 있는 것으로 알고 있다.

우리는 구별하지 않고 '억양' 하나로 쓰기도 하지만, 적어도 3가지 구분이 있음을 알아 둘 필요가 있다. 결국 이것이 말의 멜로디를 형성하는 요인이 되기 때문이다.

초기 우리나라 연극계에 영향을 준 연극 배우 연구 이론서는 러시아 및 일본의 그것으로 매우 한정되어 있어, 스타니슬라프스키와 센다 고레야로 국한된 느낌이 없지 않다. 전자는 오사량 님의 번역으로 소개되고, 후자는 저자 본인의 번역이다.

두 책 모두 번역서이지만, 우리나라 연극계에 영향을 미치는 바 클 것으로 생각한다. 요는, 독자(讀者)인 연극 배우 또는 연출가가 이것을 얼마나 잘 수용하고, 활용할 수 있느냐 하는데 문제 해결의 관건이 있다고 본다.

앞에서도 말한 바 있지만, 극 이론에 너무 치우치기보다 일상의 자기 수련에 배우가 얼마나 열정을 기울이느냐 하는데 문제 해법이 숨어 있다고 저자는 보기 때문이다.

이미 출간된 '배우 술'에 담기지 않은 '한국어 발음법'과 '음성 표현법'은 이 책의 한 개 특징이 될 수 있을 것이다. 그만큼 그동안 이 점에 등한시해온 것이 우리 연극계의 실상이라 볼 때, 이 책의 발음에 대한 언급은 매우 다행한 일로 생각된다고 하겠다.

앞으로 미국 유럽의 연극 관련 교재가 우리에게 선을 보인다면, 일층 진전된 연극 이론이 우리에게 정착될 것으로 기대되는 바라고 하겠다.

이 책은 비단 연극 배우뿐 아니라, 영화 배우, TV 탤런트, 코미디언, 개그맨, DJ, MC, 패션모델, 성우, 아나운서, 광고 출연자, 미인대회 출전자, 각급 의회 의원, 각 교육기관의 선생, 외교 정치 법조 각급 지도자 및 각 방면 연사들에게 참고가 될 것이다.

참고로, 스타니슬라프스키(Stanislavskii, 1863~1938)에 대한 짤막한 소개이다.

그는 러시아 연출가 및 배우요, 모스크바 예술극장을 창설해 리얼리즘 연극의 확립을 지향하는 '스타니슬라프스키 시스템'을 구축해 러시아 연극에 결정적인 역할을 했다. 저서로, '예술에서의 나의 생애' '배우의 수업' 등이 있다.

그 시스템은 그가 경험을 토대로 창조해 낸 과학적인 근대 배우 술이다. 틀에 박힌 연기를 거부하고, 배우의 내적 및 외적 자질을 유기적으로 발전시켜 가면서 잠재적 창조 과정을 의식적으로 포착하는 실천적 지침을 그의 저서 '배우 수업'을 통해 제시했다.

센다 고레야(千田是也, 1904~1994) 역시, 스타니슬라프스키의 극 이론을 많이 전승한 까닭에 이 점을 여기 밝힘과 동시에, 일본 관동 대지진 때, 그가 당시 코리언으로 몰려 크게 곤욕을 치른 탓에 고레야라는 이름을 스스로 붙였다는 저간의 사정은 매우 시니컬하다.

저자 전영우(全英雨)

1934년 서울 출생. 경복고(景福高)에 이어 서울대 국어교육과를 졸업하고, 서울 신문학원을 마쳤다. 성균관대학교 대학원에서 석사 및 중앙대학교 대학원에서 박사 과정을 마쳤다. 문학박사(성신여대).

경기고(京畿高) 교사, 서울대 강사, 방송통신대 강사, 서울교대 강사, 수원대 인문대 학장 및 명예교수를 지냈고, 이에 앞서, KBS와 DBS에서 아나운서 실장 및 해설위원(解說委員) 생활을 했다.

저서에 『스피치 개론』, 『고등학교 화법(話法)』, 『화법원리』, 『국어 화법론』, 『신 국어 화법론』, 『화법개설』, 『한국근대토론의 사적 연구』, 『표준 한국어 발음사전』 등이 있고, 번역서에 『화술의 지식』, 『방송개설』, 『아리스토텔레스의 레토릭』, 『아리스토텔레스의 니코마코스 윤리학』 등이 있다.

수상은, 동랑 연극상(1968), 서울특별시 문화상(1971), 외솔상(1977), 천원교육상(2007), 한국언론학회 언론상(1991), 국민훈장 목련장(1982), 문화포장(2017) 등이 있다.

KBS 한국어연구회장(1983), 한국 화법학회 초대, 2대 학회장을 지냈다(1998).